*EuropaPowerbrutal*

*Für Stefan Mörs und*
*Dr. Wolfgang Brücher,*
*die nicht mehr älter werden,*
*aber immer bei uns sind.*

John Hoewer

# EuropaPowerbrutal

Roman

**Impressum**

Bibliographische Informationen der Deutschen Nationalbibliothek,
abrufbar unter http://dnb.ddb.de

Buchgestaltung und Satz:
pr dresden
Umschlaggestaltung:
Szenario

Hoewer, John
EuropaPowerbrutal
360 Seiten, Dresden 2021
4. Auflage 2025



ISBN: 978-3-948145-12-5

## Zwischenspiel in tausend Splittern

ALLES FÄNGT AN, wie so was immer anfängt. Mit was auf die Birne. Und Saufen. Die Notizen zu meiner Reportage schreibe ich mir immer auf kleine Zettel, weil ich sonst alles vergesse. Wegen der vielen Filmrisse. Jedenfalls droht so ein Filmriss auch heute wieder. Ich fasse mir an den Hinterkopf und merke, dass ich eine kleine Beule kriege, die leicht blutet. Man muss unweigerlich die Augen zusammenkneifen, wenn man mit Gummisohlen über kleine Glasscherben läuft, die in irgendeine klebrige Flüssigkeit getaucht sind und sich deshalb sofort am Boden festsaugen. Dann verschieben sie sich nur so ganz wenig, wenn man auf sie drauftritt, und das macht gerade auf solchen alten Fliesen dieses ganz fürchterliche kratzige Geräusch.

Das gerade eben war vermutlich die krasseste Massenschlägerei, die ich je gesehen habe, wobei ich nicht recht glauben kann, dass ich gerade auf dem Haus einer akademischen Verbindung in Wien sitze, auf dem bis vor ein paar Stunden eine wissenschaftliche Fachtagung von katholischen Historikern stattgefunden hat. Der ganze Boden ist übersät mit Glasscherben, mit zertrümmerten Resten von Bierflaschen und Krügen, Stuhlbeine liegen abgebrochen herum, abgerissene Sakkoärmel saugen sich voll mit einem Gemisch aus Bier und Blut. »Murauer oder Ottakringer?«, fragt mich jemand von der Seite, und ich sage, dass es mir scheißegal ist. Er stellt beide hin, und ich trinke einen Schluck ab, spucke ihn aber aus, weil ich irgendwie Blut im Mund habe. Neben mir liegt einer rücklings auf dem Tisch und blutet aus der Stirn. Einer seiner Bundesbrüder wuchtet ihm die klaffende Wunde mit einem medizinischen Tacker zu und meint, er solle mal die Fresse halten und die Stirn nicht so runzeln, das gebe Falten. Beide haben eine Zigarette im Mund. Zwei andere haben schon Kopfverbände um die Birne gewickelt und schieben die Tische wieder gerade. Das Fenster steht sperrangelweit offen, um diesen penetranten Eisengestank wegzukriegen. Erste Sonnenstrahlen sind zart, höchstens ansatzweise hinter der betongrauen Häuserfront gegenüber zu sehen. Gerd setzt sich neben mich, kippt einen großen Schluck Bier runter und wirft dann die Flasche einfach in einer Ecke des Raumes an die Wand. Auch alle anderen machen das so. Flaschenklirren, wunderbares Geräusch. Mittlerweile sitzen fast alle wieder an der großen Tafel, scherzen und trinken, als wäre nichts gewesen. Plötzlich: Blaulicht! Dann ist eine Sirene zu hören, dann eine zweite und noch viele weitere. »Kiwarei!«, ruft Gerd und dreht die Musik ab. Mehrere Polizeiwannen fahren auf dem kleinen Platz vor dem Haus vor, bremsen mit quietschenden Reifen. Behelmte Beamte mit Schutzschilden rennen umher, kommen mit lautem Gebrüll durch die geöffnete Haustür in den Saal gerannt, sichern alle Ecken und Räume, als kämen sie direkt aus einem schlechten »Tatort«. Ein knochiger Cop mit weinrotem Barett stellt sich aufgeplustert als Einsatzleiter vor und regt sich tierisch auf, dass einige an der Tafel anfangen zu lachen, weil die Situation so absurd ist. Ein Dutzend schwer ausgerüsteter WEGA-Männer steht in Kampfstellung im Raum. Ihnen gegenüber sitzen zwanzig Studenten, alle in zerrissenen Hemden und Anzügen, manche mit nacktem Oberkörper. Fast alle so blutverschmiert wie der Fliesenboden. Die Gegenseite hatte einen ihrer Leute aus dem Haus nach draußen schleifen müssen, weil er nach der Eröffnungskopfnuss bewusstlos zu Boden gegangen war. Deswegen sieht es aus, als hätte jemand eine Leiche aus dem Haus gezogen. »Was hier los ist, frage ich!«, poltert der Einsatzleiter, es habe wilde Anrufe der Anwohner gegeben. »Nichts. Wir saufen halt«, entgegnet Gerd dem Beamten, dessen Robocops nur ungläubig aus ihren Sturmhauben schauen. Ein aufploppendes Bier zerreißt die etwas peinliche kurze Stille, und auch ich mache das zweite Bier auf, weil mir schon dieser trockene Kater aufkommt, der in den Kopf steigt, wenn man aufhört zu trinken, aber nicht ins Bett geht. Die Beamten zucken und gehen wieder in Kampfstellung, weil der total besoffene Bahöö die Kammer aufsperrt, in die er sich eingeschlossen hatte, als die Schlägerei losgegangen war, um den gestohlenen kleinen Pinguin aus dem Wiener Zoo in Sicherheit zu bringen. Es ist genau sechs Uhr in der Früh. Die Armbanduhr des Einsatzleiters piept. Dieser grauhaarige Oberbulle schaut mit ganz entsetztem Blick in die fröhlichen Gesichter unserer Runde und fragt eindringlich, was wir hier bitte gemacht hätten. »Was wir gemacht haben?«, ruft Gerd ihm zu, trinkt sein Bier aus und wirft die Flasche in eine Zimmerecke, wo sie in tausend Scherben fällt. *»Wir haben durchgemacht, ihr Affen!«*

# Die Hamsterradler

## 1.

**MESSEHALLEN HABEN IMMER** so ein furchtbar gleißendes Licht. Wie ich da so stehe und mich in der reflektierenden Plexiglasscheibe des gegenüberliegenden Standes betrachte, fällt mir mal wieder auf, wie alt ich geworden bin. Ich sehe fast aus wie mein Vater. Neben mir steht Mara, meine neue Kollegin. Drei Tage lang muss ich mit ihr den Stand unserer Firma betreuen, auf dieser lausigen Architekturmesse mit unseren lausigen Modellen von so integrierten Wohnblocks. Das sind unfassbar hässliche Designerplattenbauten, die man in kleine Parks setzt, in denen dann so Zuvielverdiener wohnen sollen. Richtige Arschlochbaracken. Vermutlich werden diese Häuser sowieso als Ghettos enden. So wie die Hochhäuser aus den Siebzigern, die in alten Erdkundebüchern abgebildet waren. Daneben stand dann so ein kleiner Text, in dem es um »urbanes Leben« und die »Zukunft« ging. Da wurden diese Hochhausbunker als Wohntürme angepriesen, als Stadt in der Stadt, wo alles unter einem Dach sei. Auf den Fotos schieben so glücklich guckende Muttis ihre Kinderwagen oder sitzen auf Parkbänken, bewaffnet mit vollen Einkaufstüten, die an den Henkelgriffen ihrer Buggys hängen. Das hat mich schon als Fünftklässler immer aufgeregt, dieses dämliche Gegrinse. Und jeder wusste, dass das alles nicht wahr ist, denn keiner setzt sich mit vollen Einkaufstüten in den Park, um zu schwätzen. Ich habe noch meine Mutter im Ohr, die hatte es immer eilig, den Einkauf nach Hause zu bringen, weil ja sonst alles schlecht würde, vor allem der Joghurt und das Fleisch. Was ja wirklich so ist. Also diese Mustersiedlungen, die aus diesem Erdkundebuch, sind heute halt das schlimmste Viertel der ganzen Stadt und haben allein in Köln unzählige Arbeitsleute ruiniert, weil deren bescheidene Reihenhäuschen nebenan jetzt nur noch die Hälfte wert sind wegen der ganzen Asis. In zwanzig Jahren werden unsere Siedlungen dann auch so aussehen. Voll mit Asozialen und solchen Ramschläden mit arabischen Leuchtreklamen, die im Dunkeln so gruselig flackern. Dann werden die Stadtdezernenten von der CDU davorstehen und ganz altklug verkünden, dass man das ja hätte wissen müssen, dass diese »integrierten Siedlungen« immer schiefgehen. Dabei bauen sie irgendwo am Stadtrand längst die nächsten Wohnmaschinen. Neben diesem Artikel im Erdkundebuch standen dann noch so blöde Textaufgaben, die man als Hausarbeit aufbekommen hat. Plötzlich muss ich auch an meinen alten Erdkundelehrer denken und daran, wie ich den gehasst habe. Der hatte so eine krasse Halbglatze und war zwei Meter groß. In der Halbglatze hat sich ganz penetrant das Deckenlicht gespiegelt, wenn Herr Mönkjes die Hausaufgaben an die Tafel geschrieben hat. Ganz langsam, als ob er es nicht einfach hätte ansagen können. Mehrfach musste er dann nochmal in seine Notizen gucken und ging dazu zurück an das Lehrerpult, wobei seine Sandalen immer so komisch gequietscht haben. Das hat mich immer ganz wütend gemacht, bis ich einmal vor lauter Zorn »Schneller!« gerufen habe. Daraufhin ist Herr Mönkjes mega ausgerastet und hat rumgebrüllt, und ich musste den Text über diese Hochhäuser mehrfach abschreiben. Deswegen erinnere ich mich noch daran, wie sehr in diesem Buch die großartige Idee gelobt wurde, dass in solchen Hochhäusern ganz viele Familien leben könnten. Wobei, das stimmt sogar, da wohnen tatsächlich viele Familien. Nur sind die fast alle asozial, und es riecht überall nach Pisse und Müll und in dem Kindergarten ist dauernd Polizeigroßeinsatz, weil irgendein durchgedrehter Typ wieder seine Mulle abstechen will. Jedenfalls schaue ich so zermartert in diese Plexiglasscheibe und erschrecke, wie seriös ich geworden bin. Ist knapp ein Jahr her, da war ich noch Student. Jetzt stehe ich in München auf dieser Messe und bewerbe diese Modelle. Überbetont lässig, zwanghaft hip stehe ich da, mit einem schwarzen T-Shirt, das ich unter dem Jackett tragen muss. Was für ein idiotischer Aufzug. Den ganzen Tag schäme ich mich schon. Anzug habe ich eigentlich immer gern getragen, aber Thorsten, unser Chef, ordnet stets an, dass wir keine Hemden und auch keine Krawatten tragen sollen. Das sei voll uncool, meint er. Und gar nicht frech, das passe nicht zu dem rebellischen, disruptiven Image der Firma. Was für ein Opfer! Naja, so stehen wir also an diesem Stand, und alle paar Minuten kommt irgendeiner an und will über diese Modelle reden. Wieso es ausgerechnet vierundsechzig Bäume sind, und ob das was mit griechischer Mythologie zu tun hätte, warum rund um den See kein Fußweg wäre, warum man dort keinen Rasen hinter die Häuser mache. »Verpiss dich, es ist ein verficktes Modell!«, denke ich mir dann immer und verweise freundlich an Mara. Die liebt das, diese dämlichen Gespräche. Und die ganzen Geier freuen sich, mit Mara reden zu können. Mara ist schon eine ziemlich geile Sau, aber mich nervt sie. Irgendwie hat sie Probleme. Ich glaube, sie ist sehr einsam und leidet ein bisschen an ihrem extrem guten Aussehen. Jetzt labern die Leute sie über diese Modelle voll, und ich stelle mir schon vor, wie an diese großen Wände, an denen Platz für Lichtinstallationen sein soll, irgendwann ganz große Graffitis gesprüht sind, in denen irgendwelche Fußball-Ultras »Gladbach ficken!« oder was ähnlich Geistreiches verewigt haben. Und dann stehen wieder die Stadtdezernenten davor und überlegen, wer denn so blöd war und diese große Wand in einem Park geplant hat, und dass das doch klar gewesen sei, dass das alles so endet mit der Sprüherei. Ja, das habe ich auch gesagt. Aber genau in dieser Planungsbesprechung saßen sie dann da, die externen Consultants, und haben diese Mauern vorgeschlagen, für ihre Lichtinstallationen. Als ob an Wohnhäusern so was nicht auch hart nerven würde, wenn die ganze Nacht irgendwelche Botschaften an die Wand gestrahlt werden. Aber diese Consultants waren voll überzeugt und haben unseren

Chef überredet, weil der auch immer betont, so ein politischer Mensch zu sein. Man könnte gerade in Zeiten wie heute dann politische Messages an diese Wand leuchten, das würde auch den Stadtdezernenten gefallen, meinte er dann und erzählte zum tausendsten Mal die Geschichte, dass er ja schon zwei afrikanische Kinder adoptiert hätte. Auf ihren Beispielbildern hatten diese Consultants dann so schlechte Animationen, auf denen ganz hippe junge Leute vor dieser Wand stehen und lachen und telefonieren. Ausgesucht sind sie immer nach ethnischen Kriterien. Auf der Wand steht dann »Diversity makes us strong« und »Freedom is power« und andere sinnbefreite Parolen. Aber unser Chef fand das total super und klatschte ganz frenetisch, und ich stellte mir damals vor, dass er das bestimmt auch in seinem SPD-Kreisverband immer macht, wenn dort so Hausierer empfangen werden, die irgendwas »Zivilgesellschaftliches« präsentieren. Die Consultants, die auch alle diese Nickelbrillen und hautenge Shirts unter ihren Sakkos trugen, packten dann ihre schnieken Laptops wieder ein, und alle waren total begeistert von diesem modernen Leben in der bewohnbaren Lichtinstallation und griffen ganz berauscht nach den Avocado-Canapés und dem Orangensaft aus Plastiksektgläsern, als hätten sie gerade die Welt neu erfunden. Wenigstens Sekt hätte es geben können, aber in Thorstens Familie hat sich mal wer totgesoffen, deswegen hat er eine krankhafte Abneigung gegen Alkohol und gegen Spaß überhaupt.

Ich trinke schon den ganzen Tag Mineralwasser aus den überteuerten kleinen Glasflaschen. Vom Vortag habe ich einen widerlichen, aber klassischen Kater. Kopfschmerzen, Durst, Schwindel. Von dem ganzen Sprudelwasser muss ich dauernd aufs Klo. Mara findet das aber gar nicht schlimm, dass ich öfters weg bin von unserem Stand. Wenn sie allein am Stand steht, flirtet sie immer die alten Säcke an, weil sie das lustig findet, wie sie dürsten. Weil es schon Nachmittag ist, gehe ich vom Klo aus nochmal an dem Stand einer größeren Agentur vorbei, die gratis Alkoholika ausschenkt. Während ich den ersten Aperol Spritz trinke, merke ich schon, wie mir die Lampen wieder angehen und sich das Standgas vom Vortag in dieses wohlige Kribbeln entlädt, das man bekommt, wenn man den Kater morgens mit Alkohol bekämpft. Irgendwie erinnert mich das immer an Urlaub. Ich mache die Augen zu und rieche nochmal an der Orangenscheibe, werfe sie dann aber auf den Boden, weil sie beim Trinken stört. Auch diese Glasstrohhalme sind wirklich das Allerletzte. Gestern an der Hotelbar hatte ich mir noch gut einen reingestellt, und bisher habe ich kaum was gegessen. Essen nervt, dieses Gekaue und so. Nach ein paar Bier geht es ja meistens auch ohne. Um eine rauchen zu gehen, lasse ich mir den Drink in einen Pappbecher umfüllen und gehe vor die Tür, wo die großen Aschenbecher stehen, die vor Kippen schon fast überlaufen und bei denen ich mich immer frage, ob da wirklich irgendein Angestellter, vermutlich so ein kleiner Türke mit Schnauzbart im orangefarbenen Blaumann, jeden Morgen neuen Sand reinschüttet. Wie das so wäre, frage ich mich, das jeden Tag zu machen. Vermutlich ganz entspannt. Dann sitzt man viel mit den rustikalen Kollegen in dem kleinen Aufenthaltshäuschen auf dem Betriebshof, man tratscht, man raucht und isst Bockwurst. Ab und zu kehrt man mal was auf und geht jeden Tag pünktlich heim. Ich hasse meinen Job. Ich hasse es, überhaupt jeden Tag aus dem Haus zu müssen und irgendwas zu tun. Ich starre auf den dampfenden Haufen halb ausgedrückter Zigarettenstummel. Der Gedanke an das rhythmische Kratzen eines großen Besens beruhigt mich. Ich fummle gerade ganz umständlich eine Zigarette aus dem Softpack, als plötzlich einer ganz laut »Olé, olé, olé, olé!« ruft und mir auf den Rücken klatscht. Neben mir steht Mirko – Dr. Mirko Beyermann, genannt »Ballermann«, Fachanwalt für Mietrecht aus Bielefeld. Mirko trägt eine rote Cordhose. Verstörend. Als Jacke hat er sich einen grünen Kälteschutz aus Bundeswehrbestand umgehängt, der aussieht wie die billige Version einer Steppjacke für Herren. Ob ich auch auf die After-Work-Party komme, fragt er und lacht dabei so heftig, dass ihm fast die Fluppe aus dem Mund fällt. Seine lockigen Haare sind mit einer Wagenladung Pomade reichlich streng nach hinten gekämmt. Obwohl es längst dämmert, trägt er Sonnenbrille. Mirko und ich haben uns gestern an der Hotelbar kennengelernt und schwer gegast. Ich sage Mirko, dass wir, also Mara und ich, erst morgen fahren, und Mirko ruft so laut »Geeeeeiiiiilll!«, dass die anderen Anzugträger, die an den Aschenbechern stehen, verschreckt zusammenzucken. »Hast ja meine Nummer, ich bin von Anfang an da heute!«, meint er und verabschiedet sich lachend mit der Aussage, dass er jetzt erstmal kotzen müsse.

Mirko war schwer in Ordnung, und irgendwie kam es mir den gestrigen Abend mit ihm über so vor, als wären wir seit Jahren befreundet. Während ich auf dem Beifahrersitz neben Mara hänge, die zum Hotel zurückfährt, überlege ich, ob ich gestern nicht noch peinlich gewesen bin. Das passiert mir öfter, dass ich am nächsten Tag alles bereue. Aber dann fällt mir ein, dass es eigentlich nur ein sehr geiler Abend war und ich nichts erzählt oder getan habe, was des Schämens würdig wäre. Eigentlich läuft ja alles in halbwegs geordneten Bahnen. Geordnet, aber auch scheiße. Ich bin Architekt, mit Diplom und so. Ich entwerfe aber immer bloß hässliche Scheiße. Mein Vertrag läuft nur über zwei Jahre, was viele als Freiheit erachten und mit Entwicklungspotenzial verbinden, aber ich finde es eigentlich beunruhigend. Vielleicht habe ich Mirko etwas zu sehr von Anna vorgeschwärmt und wie so oft im Suff die Geschichte erzählt, wie wir uns kennengelernt haben und dass sie sicher die tollste Freundin der Welt sein muss und ich sie bald heiraten will. Dabei habe ich sie schon seit Monaten nicht gesehen, und so wirklich glaube ich selber nicht mehr, was ich da erzähle, aber was soll man machen? »Bürgerlicher Dreck!«, sagt Mirko dazu nur, aber mit so einem spitzbübischen Grinsen und der Sanftheit eines jung gebliebenen Sprittologen, der offenbar schon einiges erlebt haben muss. Seine roten Wangen geben seinem furchigen Gesicht zudem eine gewisse Milde, und seine leuchtende Haut erinnert mich an den heimeligen Lichtschein, die friedliche Wärme der gut beheizten Wohnstuben, an denen man vom Truppenübungsplatz aus immer vorbeimarschieren musste und sich am liebsten einfach dazugesetzt hätte, anstatt mit viel zu viel Gepäck blöd durch Eis und Schnee zu latschen.

## 2.

**WIR FAHREN ÜBER DIE AUTOBAHN** in Richtung Innenstadt, und in meinem Kopf macht sich so eine gewisse Müdigkeit breit und mir vergeht jede Lust auf diese Party. Bestimmt werden da auch all die anderen Messeheinis sein. Ich merke, dass ich entweder ins Bett muss oder dringend einen Drink brauche, um gegen die Müdigkeit anzusaufen. Und wie ich gerade so – verblüfft über meine Seriosität – an Anna denke, merke ich, dass ich halb eingenickt bin, mit dem Kopf nach vorn hängend und gestützt nur vom Anschnallgurt, mit einer stattlichen Sabberpfütze im Schritt. Mara versucht, so zu tun, als hätte sie das nicht gesehen, aber sie grinst so auffällig unauffällig, dass sie es gar nicht verbergen kann. Bestimmt hat sie mich die ganze Zeit beobachtet. Wenn ich im Sitzen einschlafe, schlafe ich meist mit offenen Augen, und dabei habe ich auch immer schon schwer gesabbert. Irgendwie schafft so eine Situation eine merkwürdige Nähe. Wie ich da wohl gesessen habe, mit den aufgerissenen Augen und mit einem riesigen Sabberfaden vom Gesicht bis zum Sitz. Und Mara hat dann vermutlich so rübergeguckt und ganz zufrieden und amüsiert gelächelt, vielleicht fand sie es auch süß. »Süß«, das sagt sie oft, und es hat immer so einen liebenswerten Unterton, weil Mara selber eigentlich auch total süß ist. Ihre dunkelblonden Haare sind recht kurz, aber es reicht von der Länge her, dass sie sich einen kecken Zopf binden kann, sodass man ihren sportlichen Hals sieht. Manchmal starrt sie regelrecht. Dann funkeln ihre großen, tiefblauen Augen und bilden einen harmonischen Kontrast zu ihrer natürlichen Bräune. Hin und wieder stelle ich sie mir in einer Tunika vor, wie sie in diesen Netflix-Serien die intriganten Schönheiten tragen, und überlege, ob Maras Familie vielleicht aus Italienern und Deutschen gemischt ist und so eine dramatische Geschichte hat. Eigentlich kommt Mara aber aus der Eifel, irgendwo bei Düren. Das ist so eine oberhässliche Stadt zwischen Köln und Aachen. Trotzdem muss ich manchmal an Toto Squillaci denken, wenn ich Mara gegenübersitze. Dann schüttelt es mich immer, weil dieser Toto eigentlich ein Mann ist, so ein krass behaarter italienischer Fußballspieler aus den Achtzigern. Den kenne ich eigentlich nur aus diesen Eurosport-Sendungen, in denen den ganzen Tag lang alte Fußballspiele liefen. Dieser Toto war eigentlich gar nicht so ein Star, aber irgendwie mussten die Italiener bei der Weltmeisterschaft 1990 in Italien auf ihn zurückgreifen, und dann machte der auch noch total viele Tore, obwohl er ja nur der Ersatz vom Ersatz war. Diese Reporter betonten dann immer, dass solche Geschichten ja nur der Fußball schreibe, was ich damals schon eine total blöde Aussage fand, weil das ja in jedem Film vorkommt. Also wenigstens in so amerikanischen Filmen, wie bei *Sister Act 2* oder den *Anaheim Mighty Ducks*. Die waren sogar das Lieblingsteam von Bill Tanner, dem Gastvater von *Alf*. Wobei ich dann immer darüber lachen muss, dass dieser voll spießige Typ im echten Leben total hart drauf war und Drogen- und Sexorgien im Obdachlosenmilieu abgezogen hat. Jedenfalls erinnert mich Mara immer an diesen Toto Squillaci, weil der auch so heftig hellblaue Augen hatte und so einen fanatischen Blick.

Während wir durch die Innenstadt fahren, da fällt mir wieder ein, dass ich München komisch finde und irgendwie sogar hasse. Ich weiß gar nicht, wieso eigentlich, denn München hat den Krieg und die Bombardierungen ja halbwegs überlebt und noch schöne Gebäude und Plätze. Vielleicht ist es die Dichte an Segelschuhträgern mit hochgeklappten Polohemdkragen, oder es sind die vielen Protzautos, keine Ahnung. Vielleicht ist im Süden München so was wie Düsseldorf, während Wien eher so wie Köln ist. Und wie ich das so überlege, wische ich mir den Sabber vom Mund. Und vom Anschnallgurt. Und von der Hose. Ganz selbstverständlich, als wäre nichts passiert. Tatsächlich ist mir so was immer schon völlig egal gewesen. Man pennt ein, man sabbert halt. Mara scheint das irgendwie gut zu finden. Sie schaut so zufrieden, und irgendwie nervt mich ihre Anwesenheit zum ersten Mal gar nicht mehr. Ich glaube, sie erfreut sich daran, dass es durch meinen sozial inadäquaten Umgang mit dieser Sabberei ein wenig menschelt. Tatsächlich überlege ich, ob ich Mara nicht mal zum Essen einladen sollte, weil sie immer so einsam wirkt und solche Reisen ja eigentlich eine gute Gelegenheit sind, mit neuen Arbeitskollegen ein gutes Verhältnis zu etablieren. Dann denke ich aber an »Ballermann« und daran, dass wir verabredet sind und wie brutal das alles wieder werden wird. Ich schreibe Mirko, was ich immer schreibe, wenn es um solche Suffverabredungen geht:

»Wann wo?«

»Lass neun sagen bin noch eingespannt«.

»K«.

An einer roten Ampel fahre ich das Seitenfenster runter, fummle mir eine Zigarette raus und biete Mara auch eine an. Sie verneint. »Ich rauch' nicht.« Ich nehme es still zur Kenntnis und mache den elektrischen Zigarettenanzünder an. »Thorsten bringt dich um!«, kommentiert Mara und lächelt mich an. Thorsten, unser Chef, der mit seinen Designer-Sozialbausiedlungen zu viel Geld gekommen ist und es hasst, wenn man raucht. Arschloch eben. Ich muss an seine peinlichen Klamotten denken, seine T-Shirts mit V-Ausschnitt und seine affigen Teenagerschuhe. Irgendwie erinnert er mich immer an so einen Politiker aus Österreich, dessen Namen ich aber nicht kenne. Jedenfalls war der mal so ein

Kofferträger von diesem Haider, vor dem sich in meiner Jugend immer alle Lehrer gefürchtet haben. Ich hatte keine Ahnung, warum, oder was da eigentlich los war, aber weil alle vor dem gewarnt haben, in der Schule und im Fernsehen, und immer so betroffen waren, als wäre der echt so endböse, fand ich ihn automatisch gut, allein deswegen, weil ich mich an dieser Empörung von Lehrern immer ergötzt habe. Dieser andere Politiker war jedenfalls so was wie der Presseheini von diesem Haider. Und diesen Typen kenne ich eigentlich nur, weil der mal mit so unfassbar bescheuerten Schuhen in irgendeinem Parlament aufgekreuzt ist. Ich glaube, es waren silberglänzende Schuhe. Mit Flügeln im Stars-and-Stripes-Muster. Und Thorsten trägt auch immer solche ausgefallenen Sachen, weil er zwanghaft cool sein will.

»Der soll sich mal ficken!«, sage ich, und Mara muss plötzlich ganz hektisch lachen. Ich glaube, sie findet es eigentlich unprofessionell, so über den eigenen Chef zu reden, und es ist ihr merklich unangenehm, dass sie das so lustig fand. Es wird Grün, aber Mara ist irgendwie nicht ganz bei sich und würgt den Motor ab, bis die Ampel wieder Rot zeigt. »Wie dumm«, sagt Mara. »Jeder so, wie er kann«, antworte ich irgendwie vergnügt und zünde mir die Zigarette an. Ein gutes Stück Asche fällt dabei auf den Sitz, und ich schiebe es mit der Hand in den Fußraum.

»Du bist so ein Asi, ey!«, meint Mara und knufft mich gegen die Schulter. Ich lächle sie freundlich an. Dann reden wir über irgendwas Sinnloses, aber Mara schaut mir so komisch auf die Lippen, während ich spreche. Ob ich was zwischen den Zähnen hätte, frage ich sie, aber sie fühlt sich bloß etwas erwischt und schaut dann nur noch starr auf die Fahrbahn. Weil es noch einige Stunden bis zu dieser Feier sind, lade ich Mara dann wirklich zum Essen ein, und sie sagt irgendwie ganz verschämt »Okay« und guckt danach so zu Boden, als würde sie sich eine peinliche Mimik verkneifen wollen. Wir verabreden, uns im Hotel kurz frisch zu machen und dann in der Lobby zu treffen. Mirko wird dann auch kommen.

## 3.

**ICH BIN VOR MARA UNTEN** und setze mich in diese unfassbar weichen Sofaecken, auf denen man halb versinkt. Vor Müdigkeit könnte ich sofort einschlafen, aber irgendwie erfasst mich der Gedanke daran, wie viele Businessarschlöcher wohl jeden Tag heimlich ihre Popel unter diesen kleinen Stoffkanten abschmieren, so wie ich es auch gerade gemacht habe. Irgendwie schaffe ich es aber doch, mich halb in Schlaf zu versetzen, einfach weil ich noch vom Vortag so unfassbar im Arsch bin und nach dem einen Aperol aufgehört habe, mir weiter was reinzustellen. Ich klacke mehrfach den Deckel von meinem Zippo auf und zu, bis der Typ, der im Sessel gegenüber sitzt, seine Zeitung runternimmt und mich mit so einem bürgerlichen Blick anstarrt, als würde es ihn furchtbar belästigen. Damit ich nicht ganz abkacke, gehe ich rüber zur Theke, um mir noch einen unfassbar teuren Espresso reinzuziehen. Mich über solche Preise für Kaffee und Alkohol aufzuregen, habe ich mir vor Jahren abgewöhnt, aber mich belustigt es immer noch, wenn irgendwer bei einem Espresso für 4,90 Euro dann noch Trinkgeld erwartet. Espresso ist in Deutschland oft eher eine Art kleiner Kaffee, nur saurer und gerne kalt. Dem Servicemenschen in der schicken Uniform lege ich einen Fünfer hin. Scheißegal, wofür gibt man sonst schon sein Geld aus. Sinnlose Scheiße.

»Wo darf ich es hinbringen?« Mühsam versuche ich, zu erklären, dass ich den Espresso gleich an der Theke trinken will. Auch das versteht niemand so recht in diesem Land, dass nicht jeder zwanzig Minuten lang an einem Kaffee trinken muss.

»Stellen Sie einfach hin, vielen Dank!«

»Einfach hier?«

»Ja, einfach abstellen.«

»Okay«, sagt der Kellner und schaut mich an, als sei ich ein Vollidiot, weil ich den Espresso einfach kurz stürze, noch bevor er mit dem Zucker wedeln kann. Sowieso ein Fehler, der Kaffee. Aber meine Sorge gilt eher Mara und ihrer Vorliebe für Rotwein, von der sie mir erzählt hat. Und der Frage, wie sie auf den bescheuerten Ballermann klarkommen wird, der sie wohl sofort anbaggern wird und dessen WhatsApp-Nachrichten ich seit einigen Minuten tunlichst ungeöffnet zu lassen versuche, damit er nicht die blauen Häkchen sieht und merkt, dass ich ihn ignoriere. Da ist Mara.

Sie scheint euphorisch, als wäre sie sechzehn und zum ersten Mal allein in der großen Stadt. Naja, vielleicht ist sie auch mit einundzwanzig nun zum ersten Mal in der großen Stadt. Jedenfalls hat sie sich in Schale geworfen. Nicht unzüchtig oder billig, aber sie ist unverschämt gut gebaut und es wäre ausgeschlossen, das Glück zu haben, mit solch einer Kollegin auf Dienstreise fahren zu können, wäre man nicht schon in festen Händen. Sie trägt eine karierte Hose, die sehr figurbetont ist und kurz über ihren Knöcheln aufhört. Mara hakt sich ein und zieht mich in Richtung der großen Drehtür im Eingangsbereich der Lobby. Mein Ellbogen stößt zweimal versehentlich gegen ihre Brüste, aber sie lacht nur verlegen. Ihr Duft ist nicht auszuhalten, und mir wird schon ganz blümerant bei dem Gedanken, dass dieses Geschöpf später auch noch einige Rotwein mit Cola oder gar Tequila intus haben wird, wo sie jetzt schon dauernd an mir rumtätschelt. Irgendwie steht Mara total auf Rotwein mit Cola, was völlig absurd klingt für eine Frau in ihrem Alter. Das trinken eigentlich nur recht merkwürdige, verwegene Typen, und selbst die meist nur zu besonderen Gelegenheiten. Ich versuche, mich mit der Ausrede zu lösen, noch zu schauen, wo Ballermann uns hinbestellt hat.

Das Lokal ist fußläufig zu erreichen. Ein normaler Italiener, gehoben, aber für München geht es. Mirko trägt Anzug. Ohne Krawatte. Dafür so viel Aftershave, dass es an unserem Tisch riecht wie bei Douglas. Hastig versuche ich, mir mit der Rosmarin-Focaccia eine Grundlage zu schaffen. Aber sowohl Ballermann als auch Mara sind total außer Rand und Band. Nur Maras Angewohnheit, alles für ihre unzähligen Profile im Internet zu fotografieren, bremst hier und da das Tempo. Vom Rotwein schwenke ich auf Weißwein um, in der Hoffnung, er möge mich aufputschen. Fehlanzeige, es ist die reine Qual. Mara und Mirko verstehen sich blendend, fast scheint es zu knistern. Unerträglich und unfassbar albern. Er gibt den Macho-Macker und sie stachelt ihn mit Anzüglichkeiten an. Fast werde ich etwas eifersüchtig, wobei ich eigentlich kaum noch richtig anwesend bin. Die Müdigkeit macht mich fertig, und ich habe locker wieder über eine Flasche Wein drin, dazu diverse Limoncello. Abwechselnd wird mir heiß und kalt, und Wasser haben wir auch keines mehr. Immer wieder schaue ich auf die Uhr. Am liebsten würde ich einfach aufstehen und ins Hotel gehen, aber ich hasse die Leute, die einfach plötzlich aufstehen und abhauen. Französischen Abgang nennen wir das immer, wobei dann immer irgendwer meint, er kenne das als polnischen Abgang. Ich ärgere mich dann immer, weil das so dumm ist, weil Polen sicher für vieles berüchtigt sind, aber nicht dafür, sich still und heimlich dem kollektiven Alkoholmissbrauch zu entziehen. Jedenfalls will ich mir diese Blöße auch nicht geben. Außerdem habe ich das Gefühl, ich sollte etwas auf Mara achtgeben. Vor meinem geistigen Auge sehe ich noch unseren Chef in meinem Büro stehen, wie er mich eindringlich warnt. »Keine Eskapaden!«, verlangte er, weil er offenbar genau weiß, wie diese Messeausklänge immer eskalieren können. Mara und Mirko laufen heiß.

Und selbstverständlich gibt es zur Rechnung einen großen Grappa aufs Haus dazu. Ich sammle mir etwas Spucke im Rachen, um ihn möglichst schadlos runterzukippen. Zum Spülen habe ich nichts mehr, also füge ich mich in mein Schicksal. Das Stamperl sieht eher aus wie ein halbes Bierglas und ist so voll, dass ich einmal nachschlucken muss. Mir zieht es alles zusammen, und instantly kriege ich einen mörderischen Brechreiz, den ich mit kontrollierter Atmung in den Griff zu kriegen versuche. Mittlerweile habe ich mir eine gute Atmungstechnik von den Navy SEALs abgeschaut, die dabei hilft. Während ich mir mein Sakko überstreife und mein Gesicht verdeckt ist, versuche ich, mich irgendwie zu sammeln. Speichel läuft in meinem Mund zusammen, und ich schaue mich hektisch um, um zu ermitteln, wo die Toiletten sind. Irgendwie wäre es sehr erleichternd, nochmal alles rauszulassen. Mirko wird sicher direkt Shots bestellen auf dieser Feier, und dann müsste ich vermutlich erst einmal quer über die halbe Tanzfläche, um dort das Klo zu erreichen. Andererseits graust mich der Gedanke, das unverdaute Vitello tonnato und die Spaghetti wieder auszukotzen. Gemeinsam mit der vielen Focaccia würde das so eine harte und trockene Paste geben, die man kaum rausgewürgt kriegt. Vermutlich würde ich dann den ganzen Abend verheult aussehen, und Nasenbluten würde ich von der ganzen Presserei auch bekommen. Ich schließe die Augen und schüttle mich. Dann: Pokerface. Raus an die frische Luft.

Während der Taxifahrt halte ich den Kopf aus dem Fenster. Die Party ist zum Glück ebenfalls direkt in der Innenstadt, und dank Mirkos Geprotze brauchen wir nicht anzustehen. Drinnen ist alles wie befürchtet. Zahlreiche Mittvierziger erleben ihren zweiten Frühling, viele tragen Jeans und Sakko, sodass es aussieht wie bei einer Party der Handyverkäufergewerkschaft. Mirko passt hier perfekt rein. Während er an der Theke für uns Getränke holt, klatscht er laut in die Hände und tanzt auf der Stelle. Er holt Corona und eine Runde Tequila. Hätte er mich gefragt, was ich am wenigsten haben wollte, wären es Corona und Tequila gewesen. Aber ich füge mich. Meine müden Augenlider fühlen sich an wie aus Blei, aber der Tequila lässt sich dank des Bieres halbwegs schadlos wegkippen. Diese behinderte Zitrone im Flaschenhals nervt mich immer, und ich ziehe sie umständlich heraus und werfe sie auf den Boden. »Cocktails?«, frage ich in die Runde, aber Mara lehnt ab. Sie will auf die Tanzfläche, und natürlich will auch Mirko tanzen. Das flackernde Licht, die überlaute Musik und diese zappelnden Idioten überall gehen mir zunehmend auf die Nerven. Früher gab es in manchen Städten solche Diskothekenschiffe. Die lagen in der Innenstadt auf dem Fluss, und man konnte über einen Steg zusteigen. Von außen konnte man dann auf die Tanzfläche schauen, aber die Glasfassade war schalldicht, sodass man keine Musik hörte, sondern nur irgendwelche Bürohengste sah, die hinter der Scheibe tierisch abspasteten. War mir als Jugendlichem schon schleierhaft, wie man mit diesem Gezappel seine Zeit vergeuden kann. Mirko und Mara verschwinden in der Menge, und ich setze mich ab zur Cocktailbar.

So ein Typ mit albern gefärbtem Bart und Kinnzopf reicht mir einen Moscow Mule. Man glaubt kaum, wie viele Idioten man triggern kann, wenn man den Drink als »Moskau Maulwurf« übersetzt. Das Zeug ist jedenfalls eine Geheimwaffe, um der Müdigkeit und dem aufgeblähten Bauch zu trotzen. »Krieg ich zwei Gurken?«, frage ich den Barkeeper, der mir tatsächlich eine zweite Scheibe in den Bronzebecher steckt. Während ich Mara per WhatsApp schreibe, dass ich abhaue und ihr viel Spaß wünsche, ziehe ich den Drink runter und verschwinde aus der Disco. Draußen ist es merklich kühler, was mich ungehörig auffrischt. »Fuck«, denke ich. Jetzt wirken die Schärfe des Ingwers und der Wodka. Der Ingwer ist wie eine Detonation, die mein Völlegefühl einfach in tausend Einzelteile zersprengt. Auch der Wodka zündet und belebt alle Sinne, verstärkt durch die angenehm kühle Brise, die sich nach der stickigen Tanzbude anfühlt wie eine erfrischende Dusche. Durch die Abkühlung spürt man förmlich, wie der Wodka durch alle Fasern des Körpers strömt. Ungefähr so muss es sich anfühlen, wenn man in Texas die Giftspritze bekommt. Nur andersrum eben. Ein bisschen ist es wie im Krankenhaus, wenn man vor einer Computertomografie das Kontrastmittel injiziert kriegt. Der Wodka ist aber ein Powermittel. Wie eine leuchtende Sonne rast er durch meine Arterien. Plötzlich kommt mir der Gedanke, dass es eigentlich noch viel zu früh ist, um jetzt einfach ins Bett zu gehen. Gegenüber von unserem Hotel ist tatsächlich noch was offen. In der kleinen Schrammelkneipe gibt es keine Stühle. Nur am Tresen stehen Hocker. Und vor dem Spielautomaten. Etwas schüchtern setze ich mich auf den freien Platz, klopfe zur Begrüßung auf den Holztresen und schaue mich vorsichtig um. Außer mir steht ein Dutzend Männer am Tresen, alle so um die fünfzig und in Eishockeytrikots. Richtiges Gewinneroutfit, denke ich mir, aber die Truppe scheint gut drauf zu sein. Einer von ihnen hat immer noch den Deckel eines »Klopfers« auf der Nase. Ich schaue den Wirt kurz etwas verwundert an, als er mir eine Flasche Bier hinstellt. »Ja, was denn?«, raunzt er mich an, »haste mal auf die Uhr geschaut? Ich schlag für euch doch jetzt kein Fass mehr an!«

Es scheint, als wolle der Kneiper Feierabend machen. Aber seine Stammgäste sind hartnäckig und stimmen Spottgesänge über ihn an. »Weißt du, warum wir saufen?«, fragt mich mein Nebenmann. »Na, damit die Zeit schneller umgeht, und weil es geil ist«, antworte ich. »Saufen ist Freiheit. Saufen ist wie ein Krieg. Die Weiber bleiben daheim und warten, während wir unsere Pflicht tun. Am Tresen.« Klaus, so sein Name, hält seine Pulle hin, und wir stoßen an. Dann reicht er mir eine Dose Schnupftabak. »Manche atmen es sanft ein, manche ziehen hoch wie irre. Kannst du machen, wie du lustig bist.« Ich ziehe kräftig hoch und gebe Klaus die Dose zurück. Klaus nickt anerkennend, und wir trinken beide von unserem Bier. Bei mir ist das immer tagesformabhängig, aber heute hatte ich Bock, das

Zeug richtig einzusaugen. Schnupftabak ist dann wie ein geiler Raketenbeschuss, der die würzigen Fädchen bis an die Schädeldecke hochsprengt, von wo sie wie ein warmer atomarer Regen auf mein Gehirn herabrieseln. Tierisches Sodbrennen macht sich breit, als mir die mit Schnupftabak versetzte Spucke den Rachen runterläuft. Ich spüle nach und lasse mir nichts anmerken. Ob ich auch einen Snus wolle, fragt er, aber ich lehne ab. Diese Tabakkissen sind mir zu heftig. »Denk mal drüber nach, über das Saufen und so«, sagt Klaus beinahe väterlich. Sein herbes, faltiges Gesicht sieht aus, als wäre er im Zoo von einem Affen angefallen worden, so vernarbt ist es. »Eben, was soll man auch sonst machen samstagabends, hm?«, erwidere ich, worauf Klaus nicht zu Unrecht anmerkt, dass wir Mittwochabend haben, oder Donnerstagfrüh, je nachdem. Ich denke an seine philosophische Annäherung an das Saufen, und mir fällt ein, wie ich in der Früh noch völlig verkatert an unserem Messestand stehen musste und der Gedanke an alkoholische Getränke mir tatsächlich wie eine Ausflucht vorkam, wie der eigentliche Sinn hinter solchen Messen, und wie man den ganzen Tag darauf hin fiebert, am Nachmittag endlich ungestört was trinken zu können. »Horch mal zu«, ranzt Klaus wieder halb ins Leere und halb zu mir rüber, während seine Stimme einen ernsten Tonfall annimmt. »Was bleibt uns Kerlen denn noch? Ist doch nix mehr los in dieser Welt, alles weibische Scheiße! Man kann nicht mal mehr hinterm Stadion ein paar Backpfeifen verteilen, ohne dass man dir auf den Sack geht, mit Anzeigen und so was, und wie dann deine Alte dich volllabert.« Fast hatte ich mich in der blinkenden Nasenspitze eines Deko-Elches verloren, die von den an der Wand hängenden leeren Berentzen-Gürteln reflektiert wird. Klaus stiert mich fragend an, und ich nicke, wobei ich meine Unterlippe zustimmend rausschiebe. Um seine inbrünstig vorgetragene These zu untermauern, erzähle ich ihm von einigen Vorfällen aus den letzten Jahren, als ich mit Anna unterwegs war, an Karneval oder im Nachtleben, und irgendwelche Halbstarken uns anpöbeln wollten und ich denen recht deutlich Schläge angekündigt hatte, falls sie nicht ihr dummes Maul halten würden. Anna hasste das, wenn ich so aggressiv wurde. Selbst, wenn es nur zu ihrem Schutz war, weil ich mich vor meine Frau stellen musste, und die Belästigung dann auch prompt ein Ende fand. »Das ist dieses postheroische, pazifistische Friedlichkeitsgelaber, das sie heute überall predigen. Völlig entwürdigend, was uns diese weibische Gesellschaft zumutet!«

Klaus fummelt sich umständlich eine Zigarette aus seinem Softpack, das er nur an einer Ecke aufgerissen hat, wie es Leute machen, um ganz cool einzelne Kippen rausschnipsen zu können. Theoretisch. Softpacks waren immer schon was für Poser. Hat mich schon zu Wehrdienstzeiten erfreut, wie solche Leute ihre völlig zerdrückten Glimmstängel begutachten und feststellen müssen, dass ihre vermeintliche Coolness sie sechs Euro gekostet hat. Coolness, die zusammen mit einer ganzen Packung zerfetzter Kippen im Mülleimer landet. Klaus ist aber nicht so ein Poser. Er ist authentisch. Und redet sich in Rage. »Gibt's die Maus noch? Die soll froh sein, dass sie einen wie dich hat. Der sich vor sie stellt, auch wenn er in Unterzahl ist gegen 'ne ganze Horde Rowdies.« Es gibt dieses charakteristische, faszinierende Knistern, als die Flamme des Zippo-Feuerzeugs den Tabak berührt. Klaus pustet eine veritable blaue Wolke aus Mund und Nase, die uns in eine Art himmlischen Dunst taucht. Selbst habe ich mir seit zwei Stunden keine mehr angesteckt, nachdem ich bei der letzten Zigarette nach einem Zug schon würgen musste. »Guck dir mal diese ganzen Schwuletten an. Mit ihren komischen Frisuren, ihren dürren Beinchen, und wie sie alle Opfer sind.« Ich muss an diesen einen SPD-Abgeordneten denken, den mit dem krassen Überbiss, der sich immer anzieht, als wäre er der vierzehnjährige Sohn der Geissens. Klaus weiß, wen ich meine. »Unglaublich, aber es leben noch Männer, die waren sogar dabei, als dasselbe Volk zu Pferd und mit Holzgewehren die halbe Welt erobert hat und der Rest der Weltgemeinschaft in einem jahrelangen Ringen alles aufbieten musste, um uns in die Knie zu zwingen. Und heute steht da so ein Chromosomenunfall und hält uns irgendwelche Predigten. Im Sommer lassen wir uns von irgendwelchen zahnlosen und kraushaarigen Dahergelaufenen aus den Gossen Afrikas, die nicht mal Klopapier bedienen können, aus unseren Freibädern und Innenstädten verdrängen.« Der Wirt schaut kopfschüttelnd zu uns rüber und mahnt, Klaus solle nicht wieder politisieren in seinem Laden. »Sauft lieber mal was!«, ruft einer der anderen Eishockeyfans und reicht einen Karton Boonekamp rüber.

Boonekamp ist so ein uralter niederdeutscher Schnaps, der ähnlich schmeckt wie Underberg und auch in solchen Viererkartons verkauft wird, die sich anfühlen, als hätte man das Magazin eines Sturmgewehrs in der Hand. Der warme Schnaps fließt langsam die Kehle runter und wärmt erst den Rachen, dann den ganzen Körper. Ich stelle mir vor, wie es wäre, wenn man sich den Boonekamp gleich morgens nach dem Aufstehen reinkippen würde, und grüble, ob es einen wohl richtig wach hämmern würde oder der Tag umgehend gelaufen wäre. Würde man den dann im Bad trinken? Oder eher in der Küche? Vielleicht wäre es am besten, wenn man sich das gleich nach dem Aufwachen reinzieht, wenn man noch im Bett sitzt. Klaus atmet laut fauchend aus und knallt das leere Fläschchen auf den Tisch. »Geiles Zeug!«, muss ich anerkennend zugeben. »Boonekamp ist wie russisches Roulette, nur dass jeder Schuss gewinnt.« Klaus sieht aus wie einer von der alten Schule. Trotz der unfassbar beknackt aussehenden Eishockeykutte sieht man, dass er darunter ganz manierlich gekleidet ist. Er sieht aus wie ein Arbeiter, der sich hochgekämpft hat. Vermutlich Betriebsleiter oder so was. Aber einer, der mal selbst am Rührer stand. »Was für eine Vergeudung von Männlichkeit, was für eine Entfremdung von Naturgesetzen das ist, was man mit uns macht. Diese ganze Verweichlichung.« Klaus kippt einen großen Schluck Bier runter, wischt sich den Schaum ab und ballt dann die rechte Hand zur Faust, ehe er nochmal kräftig an seiner Zigarette zieht. »Aber ich sag dir was«, insistiert Klaus, »diese elende Vergeudung von Männlichkeit, diese Gegenwart, in der man bestes Blut, das noch durch den einen oder anderen zähen Körper fließt, der trotz allem doch noch von gesundem Geist ist, mit diesem schändlichen pazifistischen Jammertum vergiftet. Dieser ganze Gedankenmüll findet sein Ende hier, bei uns, wo aufrecht und gnadenlos gesoffen wird. Die Theke ist der Schützengraben, in dem wir um unsere Heldwerdung gebrachten deutschen Männer unseren Krieg führen. Hier sprengen wir die Tür nach Walhalla auf, mein Großer!«

Okay, wow, denke ich mir und nehme aus Verlegenheit einen Schluck aus meinem Glas. Klaus nutzt die Stille, um weiter auszuführen. Dabei gestikuliert er wild mit den Armen und reckt die geballten Fäuste empor. »Unser Kriegergeist, der erfährt seine Auferstehung nur mehr im verrauchten Sauflokal. Denn hier gelten die falschen Moralitäten unserer Zeit nichts. Im Sauflokal haben wir das widerwärtige Tageslicht und das weibische Geschnatter der Singvögel zum Feind erklärt. Weinerliches Gewäsch gibt's hier nicht, oder es geht unter im Gedröhne des Gläserklirrens und des Feuerzeugklapperns. Alle Äußerlichkeiten verschwinden im blauen Dunst. Kriegsnebel. Festgekrallt an den Tresen, eingegraben in unsere dreißig Zentimeter Hockerdurchmesser bekämpfen all die tapferen Saufkameraden ihren ärgsten Feind: sich selbst und die innere Erbärmlichkeit des Aufgebenwollens.

Das Ausredenfinden der Schwachen, die noch immer die Feinde der saufenden Klasse auf den Altar heben: Arbeit und Familie. Nur um ihr Versagen vor der Geschichte in den Mantel falscher Gerechtigkeit zu kleiden, dieses bürgerliche Gesindel. Drückeberger. Für diese saufkraftzersetzenden Elemente kann der kämpfende Säufer nur Verachtung finden. Gegen ihren Saufdefätismus ist er ohnehin immun, da wahres Säufertum in dem Bewusstsein gelebt wird, dass es vollendete Freiheit nur im Krieg, im gnadenlosen Saufen geben kann. Ein Krieg, den man Schulter an Schulter mit den treuesten Säufern zu fechten bereit ist. Frieden ist Krieg. Krieg ist Frieden. Jene dystopische Parole wird in unserer Eckkneipe zum Haltebefehl. Gesoffen wird bis zum letzten Schluck. Die Rechnung, diese feindselige Aufforderung zur Kapitulation, ist der neue Schandvertrag, den der tapfere Säufer niemals akzeptieren kann. Wenn der Wirt schließt, sind wir wieder hinausgestoßen in die Falschheit, wo das Gemecker der Weiber und das muffige Kopfschütteln der bourgeoisen Abstinenzlermafia zum Prinzip erklärt wurden und nur mehr der Ekel regiert. Aber wir, das blaue Heer der Trinker, wir haben am Tresen die neue Herrlichkeit eines anderen Reiches entdeckt. In diesem kann und wird es nur mehr einen Gedanken geben: das Saufen. Nur noch das Saufen!«

Wir stoßen an und leeren unsere Gläser, und mehr fällt mir irgendwie nicht mehr dazu ein. Entweder ist Klaus ein genialer Saufphilosoph – oder er braucht wirklich Hilfe.

»Feierabend!«, ruft der Wirt und erntet prompt ein wütendes Echo. »Nix, Schluss jetzt, Männer«, entgegnet er entschlossen. Aber Klaus weiß Rat: »Sepp, du hältst jetzt mal die Klappe und holst uns vier Kisten Bier und kriegst dafür einen Hunni, die saufen wir dann draußen weiter.« Der Wirt scheint nicht begeistert, aber nach einiger Diskussion willigt er ein. Wir schmeißen zusammen und schleppen die Bierkisten vor die Tür, laufen über die Fahrbahn und setzen uns an der gegenüberliegenden Ecke auf eine kleine Mauer, direkt neben der Tiefgarage des Hotels. Das Ploppen von gut einem Dutzend Bierflaschen tönt durch die verlassene Seitenstraße. Dann ein riesiger Rülpser, der eigentlich ein trockenes Kotzen ist, das mir nach dem letzten Boonekamp durch den ganzen Leib fährt. Zum Glück bleibt es vorerst bei etwas Magensäure, die sich leicht ausspucken lässt. Klaus hingegen schaut immer noch entschlossen drein und erntet zu Recht das Lob seiner Zechkumpane dafür, dass er den Abend etwas zu verlängern wusste. »Hier, keine Kronkorken auf den Boden werfen und keine Kippen, dass der Sepp bloß nicht jammert morgen«, weist er die anderen an. Klaus imponiert mir. »Du bist ja noch jung, da kannst du bestimmt noch machen, was du willst. Aber ich, ich bin froh, wenn ich noch ab und zu mal mit den Jungs raus kann.« Ich zeige mich verständnisvoll, und wir starren in den Nachthimmel, der langsam zum Morgengrauen ansetzt. Die Männer stellen ihre leeren Flaschen in die Bierkästen zurück.

Gemeinsam schleppen wir noch die leeren Kästen und Schnapsfläschchen die Straße runter, um sie zu entsorgen. Im Hinterhof des Hotels, gleich neben dem Eingang der Tiefgarage, stehen die großen Müllcontainer. Doch die erste Flasche, die ich hoch über den Rand in den Container werfe, zerbirst so laut, dass wir die restlichen Flaschen in den Altpapiercontainer werfen, wo die Kartons sie leise abfedern. Auch Klaus und ich verabschieden uns, tauschen aber noch Visitenkarten aus. »Du hast eine Firma für Innenumbau und Dekoration?«, frage ich ihn verwundert. »Na, schau, meine Frau hat da so ein Faible, ich mach nur die Planung. Eigentlich bin ich gelernter Ingenieur, mit Diplom und so. Da hängt auch eine Baufirma dran, aber wegen meiner Frau hab ich immer diese Karte dabei, verstehst du?«

Klaus zwinkert und verschwindet mit den anderen in der sich ihrem Ende zuneigenden Nacht. Plötzlich eine WhatsApp von Mirko. Ich solle dringend auf Maras Zimmer kommen, ihr gehe es nicht gut. Ich befördere noch die leeren Kästen in den Container und steuere schnellen Schrittes in den dritten Stock des Hotels. Maras Tür ist nur angelehnt.

## 4.

**DIE SITUATION IN ZIMMER 324** ist irgendwie unbehaglich, und ich fühle mich schlagartig fast nüchtern. Mirko sitzt in Unterhose auf der Bettkante und hat das Gesicht in die Hände gelegt. Mara kauert auf der Fensterbank, ebenfalls in Unterwäsche. Für eine Sekunde fixiere ich ihre sagenhafte Figur, die sie uns da in wirklich aufreizender Unterwäsche präsentiert. Von der mal abgesehen trägt sie nur noch so ein kleines Schmuckband um den linken Knöchel. Aber dann haut mir die Situation voll in die Fresse. Mara raucht. Und heult. Jetzt sehe ich, dass ihre ganze Schminke schon wild verlaufen ist. »Ähm, Leute, was ist hier eigentlich los?«, frage ich eher in Richtung von Mirko, der mir etwas ansprechbarer vorkommt, weil er nicht die ganze Zeit schluchzt. Und weil er keine Hustenanfälle kriegt wie die halbnackte Mara, die offenbar die erste Zigarette ihres Lebens raucht. »Wir haben noch einen Absacker getrunken, an der Bar in der Lobby. Und naja, dann sind wir hier im Bett gelan…«, meint der kleinlaute Mirko, bevor Mara ihn unterbricht.

»Ja, aber gar nichts sind wir dann, dem Herrn war ja wieder irgendwas nicht gut genug, wie immer bei euch Schlappschwänzen, nie bin ich euch gut genug, nur zum Labern, Labern, Labern. Oder ihr seid alle vergeben!«

»Du konntest ja auch nicht!«, verteidigt sich Mirko und Mara kommt gar nicht mehr zu einer weiteren Antwort, denn die geht nahtlos in heulendes Schluchzen über und ich weiß nicht, ob ich jemals eine so unfassbar heiße Frau in Unterwäsche gesehen habe, die sich erst einen riesigen Batzen Rotz mit dem Unterarm aus dem Gesicht wischt und dann fast kotzen muss, weil sie den nächsten Zug an ihrer Zigarette nicht verträgt.

»Mann, ich bin verheiratet! Ich konnte halt nicht. Und du doch auch nicht.« Mirko wirkt zerknirscht. »Ich bin kein Draufgänger mehr. Ich bin ein scheiß Spießer, Mann. Ich habe drei Kinder und eine Alte zu Hause, Bausparvertrag und Reihenhaus und alles. Diese Dienstreisen sind noch der letzte Ort, wo ich mal wieder aus mir raus kann. Aber ich kann doch nicht fremdgehen, das geht einfach zu weit, versteht ihr?!«

Für Mara war diese Abfuhr offenbar zu viel, und ich kann echt verstehen, dass es an einer solchen Frau knabbert, wenn sie in einem solchen Aufzug noch von der Bettkante gestoßen wird. Buchstäblich. Aber bei Mara scheint das öfter vorzukommen, dass Männer sich vor ihr fürchten, vermutlich, weil sie viel zu gut aussieht. Meine Füße tun höllisch weh, und ich ziehe die Schuhe aus. Der Hotelteppichboden fühlt sich unfassbar gut an. Ich strecke die Zehen ein wenig aus, bis mir dieser feuchte Kater kommt. Ich muss nachschütten. Die Minibar ist in den Nachttisch integriert, da, wo Mirko sitzt und sich grämt. Er reagiert auf gar nichts mehr, und ich muss ganz fürchterlich dicht über seine nackten Beine hinweggreifen, um eine Dose Bier aus dem kleinen Kühlschrank zu fummeln. Den überlaufenden Schaum verreibe ich mit dem Fuß im Teppich und nehme einen großen Schluck. Langsam muss ich mir das Lachen verkneifen.

»Ihr seid so behindert«, sage ich mit einem süffisanten Ton, weil die Situation so völlig absurd ist. »Was machst du denn noch hier, Mirko, lasst uns doch Feierabend machen für heute und alle pennen gehen?«, versuche ich, für diese Nacht einen salomonischen Abschluss zu finden. »Sie hat noch meinen Ring«, entgegnet Mirko, und erst checke ich nicht ganz, was er meint, bis Mara ihn mir präsentiert. Sie hat tatsächlich Mirkos Ehering in der Hand und schaut ihn an, als wäre so ein Ring etwas aus einer anderen Welt. Ich versuche, Mara zu überreden, den Ring herauszurücken, damit wir alle endlich schlafen gehen können. Immerhin müssen wir am nächsten Tag ja noch fast 600 Kilometer heimwärts fahren. Aber Mara denkt gar nicht daran, ihren Blick von dem Ring abzuwenden. Anscheinend schlägt die Überdosis Wein und Sekt bei ihr voll durch, und sie fängt wieder das Heulen an, weil niemand sie mal lieben würde und sie bestimmt niemals so einen Ring angesteckt bekäme. Wenn mich eines seit jeher aufregt, dann ist es dieser alkoholinduzierte weibliche Vollautismus, und ich fahre Mara etwas an: »Du bist Anfang zwanzig, bestimmt wird dich mal jemand heiraten, du bist doch ein wunderschönes Mädchen.« Mir kommt eine Mischung aus Wut und Kotze hoch, während ich das sage, als Mirko dazwischenruft, dass Mara ja wirklich eine »endgeile Sau« wäre und sie sich da keine Sorgen machen müsse. »Du hältst jetzt dein Maul!«, rufe ich, während Mara den Ring auf ihrer flachen Hand liegen hat und weiter anstarrt. Etwas bemüht unauffällig stelle ich die halb volle Bierdose auf den Boden, um den Moment abzupassen, Mara den verdammten Ring einfach abzunehmen. »Jetzt!«, denke ich mir, als Mara die Hand wieder öffnet. Ich stürme die zwei Meter auf sie zu, versuche, ihr Handgelenk zu packen, um ihr den Ring aus der Hand zu nehmen. »Ich muss dir was sagen, ich …«, aber ich unterbreche sie. »Gib her!«, faucht es aus mir heraus, als ich mit dem Rücken versuche, Mara von ihrer rechten Hand abzuschirmen, während ich ihr den Ring mit einer ruckartigen Bewegung aus der Faust reiße, um diesem absurden, mittlerweile frühmorgendlichen Theater ein Ende zu bereiten. »Na also!«, stoße ich aus, als ich den Ring endlich habe und mich, nicht ohne einen kleinen Anflug von Stolz angesichts meiner Heldentat, zu Mirko umwende, um ihm seinen Ring zurückzugeben. Doch Mirko scheint nicht wirklich erfreut, sondern schaut mich völlig entgeistert an und zeigt auf Mara. Ich drehe mich um, aber Mara ist weg. »Mara ist weg?«, frage ich Mirko. Dann setzt Gewissheit ein: Mara ist weg!

Ihr Aufprall in einem der Müllcontainer scheint mir entgangen zu sein, weil ich so geschnauft habe nach dem kleinen Gerangel um Mirkos Ehering. Nun sitze ich mit Mirko auf den unfassbar unbequemen Metallsitzbänken im Wartebereich der Notaufnahme. Das Herzrasen hat meinen gefühlten Alkoholpegel drastisch gesenkt, und langsam setzt ein stechender Kopfschmerz ein, der gemeinsam mit meinem trockenen Hals furchtbar unangenehm ist. Was soll ich nur unserem Chef sagen, diesem dämlichen Thorsten? Zum Glück habe ich nicht nur ein weiteres Bier aus der Minibar mitgenommen, sondern auch alle Skrupel abgelegt. Das Zischen beim Öffnen der Dose ist so laut, dass die dicke Krankenschwester hinter der Rezeption pikiert zu uns herüberschaut. Glücklicherweise belässt sie es bei einem auffälligen Kopfschütteln, sodass sie nicht sieht, dass Bier aus der überlaufenden Dose auf den hässlichen Fußboden tropft. Ich lege so einen Diabetes-Infoflyer in die kleine Pfütze und wische es mit dem Fuß etwas trocken, was nun auch den türkischen Senior neben uns dazu nötigt, sich kopfschüttelnd umzusetzen. Ein junger Kerl in Arztklamotten kommt auf uns zu und bittet uns, mitzukommen. Niemals könnte ich ernsthaft weiße Clogs tragen, während ich zerfetzte Motorradfahrer zusammennähen müsste, denke ich noch, während wir ihm in eines der Besprechungszimmer folgen. Mara gehe es gut, sagt der Nachwuchsmediziner. »Ein paar Frakturen hat sie schon, aber nichts Lebensbedrohliches und auch keine bleibenden Schäden. In ein paar Wochen ist sie wieder gesund, wenn sie die Reha gut annimmt. Wir lassen sie erstmal ein paar Tage bei uns, Sie können dann aber gleich erstmal halbwegs beruhigt heimgehen.«

Der Arztschnösel merkt uns unsere Erleichterung an. »Ja, das war wirklich großes Glück, bei einem Sturz aus dieser Höhe. Aber Ihre Freundin ist genau in den Altpapiercontainer gestürzt. Womöglich hätte sie noch viel geringere Verletzungen davongetragen, aber irgendwelche Idioten haben Glasflaschen und Bierkästen ausgerechnet im Altpapier entsorgt.«

»Solche Wichser! Das Hotel sollte man verklagen«, echauffiert sich Mirko. Draußen vor dem Krankenhaus hat der Tag bereits angefangen. Nur wir zwei Vollidioten stehen völlig ausgebrannt auf dem Fußweg.

Bei jeder Öffnung unserer Mäuler entströmt ein aromatisch-alkoholischer Geruch. Fast genau in 24 Stunden werde ich in dem lächerlich modern eingerichteten Büro von Thorsten stehen müssen, um ihm zu berichten, wie unsere Dienstreise verlaufen ist.

Das Gespräch läuft richtig gut. Fristlose Kündigung.

## Die Irrlichter

### 5.

**THORSTEN IST VÖLLIG AUSGERASTET.** Ganz verstört hat er die Hände hinter den Kopf gesteckt, sodass sein viel zu enges Shirt den dicken Bauch freigelegt hat. Jetzt stehe ich vor dem Firmengebäude auf der Straße, in jeder Hand eine Plastiktüte von Aldi mit dem persönlichen Kram aus meinem Büro. Arbeitslos. Mit der Bahn bringe ich die Tüten heim und schreibe erstmal alle Leute an, bei denen ich die Hoffnung habe, dass sie spontan einen mit mir trinken gehen würden. Zum Glück gibt es für solche Fälle Patrick. Patrick kann man in solchen Fällen immer anrufen. Seit Ewigkeiten studiert er schon vor sich hin, ohne dabei nennenswerte Fortschritte zu erzielen. Seine Zeit verbringt er meistens mit Schlafen, Videospielen und Saufen. Eigentlich ist er wie ein wandelndes Klischee, er hat auch noch lange Haare, bewohnt aber eine nette Eigentumswohnung in einem der besseren Viertel. Natürlich Altbau. Sein Vater hat irgendwie endviel Kohle und unterhält zum Spaß noch einen Verlag. Bei dem arbeitet Patrick manchmal mit. Viele halten Patrick für ein Arschloch, und ich kann das durchaus verstehen. Natürlich hat er wieder ein Album vom Buena Vista Social Club laufen, dieses Gedudel läuft bei ihm immer. Das oder Reggae von weißen Interpreten, so einem albernen Kanakensurrogat, jedenfalls hört er ausschließlich vertonte Nutzlosigkeit. Er ist einer von diesen unerträglichen Leuten, deren Fahrrad immer in der Wohnung steht. Er hat sich sogar so eine Halterung angebaut, aber weil er zu faul ist, das Rad aufzuhängen, stellt er es immer mitten in den Flur im Eingangsbereich der Wohnung. Das Rad hat am Lenker diese dämlichen Hörner, die kein Mensch wirklich braucht. Im Flaschenhalter steckt meist eine Bierdose.

»Wieso hast du langhaariger Schwindel-Hippie bitte einen Thermomix?«, frage ich Patrick mit berechtigter Verwunderung. »Keine Ahnung, ich habe halt einen.« Ich wende ein, dass diese Teile doch unfassbar teuer sind und man die nicht »einfach so hat«. Zumal Patrick sich fast nur von Nachos, Lieferdienstfraß und asiatischen Instantsuppen ernährt, wobei er den wirklich guten Lifehack entwickelt hat, diese Ramen-Nudeln in die Pfanne zu geben und die Suppe verkochen zu lassen, damit man keine olle Salzbrühe, sondern veritable Bratnudeln hat. »Stehst du dann davor und kippst Möhren da rein, oder was?«

»Ich habe den noch nie benutzt, der steht da nur so.« Irgendwie reagiert Patrick auf die Nachfragen so gereizt, dass ich immer neugieriger werde, warum dieser Gammelstudent eine dreizehnhundert Euro teure Küchenmaschine besitzt, die er nie benutzt. »Hast du wieder besoffen den Teleshopping-Kanal geschaut?«

Tatsächlich passiert es Patrick öfter, dass er sich unsinnigen Kram am Telefon bestellt, wenn er zugedröhnt auf der Couch liegt. Erst letztes Jahr hat er sich diesen ausgefallenen Wischmopp bestellt. Seitdem ist er aber der Held im Haus, wenn er mit Flurwischen dran ist. »Du hast dir auch dieses Spezialmesser gekauft, vom Chefkoch Toni. Dabei kochst du nie«, erinnere ich ihn an seine Kaufräusche. »Damit kann man Konserven aufschneiden. Und anfliegende Melonen durchhacken. In der Luft. In der Luuhuuft!«, wird Patrick laut. Wir müssen beide lachen, weil das so unfassbar dumm ist. Aber ich lasse nicht locker. »Los jetzt, spuck's aus! Wo ist der Thermomix her?«, frage ich mit ironischer Ernsthaftigkeit. »Mann, der ist geklaut, okay?! Ich hab' das Teil einfach geklaut. In Hamburg. Bei ›G20‹. Da war ich zufällig im Schanzenviertel, als die ganzen Asis da die Läden geplündert haben. Und da bin ich halt auch einmal mit in so einen Laden und wollte mal schauen, wie das so ist.« Diese Antwort beruhigt mich fast, denn das passt gut zu Patrick. Für Politik interessiert er sich nicht, und er wäre selbst für die autonome Szene noch zu arbeitsscheu, aber wenn es etwas umsonst gibt, dann ist er gleich zur Stelle. »Und da bist du in ein Vorwerk-Geschäft, mitten auf der Schanze? Die Teile kann man doch nur im Internet bestellen, die gibt's gar nicht im Laden.«

»Mann, du bist ja schlimmer als die Kripo, ey! Ich war in so einem Pulk und bin einfach mitgerannt, aber dann waren wir in einem Rewe. Und die ganzen Freaks haben direkt den Schnaps und die Kippen geplündert und sich richtig darum gekloppt. Da bin ich plötzlich in so eine Tür rein, in die Mitarbeiterküche. Und da stand der halt.« Ich kann es gar nicht fassen, dass dieser Idiot wirklich mitplündert und dann noch die armen Supermarktmitarbeiter beklaut und deren Thermomix mitnimmt. »Ja, was denn? Hätte ich da Zahnpasta mitnehmen sollen, oder was? Kann ich ja nix dafür, wenn alle guten Sachen schon weg waren.« Ich winke nur ab und trinke dabei das Dosenbier, das Patrick mir aus seinem extrem coolen Fünfzigerjahre-Kühlschrank gibt. Patrick hat echt einige Attitüden, die man nur als behindert bezeichnen kann. Er ist der faulste Schmarotzer, den ich kenne. Aber er wohnt in einem unfassbar schönen Haus in Köln-Sülz. Das Haus hat überall schöne Verzierungen an der goldgelben, mit viel gepflegtem Grün bewachsenen Fassade. In seiner Bude ist Parkett verlegt, aber er vermüllt die ganze Wohnung mit Pizzakartons und Leergut. Außerdem isst er nur von Plastiktellern, weil man die nicht abspülen muss. Patrick ist auch Sprachnachrichtenunterschichtler. An der Wand hat er eine Flagge der »California Republic«, so eine Art Behindertenausweis aus Stoff, womit er wohl seine weltmännische Haltung betonen will. Dabei ist Patrick der größte Rassist, den ich kenne. Viel schlimmer noch als all die Bekannten von mir, die tatsächlich politisch rechts stehen. Schon mehrfach ist Patrick nur wegen der Hilfe seiner besonnenen Kumpels einer heftigen Tracht Prügel entgangen, weil er übermütig geworden war und die osmanische Bodybuilder-Klientel des Kölner Nachtlebens angepöbelt hatte. Und wenn wir gemeinsam zum All-you-can-eat-Buffet beim Asiaten gehen, dann stiftet er uns immer an, dass wir »richtig krass schädigen« sollen. Bei Patrick heißt das, dass es verboten ist, Getränke zu bestellen oder Beilagen zu essen. Denn daran verdient nur der Wirt. Patrick nimmt dann auch einfach nur den Fisch von der Sushi-Auslage und lässt die Reisbällchen auf dem Buffet liegen. Oder er lässt bei der Eistruhe den Deckel auf, weil das auch sehr schädige. »So ein Idiot!«, schnauft er dann immer, wenn wieder der eine übergewichtige Deutsche mit Thai-Frau im Restaurant sitzt, der sich tatsächlich Pommes mit Mayo vom Asia-Buffet nimmt.

Wir gehen in eine Kneipe bei ihm um die Ecke. Es gibt Kölsch und Schabau. Kabänes, einen Kräuterschnaps. »Was machst du denn jetzt, also so beruflich?«, fragt Patrick. »Keine Ahnung, erstmal Sofortrente, also über ALG I oder so, nicht die von Kai Pflaume.« Tatsächlich kommt mir gar nicht in den Sinn, was ich jetzt machen soll. Meine Kündigung ist gerade mal ein paar Stunden her. Und Architekten wird man schon noch suchen, denke ich mir. »Scheißegal, lass uns nicht drüber reden. War eh ein Penner, dieser Thorsten.« Wir quatschen länger über alles Mögliche. Patricks Studium, und darüber, dass er schon noch fertig werden will. »Die Uni ist Dreck und macht dumm!«, sagt er immer, wenn ich ihn auf seine fortgeschrittene Semesterzahl anspreche. Fast streiten wir, weil Patrick mir wieder seine komischen Essgewohnheiten anpreisen will. Er isst sein Frühstücksei mit Pfeffer. Dieses widerliche

Schwein. Aber dann schwenken wir wieder auf die üblichen Kneipenthemen. Reden über Weiber, über alte Saufgeschichten, so Dinge halt.

Patrick erzählt mir die Geschichte, wie er einmal in Berlin in einem Park saß, in Kreuzberg. Auf einer Sitzbank mit einem Sechserträger Bier. Dann kamen Punker und meinten, er solle aufpassen, dass ihn die Bullen nicht erwischten, die würden da ab und zu kontrollieren und das Alkoholverbot durchsetzen. Er bedankte sich freundlich – und rief dann umgehend die Polizei und meldete, dass sich dort alkoholisierte Punker-Rowdies aufhalten und die Leute belästigen würden, die einfach nur auf der Bank sitzen wollten. »Du bist so ein Affe«, sage ich und muss lachen. Dann erinnere ich ihn daran, wie es in den frühen Zweitausendern mal die »Los Wochos« bei McDonald's gab und wir damals in der Schule um einen Euro gewettet haben, dass Patrick es nicht schaffen würde, eine ganze Tüte Chilipulver von den »Los Pommos« durch die Nase zu schniefen. Hat er natürlich nur zur Hälfte geschafft, und Marc hat ihm deswegen fünfzig Cent wieder abgenommen. »Heute würde ich das schaffen!«, lacht er, und ich bin mir ganz sicher, dass er das heute sogar als Infusion locker wegstecken würde. Patrick fragt mich, ob ich wüsste, wozu ich jetzt Zeit habe, weil ich ja nicht mehr jeden Tag arbeiten muss. »Zum Saufen? Ausschlafen?«, frage ich zurück. Patrick bejaht alles, aber offenbar scheint er sich zu fühlen, als habe er einen Geistesblitz. »Ich habe da eine Idee«, meint er, nimmt sein Telefon aus der Tasche und wählt eine

Nummer. Ich nutze die Zeit, um ungestört eine rauchen zu gehen. »Hurensöhne!«, denke ich noch, als ich das Schimpfplakat sehe, das die Landtagsabgeordneten zeigt, die damals für das absolute Rauchverbot in NRW gestimmt haben. Erst haben sie die Wirte genötigt, ihre Ersparnisse für aufwendige Raumtrennungen zu verbrennen, dann haben sie das Rauchen trotzdem verboten. Elende Bolschewisten, sollen sich ja aus den Kneipen rausscheren.

Vor der Tür stehen noch andere Gäste, zwei Männer um die fünfzig. Keiner sagt was. Alle schauen wir einfach so ins Nichts und ziehen an unseren Zigaretten. Einer von den Männern hat ganz gelbe Fingerkuppen, der andere einen Gelbstich in seinem weißen Schnauzbart. Ich muss mich vor mir selbst ekeln, weil ich mich frage, ob das wohl von irgendeiner sexuellen Handlung kommt, die diese Typen miteinander veranstalten. Dabei sind das ja ganz gewöhnliche Trinker. Von der Sorte, die mit keinem reden und einfach trinken und dabei in ihr Glas oder in den *Express* schauen. Hier sitzen nur Profis. So miese Abknicker, solche Um-21-Uhr-nach-Hause-Geher, die gibt es hier nicht. Mir fällt auf, dass wir alle den einen Arm vor dem Bauch verschränkt haben und damit den anderen Arm stützen, der die Zigarette vor den Mund hält. Was für ein erbärmlicher Anblick das sein muss, wie wir da so stehen. Immerhin bin ich der Einzige, der richtige Schuhe anhat und nicht solche Sandalen. »Trinkt ihr Schnaps?«, frage ich die beiden, weil mir irgendwie danach ist, diese Tröpfe auf einen einzuladen. »Kölsch«, sagt einer, und ich ärgere mich schon, dass ich überhaupt was gesagt habe. Trotzdem sage ich dem Wirt, er solle den beiden Herren mal ein Kölsch auf meinen Deckel geben, was der auch direkt macht. Jetzt haben die Typen aber jeder zwei volle Gläser, was beide zu ärgern scheint und mich an das Gefühl erinnert, das ich habe, wenn ich irgendwelche Omas frage, ob ich ihnen an der Treppe mit dem Koffer helfen könne, und die mich dann anfauchen, ich solle ja die Finger von ihren Sachen nehmen. Der eine geht erst aufs Klo und schleicht sich dann wieder vor die Tür, zum Rauchen. Diesmal allein. Hinter dem Buntglas und den vergilbten Gardinen sieht man ihn, wie er beim Rauchen ein paar Glasscherben mit den Füßen zusammenschiebt. Ich stelle mich neben den anderen, um noch was zu bestellen.

»Zwei Schnaps!«

Der Trinker neben mir schaut mit leerem Blick an mir vorbei ins Nichts, ist gedanklich ganz woanders. Seine Nase ist aufgedunsen und gerötet, er lächelt abwesend ins Leere und sieht dabei aus wie der glücklichste Mensch, der je gelebt hat. Es ist halt so: Die stärkste Sehnsucht und das schönste Abenteuer sind die Dinge, an die man beim Saufen denkt, wenn der Trinkkamerad kurz pissen ist.

Ich gucke so durch den Kneipraum. Neben dem Zigarettenautomaten steckt ein Frührentner in Birkenstock und Anglerweste Geldscheine in sein Sparkästchen. Deutscht bei dem. Patrick telefoniert noch, und ich nippe an meinem Schnaps. Genau jetzt bin ich in diesem magischen Zwischenstadium, diesem Zustand vollkommener geistiger Spannung, wenn man nicht mehr nüchtern ist, aber auch noch nicht besoffen. Dann hat man die besten Ideen, tollkühn, aber noch nicht übermütig. Wunderbare Gedanken bimmeln und sausen mir durch den Schädel wie Flipperkugeln, die zu groß für das Outhole sind und immer weiter Punkte farmen.

Patrick steckt sein Telefon ein und greift ganz aufgeregt meine Hand. »Bist du schwul?«, frage ich ihn, aber er sagt nur, ich solle mein Maul halten und zuhören. Patrick erzählt mir, dass er seinen Vater angerufen habe, den mit dem Verlag. Und der sei auch ganz begeistert von dieser Idee, deswegen soll ich gleich morgen bei ihm im Büro vorbeikommen. Um neun Uhr. Ich frage Patrick, ob er noch ganz dicht ist, mich da um neun anzukündigen. »Ich will saufen und auspennen, Junge.« Patrick nimmt sein Handy und hält es sich an den Mund, für eine Sprachnachricht: »Ja, hallo Papa. Er kann erst nachmittags, weil er will saufen und auspennen.« Sein Vater antwortet prompt – mit vier Emojis. Einem Daumen-hoch, einem Bierkrug, einem Lachsmiley und diesem verdammten schwarzen Mond. Gleichzeitig bringt der Wirt zwei Korn. Ich schaue zur Theke, wo der Typ mit den gelben Fingerkuppen auch einen Korn in seinen Rauchergriffeln hält und uns zuprostet. Wir nicken. Dann alles nach Plan. Saufen. Und auspennen.

## 6.

**ZU ZAHLREICHEN BIEREN** viel Schnaps zu trinken, ist geil, rächt sich aber fast immer. Ein besonderer Fehler ist es allerdings, mehr als ein Glas Escorial zu trinken. Das ist so ein minziger Schnaps mit über fünfzig Prozent Alkoholanteil. Escorial ist wie ein Filmriss zum Trinken, macht einem das Gehirn komplett zu Brei. Wirkt fast wie Zyankali, nur dass man irgendwann wieder aufwacht. Aber wenn man zu viel Escorial trinkt, dann wacht man nicht wie bei einem üblichen Kater auf, also zerschossen und eingerostet, mit ganz langsamen, quälenden Wachwerdemechanismen. Wenn man Escorial getrunken hat, dann schreckt man regelrecht hochkant aus dem Bett, muss ganz hastig Luft einziehen, als wäre man aus einem Koma erwacht oder die ganze Nacht unter Wasser gedrückt worden. Escorial ist wie Waterboarding, wobei ich immer dachte, dass sich »Waterboarding in Guantanamo Bay« eigentlich nach einem geilen Urlaub anhören würde, wenn man gar keine Ahnung hätte, was es mit diesen Dingen in Wahrheit auf sich hat. Es gibt sicher Schnäpse, die krasser brennen. Tequila oder Grappa, womöglich diverse Brände, auch. Sliwowitz. Aber Escorial ist anders. Bei Escorial kribbelt es schon nach einem Schluck im Kopf, man kann förmlich hören, wie die Synapsen im Gehirn platzen, als würde man mit einem Sturmpanzer in eine Luftpolsterfolie reinkrachen. Ein Teufelszeug. Aber irgendwie auch geil. Ich sitze im Bett, mein Kopf blubbert immer noch. Und in ein paar Stunden muss ich zu diesem dämlichen Termin.

## 7.

**PATRICKS VATER** ist der Inhaber einer gut laufenden Firma, vermöge dessen er es sich gönnen kann, aus Liebhaberei einen kleinen Verlag aufzubauen. Ich kenne ihn schon von diversen Gelegenheiten. Er empfängt mich in seinem Büro und begrüßt mich mit einem merkwürdigen Handschlag, als wolle er irgendwie seine Jugendlichkeit betonen. Neben ihm sitzt ein etwas heruntergekommener Typ, der sich als Alfons vorstellt. Alfons leitet den Verlag, und Patricks Vater nennt ihn mehrfach das kreative Gehirn hinter diesem Projekt. Alfons hat einen fürchterlich abstoßenden Oberlippenbart, der eigentlich nur ein besserer Flaum ist. Türkenkinder hatten das früher immer, weswegen es ganz viele Witze darüber gab, dass sie aussähen wie ihre Mütter. Kreativ ist auch Alfons kariertes Hemd, das aussieht, als wäre es dreißig Jahre alt. In der Hemdtasche hat er Stifte und eine Brille stecken, auf der noch solche zuklappbaren Sonnenbrillengläser montiert sind. Wir sitzen an einem supermodernen Holztisch, der wie ein Stück Baum designt ist.

Das Wasser schenkt Patricks Vater aus einer durchgestylten Karaffe ein, ohne dass auch nur ein Tropfen danebengeht, was mich wirklich beeindruckt und die Frage aufwirft, wie erwachsen man sein muss, um das so hinzukriegen. Ich versuche, den Small Talk abzukürzen, und merke dabei, dass dieser Alfons die ganze Zeit nur aus dem Fenster schaut und grinst. Aber wir kommen auf den Punkt, und ich staune nicht schlecht, was diese Idee ist, von der Patrick gestern gesprochen hat: Ich soll eine Reportage über rechtsradikale Organisationen schreiben, in ganz Europa. Das sei gerade ein super Thema, das für die neue Zeitschrift des Verlages ein Topaufmacher wäre. Alle wollten das lesen, insistiert Patricks Vater. Er heißt Erwin, aber ich vermeide immer, ihn direkt anzusprechen, weil es mir unangenehm ist, ihn zu duzen. Ob es da nicht unzählige Experten gebe, die das viel besser machen könnten, ich hätte davon immerhin nicht den geringsten Schimmer. »Ja, klar, die gibt's wie Sand am Meer.« Alfons kann also sprechen und holt weit aus, warum sie nicht irgendeinen Experten anfragen, einen richtigen Journalisten halt. »Das sind alles Penner und Wichtigtuer, langweilig. Und die kommen ja nirgendwo dran, weil sie mehr ausspionieren als berichten. Da haben diese Gruppen kein Interesse dran, und wir wollen doch auch eine richtige Reportage, keinen Stasibericht. Deswegen muss das ein neutraler Beobachter machen. Schau, wir haben uns da informiert. Und diese Experten sind alle arrogant und haben kein Leben, das wird nicht das, was wir suchen. Es muss lebendig sein, einfach echt, verstehst du?«

Mir leuchtet nicht ganz ein, was ich damit zu habe, aber auch Erwin ist voll motiviert und redet immer weiter auf mich ein, dass er doch weiß, dass ich das könnte, und er mir helfen will »wegen der Sache«. Er meint, dass ich ja jetzt arbeitslos bin, dabei ist ja gar nicht gesagt, dass ich nicht zeitnah einen neuen Job finden würde, wenn ich denn wollte. Erwin meint, das sei eine gute Chance, denn wann würde man schon solch einen Trip in diverse Länder gesponsert kriegen, allein die Zeit dafür habe ja keiner, sagt er, so als Langzeitprojekt. Außerdem kennt er auch Marc, denn Marc ist ein gemeinsamer Freund von Patrick und mir und seit einiger Zeit einer der Anführer so einer neuen rechten Jugendorganisation, die in den letzten Jahren oft in den Medien war. Über ihn soll ich mir die Kontakte besorgen, notfalls soll ich ihn mitnehmen, wenn Marc irgendwo im Ausland gute Beziehungen hat. »Na gut, warum nicht?«, lasse ich mir dann dieses Vorhaben doch aufbinden, und dieser Alfons grinst wieder ganz komisch und wippt mit dem Kopf, wie solche dämlichen Backgroundsänger, die dann immer auch mit den Fingern schnippen und blöd in die Kamera grinsen, während die Almans im Publikum wie irre im Takt klatschen, als kämen sie gerade aus einem Übungslager der Wehrmacht. Erwin verabschiedet sich. Letzte Details soll ich mit Alfons besprechen. Der erzählt mir noch von irgendwelchen Romanen, die ihn früher begeistert haben, und wieso er jetzt in der Verlagsbranche aktiv ist, aber ich höre überhaupt nicht richtig hin. Mein abklingender Kater macht sich noch einmal bemerkbar, und ich überzeuge mich selbst davon, mir gleich direkt ein Wegbier zu holen, um den

Rest des Katers damit wegzuspülen. Alfons redet immer weiter, und ich tue so, als würde ich mir währenddessen sein Formular intensiv durchlesen, was aber gar nicht stimmt. Dann verabschieden wir uns, und ich sehe, dass Alfons eine Handytasche an seinem Gürtel hat, was ich seit Jahrzehnten nicht gesehen habe, dass das jemand trägt.

Meine Mutter meinte früher immer, so was würden nur Vollidioten tragen, weil das in den Neunzigern und frühen Zweitausendern die oberspießigen Lehrer hatten mit ihren Siemens-Handys, die angeblich unzerstörbar waren. Damals musste man sich noch rechtfertigen, warum man ein Mobiltelefon besaß, und diese Lehrer brauchten diese Siemensprügel, weil sie in den Ferien immer wandern waren oder klettern, was Lehrer halt so im Urlaub machen mit ihren gepeinigten Kindern. Meine Mutter hat viele Lehrer gehasst, und deswegen fielen ihr stets solche Details ein, Sachen, die furchtbar scheußlich aussahen und die sie dann immer einem Lehrer zuordnen konnte, als abschreckendes Beispiel. Wie zum Beispiel die Handytaschen oder die ollen Schlüsseletuis, oder dass meine Englischlehrerin immer grüne Strickpullover zu blauen Karottenhosen trug und meine Mutter dann meinte, das würden nur Lehrer anziehen, weil die alle Komplexe hätten. Ich frage diesen Alfons, ob er zufällig Lehrer sei, aber er antwortet nur verdutzt: »Nee, sehe ich denn so aus?«, und ich sage dann, dass ich das nur meinte, weil er so viel weiß, von früher und über Literatursachen und so, und dann lachen wir beide, aber eigentlich ist mir die

Situation sehr unangenehm. Alfons grinst über beide Ohren, als hätte er gerade einen Systemausfall, und hat den linken Handrücken in die Hüfte gestellt. Er streckt mir die Hand entgegen, und ich freue mich noch, dass ich nun offenbar endlich gehen kann, aber weil er so grinst, kann ich nicht weggucken und übersehe, dass an seiner rechten Hand zwei Finger fehlen, weswegen sich seine Hand ganz komisch anfühlt. Ich zucke und mache so einen erschrockenen Ausruf, während ich ganz hektisch meine Hand zurückziehe und dann den fehlenden Daumen und Zeigefinger sehe und dann verschämt in Richtung Aufzug gehe, der natürlich nicht kommt, und dann muss ich nochmal dem Alfons winken, weil der mir die ganze Zeit hinterherstarrt. Ich hebe nochmal die Hand, und auch Alfons winkt und hat immer noch dieses dämliche Grinsen im Gesicht, und fast ärgere ich mich, weil er eigentlich ja so nett war, und bestimmt fehlen ihm seine Finger voll. Wobei ich mich dann frage, wie er die wohl verloren hat, weil er ja immer im Kulturbetrieb gearbeitet und ich mir nicht vorstellen kann, dass er sich die Finger mal in der Schreibmaschine abgeklemmt hat. Draußen regnet es, weswegen ich in eine Gaststätte gehe, mir ein Bier bestelle und hoffe, dass dieser Alfons nicht zufällig auch noch hier reinkommt. Während ich das Bierglas anhebe, wähle ich Marcs Nummer und merke, dass das nur deshalb gleichzeitig geht, weil ich zum Glück alle Finger habe.

## Die Deutschen

### 8.

**MARC WAR GLEICH BEGEISTERT** von meinem neuen Vorhaben und erklärte sich bereit, mich zu unterstützen. Er wohnt derzeit in Berlin, und wir haben verabredet, dass ich ihn und seine Truppe dort besuche und wir dann vor Ort gemeinsam schauen, wie wir das Vorhaben umsetzen. Ich kämpfe mich durch das erlesene Publikum am Kölner Hauptbahnhof und steige in den ICE nach Berlin. Erst hatte ich überlegt, einen Mietwagen zu nehmen, aber diese Abzocker haben irgendwie neue Gebühren für Gabelmieten eingeführt, wenn man die Karre woanders abgeben will, als man sie übernommen hat. Außerdem fahre ich aus demselben Grund ungern Auto, aus dem ich überhaupt erst kein Auto besitze: Weil ich mir vorbehalten will, immer und überall etwas zu trinken. Das Abteil ist dank einer Schulklasse überlaufen und laut, deswegen gehe ich direkt ins Bordbistro. Dort fährt latente Wut in meinen müden Leib, weil die Rollläden des Bistros noch geschlossen sind. Ein anderer Typ ist auch schon da und klopft freundlich, aber bestimmt gegen das graue Plastik. Ein Servicemitarbeiter öffnet, und der Typ bestellt sich eiskalt ein großes Pils. Der Servicemitarbeiter entgegnet, dass es erst Viertel vor sieben sei. Den Pilstrinker scheint das äußerst anzugehen. »Gut, die Uhr können Sie lesen. Wenn Sie jetzt noch Bier zapfen können, dann wird das noch unser beider Glückstag. Außerdem wird um sechs Uhr fünfundvierzig schon seit einer guten Stunde zurückgeschossen!« Alles klar, denke ich mir so und mustere den Kollegen. Er trägt Gebirgsjägerstiefel und eine dunkelbraune Cordhose, dazu ein weißes Hemd unter einem schwarzen Pullover. Nassrasierte Glatze, Vollbart. Was für ein Klischee, denke ich, weiß aber nicht so recht, ob das klischeehaft für die Kreisschornsteinfegerschaft steht oder für das örtliche Freikorps. Jedenfalls nimmt der Mann sein Bier und setzt sich auf diese lächerliche Sitzbank mit dem furchtbar unpraktischen und hässlichen grauen Tisch, in den so ganz grässliche Muster und Steinchen eingebaut sind. Der charakteristische Stehtisch ist weg!

»Wo ist der Stehtisch?«, frage ich den Bahnmitarbeiter. »Weg!«, sagt der ganz lapidar, und in mir kocht langsam die Wut über. In den neuen ICE-Bordbistros haben sie einfach den beliebten Stehtisch entfernt, an dem man, zumindest für ein Zugbistro, so schön saufen konnte. Dieser Stehtisch war ein Altar der glückseligen Zusammenkunft. Jetzt hat man ihn einfach wegmodernisiert. Wie viele Stunden hat jeder von uns dort verbracht, frage ich mich. Wie oft hat man dort gestanden und mit völlig Unbekannten lange Fahrten versoffen? An diesem Tisch wurde der Weg das Ziel, wurden aus grauen Schienenkilometern goldene Flüsse gerstensaftgetränkter Fröhlichkeit. Nicht die Dampflok vermochte es, Fremde zu verbinden. Die Guten aus aller Welt, erst jener Tisch brachte sie doch wirklich zusammen. Als man 2008 die Aschenbecher verbannte, haben zu viele geschwiegen. Heute hat das lebensfeindliche Rationalisierungsgesindel in den oberen Etagen der Glaspaläste nun offenbar eine weitere Axt in unseren Stamm geschlagen.

Die Entfernung dieses Stehtisches ist ein Anschlag auf das Wesentliche, ein Angriff gegen alle, denen die Blicke der faden und miefigen Abstinenzlersoldateska als Ansporn dienen. Dem Freikorps-Schornsteinfeger fällt mein Entsetzen offenbar auf. »Der Stehtisch ist weg!«, ruft er, und ich sage ihm, wie furchtbar das ist. »Mit diesem Tisch stirbt mehr als ein Symbol. Es stirbt ein Teil von uns allen. Aber sein Geist bleibt uns lebendige Erinnerung, sein Vermächtnis ewige Mahnung zur Wachsamkeit und Treue. Mach es gut, alter Freund, wir werden dich vermissen – und nie vergessen!«

Dieser verschrobene Kerl hebt dabei sein Bier an und trinkt dann fast das halbe Glas aus. Ich bestelle einen Kaffee. Filter! Diese Maschinenplörre kann ich nicht leiden. »Wie, können Sie etwa nicht saufen? Mit wem soll ich denn jetzt anstoßen, auf den Tisch?« Ich atme kurz aus und schaue dann zum Servicemitarbeiter, der mir auf ein kurzes Nicken hin gleich ein Pils einlässt. Der Kollege mit den Stiefeln klopft auf den Platz neben sich, und wir stoßen an. Er stellt sich als Stefan vor. Ich erzähle ihm, wo ich hinfahre und was ich vorhabe, dass ich eine Reportage über Rechtsradikale schreibe. »Das trifft sich gut, ich bin nämlich lustigerweise rechtsradikal«, sagt er einfach so heraus, lässt sein Glas gegen meines klacken und zieht den letzten Schluck weg. Dann steht er auf und bestellt zwei neue Bier. Ich prügle mir das halbe Glas rein und nehme mein frisches Pils in Empfang.

»Halt's mal ins Licht, dann sieht Bier aus wie flüssiges Glück«, sagt dieser Stefan, aber fängt dann an zu lachen und sagt mir, dass er mich bloß verarscht. Ich grinse und schüttele nur noch mit dem Kopf. Weswegen er jetzt genau »Rechtsradikaler« sei, frage ich ihn, und er fragt zurück, ob ich wissen wolle, wann das bei ihm angefangen habe. Aber ich will eigentlich wissen, was er damit meint. Er sei Mitglied einer Burschenschaft, und – wie sich herausstellt – sogar bei den richtig bösen Buben. Dann fallen mir auch gewisse Kerben an seinem Kopf und unter dem Bart auf, wobei ich immer gedacht habe, dass man so was nur auf der Wange trägt. »Nee, du kannst da fast auf den ganzen Schädel kloppen«, klärt Stefan mich auf, der auch so um die dreißig ist und irgendwas studiert hat, was ich mir nicht ganz merken kann. Wir plaudern und trinken ein Bier nach dem anderen. Mein Mitfahrer sieht wirklich aus wie ein Bilderbuch-Neonazi, aber wir verstehen uns blendend. Allerdings reden wir auch gar nicht über Politik, sondern über diverse Saufgeschichten und so was. Ich erzähle ihm von Maras Münchner Fenstersturz, und wir müssen beide herzlich lachen, aber eigentlich habe ich immer noch ein schlechtes Gewissen deswegen. Als Stefan sich in Oldenburg verabschiedet, ist es gegen halb zehn in der Früh, und ich habe die Lampen relativ gut leuchten. Stefan gibt mir eine Visitenkarte, wünscht mir viel Glück für meine Reportage und sagt, dass ich mich ruhig melden soll. Außerdem soll ich ihn bei Gelegenheit mal googeln. Ich tippe seinen Namen in meine App auf dem Handy und bin in der Tat beeindruckt, wie solch ein netter Mensch gleichzeitig so einen Leumund im Internet haben kann.

Das letzte Stück der Fahrt nippe ich an einem weiteren Pils und starre aus dem Fenster.

## 9.

**AM BERLINER HAUPTBAHNHOF** nimmt mich Marc gleich in Empfang, und wir grüßen uns herzlich. Er stammt wie ich aus dem Rheinland, wir sind seit Langem befreundet. Viele gemeinsame Bekannte haben den Kontakt zu ihm abgebrochen, weil er irgendwann ein rechter Aktivist geworden ist, aber ich nicht. In meinem Bekanntenkreis gibt es eine Handvoll Leute, die politisch im rechten Spektrum unterwegs sind, aber eigentlich ist nur Marc wirklich in einer nennenswerten Organisation, wodurch er es auch zu einer gewissen Bekanntheit gebracht hat und mir deswegen vermutlich gut weiterhelfen kann. Für meine Reportage werde ich ein paar interessante Kontakte brauchen. Und denen kann er dann auch gleich sagen, dass ich kein Arschloch oder Spion bin. Ich soll ja wirklich nur eine vernünftige Reportage schreiben.

Marc ist so ein Halbschönling, trägt meistens Chinos und einen blonden Undercut. Obwohl man ihm mal im Ring die Nase etwas plattgeklopft hat, sieht er immer noch fünf Jahre jünger aus, als er eigentlich ist. Babyface mit Kickboxerstatur, irgendwie, und auch sein Hang zu schwarzen Rollkragenpullovern vermag an seiner bubenhaften Erscheinung nichts zu ändern. Wir fahren die Rolltreppe hoch zur S-Bahn, durch diese große Glashalle. Ich muss daran denken, wie hier bei der Eröffnung irgendein Irrer mit einem Messer durchgerannt ist und dann überlegt wurde, ob vielleicht einer AIDS hatte und dann alle AIDS haben, die der Irre mit seinem Messer angestochen hat. Aber mehr ärgert mich, dass hier mal ein richtig schöner Bahnhof stand, der dann abgerissen wurde nach dem Krieg, und dann überall solche gleichförmigen Bauten hingesetzt wurden, die mich seit jeher aufregen. Normalerweise sind ja Hauptbahnhöfe immer richtige Gesindelmagneten, aber ausgerechnet in Berlin nicht, weil der Bahnhof hier nicht direkt im Stadtzentrum liegt. In Köln oder in München ist das anders. Deswegen sind im Berliner Hauptbahnhof fast nur die Leute unterwegs, die auch wirklich Zug fahren. Dafür ist diese Etagenkonstruktion obernervig, weil man in der oberen Etage immer bis an die Ränder muss, um zu einer Treppe zu gelangen. Weil wir aber ja von unten kommen, geht es, und Marc sagt, ich solle mich nicht so aufregen. Es kommt mir vor, als wäre schon Abend, dabei ist es nicht mal Mittag. Wir fahren ein paar Stationen mit einem Regionalexpress.

Marc wohnt in einer WG in Ostberlin, zusammen mit einigen seiner Mitstreiter. Den einen oder anderen habe ich schon mal gesehen, weswegen sich die Skepsis über meine Anwesenheit und über mein Vorhaben in Grenzen hält. Marc ruft einen seiner Kameraden dazu, und wir gehen in ein benachbartes Café. Der Verlag hat extra ein paar Mark mehr lockergemacht, damit ich Marc auch mal mitnehmen kann. Immerhin werden wir ja mehrfach auf Fahrt gehen müssen in den nächsten Monaten. Irgendwie leuchtet mir auch nicht ganz ein, wieso derartige Organisationen einen völlig fremden »Reporter« bei sich begrüßen sollten. Ich weiß ja nicht mal, was ich eigentlich genau schreiben soll. Nach dem Treffen mit Erwin und Alfons habe ich mir diverse Berichte über rechte Organisationen angeschaut, aber die waren fast alle langweilig. Entweder waren es gehässige Verrisse, oder man mühte sich an Belanglosigkeiten ab, die man zwanghaft zu skandalisieren versuchte. Im besten Fall waren es ideengeschichtliche Abhandlungen über Ideologie und theoretische Anleihen. Der fingerlose Alfons meinte ja noch, sein Magazin für Erwins Verlag sei offen für alle möglichen Storys, sie müssten nur interessant sein, und eilig hätten wir es auch nicht. »Langzeitprojekt«, meinte er noch. Das hilft mir natürlich alles sehr viel weiter.

Marc und insbesondere sein Begleiter steigern sich rein und erklären mir die ganze Geschichte ihrer Bewegung, was sie politisch so antreibt, welche Bücher sie alle so geprägt haben. Dann zählen sie irgendwelche Autoren auf und wie deren Prognosen alle eingetreten seien, und wie sie versuchen, deren Prinzipien wieder in die Sphäre der Politik einzuspeisen, und ich penne fast ein bei dem ganzen pseudointellektuellen Geschwätz. »Ey, Gentlemänner«, unterbreche ich, »ich bin doch euer Freund, ihr müsst mich nicht überzeugen, und ich bin kein Politredakteur, ich habe noch keine Ahnung, was ich schreiben will, aber bestimmt nicht über euren Büchertrip. Seid einfach ihr selbst, dann machen wir eine coole Story, okay?«

Marcs Kollegen scheint dieser Hinweis etwas zu schockieren, und er löffelt den Schaum schweigend aus seinem Cappuccino. Dieser Bücherkram scheint ihm wirklich am Herzen zu liegen, aber ich habe echt keinen Bock, über Heidegger zu schreiben. Fuck, was sind das bitte für komische Leute, frage ich mich und bin irgendwie überfordert damit, was ich diesem Typ für Fragen stellen soll, weil er ja nur mit Zitaten von irgendwelchen Philosophen um die Ecke kommt, die schon vor Jahrzehnten keiner gelesen hat. Der Funke springt irgendwie noch nicht so recht über, und dieses philosophische Gerede scheint mir wenig revolutionäres Feuer zu haben, weil – das kann ja wirklich niemanden so recht interessieren. Ich frage nach der Gegenkultur, nach der Musik und dem Lebensstil, von denen man oft hört. Erkläre, dass ich mir eine Reportage über das Leben vorstelle, weniger über theoretisches Gerede, wobei ich mir unter einer Theorie ohnehin etwas anderes vorstelle. »Sag das doch!«, meint Marc schelmisch und schlägt vor, dass wir beide dann erstmal diskutieren sollten, was als lohnendes Ziel meines Recherchetrips infrage kommen könnte. Der Nachwuchsphilosoph wird weggeschickt und soll noch weitere Kollegen zusammentrommeln, die wohl später hinzustoßen würden. Die anderen nennen ihn nur »den Professor«, weil er immer so geschwollen daherquatscht, aber eigentlich seit zig Jahren erfolglos an einem Bachelor in Politikwissenschaft herumstudiert. »Die einzige Eins, die der an der Uni hat, ist auf seinem ECTS-Punktekonto«, lachen die anderen über Marcs Antwort auf meinen Einwand, dass der »Professor« doch sicher nur Einser schreibe. Marc und ich reden erst noch länger über alte Zeiten, und er erläutert mir dann ein wenig, welche Organisationen es im Ausland so gibt, zu wem er Kontakte herstellen kann oder wo er zumindest jemanden kennt, der das tun könne.

Marc kritzelt dann eine kleine Liste mit Orten und Namen zusammen, die er abfragen will, und plötzlich denke ich, dass das wohl doch ganz witzig werden könnte. Brutal, aber bestimmt auch witzig. Weil ich ja so betont habe, dass ich den Lifestyle und die Gegenkultur kennenlernen möchte, schlägt Marc vor, dass er mir noch die Kerntruppe seiner Crew und deren Trefflokal vorstellen sollte.

## 10.

**DAS LOKAL LIEGT IM SELBEN KIEZ,** in einer kleinen Seitenstraße unweit der WG. Es stellt sich als eine Art Jugendtreff heraus. Im Erdgeschoss ist eine Schlosserei. »Stabile Leute«, sagt Marc, während er die Tür zum Haus aufsperrt. Besonders szenig ist es in der Gegend jedenfalls nicht, und es passt auch nicht so recht dazu, dass Marc im Internet immer davon spricht, wie *hip* seine Bewegung sei. Der Treff liegt im ersten Stock. Auf dem Weg dorthin passieren wir noch eine schwere Eisentür, danach kommen wir in einen Flur, von dem mehrere weitere Türen abgehen, auf denen allesamt weder ein Namensschild noch irgendeine andere Beschriftung angebracht ist. Marc hält mir einen schwarzen Beutel vor die Nase. »Hier, zieh das über den Kopf!« Noch bevor ich etwas dazu sagen kann, prustet er. Offenbar will er mich verarschen, was ihm sogar recht gut gelungen ist.

Wir treten in eines der Appartements ein, und hinter der unscheinbaren Tür offenbart sich eine völlig abgefahrene Bude. Die Tür ist eine Sonderanfertigung, besonders gesichert und schallisoliert. Aber die Nachbarn in den anderen Häusern seien eigentlich ruhig, da gebe es keinen Ärger, sagt Marc, und dass die manchmal auch kämen, wenn es etwas geselligere Anlässe gebe. Ob dieses Zentrum nicht ständig angegriffen werde, frage ich, aber Marc meint, wir sollten erstmal reingehen. Von einem langen Flur gehen zahlreiche Zimmer ab. Es ist ein alter Parkettboden verlegt, auf dem ein dunkelroter Teppich liegt. Gepflegt ist es, aber auf den zweiten Blick sieht man, dass das hier noch ein wenig Arbeit brauchen wird. Mittlerweile ist es Freitagnachmittag, und die Bude ist überaus gut besucht. Im ersten Raum auf der linken Seite liegt ein Bad, in dem es auch Duschkabinen gibt. Gegenüber ist ein Küchenraum, wobei das Ganze wie eine Art Bistro gestaltet ist. Man kann drinsitzen, aber der Raum ist durch einen Tisch getrennt, der als Verkaufstheke fungiert. Dahinter ist eine zweckmäßige Küchenzeile, in der ein Aktivist gerade Brotscheiben belegt. Ein Eintopf köchelt vor sich hin. Zwei Männer um die dreißig sitzen an einem der zusammengewürfelten Tische, ihre Sakkos hängen über den weißen Holzstühlen, auf denen blau-weiß gestreifte Polster liegen, die aussehen, wie aus einem Strandhaus am Meer. Der eine isst einen Schinken-Käse-Toast, der andere eine Bockwurst. Eine Tür weiter befindet sich eine kleine Bibliothek mit bestimmt mehreren hundert Büchern und ein paar kleinen Arbeitstischen, die aussehen, als kämen sie direkt aus der Requisite der *Feuerzangenbowle*. Auf den Arbeitstischen stehen diese charakteristischen grünen Schreibtischlampen, sogar ein Schreibblock und ein Stift liegen auf jedem der Tische, und ich bin begeistert von so viel Akribie. »Alles Sperrmüll, die Bücher zusammengesammelt oder gespendet. Die Lampen gibt's für zwanzig Euro.«

Man sieht Marc an, wie stolz er auf dieses Zimmer ist, und mir wird klar, weswegen er sich so rargemacht hat in letzter Zeit. Unzählige Arbeitsstunden müssen hier investiert worden sein. Gegenüber ist ein Gästezimmer, in dem drei Doppelstockbetten stehen. An der Tür hängt ein Zettel mit Regeln, und ich muss lachen, denn einige der Verbote sind mit Piktogrammen versehen, weswegen der Anschlag aussieht, als käme er von Al Bundys »NO-MA'AM«-Club. Nur hat hier niemand ein fleckiges und zu enges Unterhemd über den Bierbauch gespannt. Im Gegenteil, das Publikum ist zwar gemischt, aber die politische Ausrichtung lässt sich schon erkennen. Die meisten sind junge Männer und tragen »Casual chic«. Irgendwas scheint es mit New-Balance-Turnschuhen auf sich zu haben, die man an vielen Füßen sieht, wobei hier alle ihre Schuhe fest gebunden haben und die viel zu kurzen Schnürsenkel nicht so idiotisch oben raushängen lassen. Einige andere tragen Hemden, Cordhosen sind auch offenbar so ein Trend, zumindest ist das der vorherrschende Look von denen, die hier irgendwie mehr als nur Gäste zu sein scheinen. Der letzte offene Raum auf der rechten Seite beherbergt eine Art Kneipe. Besonders beeindruckt bin ich von dem Holztresen in der Ecke. Es wird Bier gezapft und gekickert. An den Wänden hängen Bilder, sehr ästhetisch in Schwarz-Weiß gehalten. Sie zeigen alte Burgen, Volksfestszenen aus der Vorkriegszeit. Fotos von deutschen Städten vor ihrer Zerstörung im Zweiten Weltkrieg. An einer Wandseite hängen diverse Wahlplakate von Parteien, die sich »gegen rechts« aussprechen. Alle hängen kopfüber. Auf der gegenüberliegenden Wand ist eine aufwendige Kalligrafie angebracht, die beinahe die gesamte Wand einnimmt. »Über das Träumen zum Kampfe. Vom Kampfe zum Sieg«, steht dort geschrieben und ich frage Marc, ob das nicht etwas sehr militant sei. Er relativiert aber und meint, dass mit »Kampf« ja nicht politische Gewalt oder Kämpfen im engeren Sinne gemeint sei, sondern eher so was wie engagiertes Bemühen in allen Lebenslagen. »Wie der Jihad bei den Taliban?«, frage ich, und Marc muss lachen, wobei die Frage eigentlich schon ernst gemeint ist. Es gibt einen kleinen Balkon, und in einer Ecke hat das etwas in die Jahre gekommene Haus noch einen recht schönen Erker, der mit ein paar alten Ledersofas und einem Fernseher als Wohnzimmerecke ausgestaltet ist. Alles hat den gemütlichen Charme einer liebevoll eingerichteten Junggesellenbude, aber man sieht auch, dass vieles provisorisch und improvisiert ist. Auf den Sofas sitzen ein paar jüngere Kerle, manche wohl gerade so volljährig, einige andere Jungs tragen Blaumänner beziehungsweise solche Handwerkerklamotten. Sie reichen sich ihre Handys herum, lachen über irgendwas. Ungefähr fünfzehn Personen halten sich in dem Raum auf. Wir gehen an den Tresen, bestellen zwei Bier, und Marc stellt mich ein paar Leuten vor. Irgendwie hat jeder hier so einen festen Händedruck, und alle, die stehen, drücken ihre Knie durch, das fällt mir plötzlich auf, und es versprüht eine merkwürdige Atmosphäre, weil das hier ja eigentlich eine Art Feierabendtreff ist, der dadurch aber so einen quasimilitärischen Touch bekommt. Ich weiß nicht, ob das so ein Ding von Rechten ist oder ob diese Männer einfach komisch sind, aber es nötigt einen beinahe, eine ähnliche Haltung anzunehmen, weswegen ich kurz von dem Barhocker wieder aufstehe und mich an den Tresen stelle, dann merke, dass ich mich auch da reflexartig lässig anlehne. Ich ziehe den Arm weg, damit keiner merkt, dass ich wie ein Hippie stehe. »Ist irgendwas?«, fragt Marc, der offenbar meinen Struggle bemerkt hat, mein Rumgehampel aber nicht einzuordnen weiß.

Marc erklärt mir, dass sich insbesondere freitags hier immer viele Leute treffen, die nach der Arbeit auf einen Kaffee oder auf ein gemeinsames Bier zusammenkommen, sich austauschen und einfach mit Gleichgesinnten quatschen wollen. Die Profanität ist frappierend, und alles ist irgendwie anders, als ich mir solche halb konspirativen rechten Szenetreffs immer vorgestellt habe. Ich frage mich, wieso hier so viele Leute sind, obwohl das Ganze hier nicht wirklich zentral gelegen ist. Marc meint aber, dass liege genau daran, weil hier ja die Leute leben würden, die so ein Konzept anspricht. An die Uni gehen sie nur noch zum Studieren oder um Ärger zu suchen, also konstruktiven Ärger, Provokationen und Aktionismus und so. »Da, in der Nähe vom Campus, ist einfach nicht unsere Gegend, ist halt so«, meint Marc und erklärt mir, dass man dort zu sehr im Fadenkreuz stehe. »Die Zecken sind da einfach wie Fische im Wasser, die fallen da gar nicht auf. Aber wenn hier welche aufkreuzen, rumschleichen und spionieren oder einbrechen, die Umgebung mit Parolen beschmieren und Leute anmachen, dann fallen die direkt auf im Kiez. Hier musst du extra rausfahren aus deinem versifften bunten Viertel, um dich dann noch von den Arbeitern anpöbeln zu lassen, wenn du ihre Deutschlandfahne vom Auto abknibbelst. Hat doch keiner Bock drauf.« Marcs Erklärung leuchtet mir ein. Außerdem seien die meisten der Jungs halt aus der Gegend oder zumindest aus ähnlichen Milieus. »Gute Häuptlinge braucht man, ja. Aber was wirklich überall fehlt, das sind Indianer. Gute Indianer, und möglichst viele Indianer. Wenn hier ein junger Azubi von der Schicht kommt, dann kannst du dem nicht nur irgendwelche Besserwessis vorsetzen, die den mit Evola volllabern, der will kein Carl-Schmitt-Oberseminar besuchen. Der will ein paar Bier trinken, frei von der Leber weg reden, was er woanders nicht mehr sagen kann, ohne arbeitslos zu werden, und dann noch was deutsche Musik hören, vielleicht noch ein paar leere Bierflaschen im Keller an die Wand trümmern. Am nächsten Tag kommt er dann aufräumen, bisschen in den Gemeinschaftsräumen handwerken oder auch einfach mal mit ein paar Gleichgesinnten an der Playstation zocken. Das Politische kommt dann schon. Aber wir wollen ja für unser Volk und unsere Leute mehr anbieten, wir wollen im Kleinen eine Gemeinschaft begründen, die Spaß macht und besser ist als das, was da draußen passiert.« Ich nicke ein wenig, sehe dann aber im Hintergrund, wie ein Anzugträger sich an den Tresen setzt und sich den Schweiß mit der Spitze seiner Krawatte von der Stirn tupft, was mich tierisch ablenkt.

Zwei weitere Aktivisten treten hinzu und begrüßen uns. Armando und Jerome. Armando ist Italiener und Austauschstudent, der Chemie studiert. Das belustigt mich, weil ich mir nie darüber Gedanken gemacht habe, dass es italienische Chemiker gibt, und ich muss mir diesen Armando vorstellen, wie er so einen weißen Kittel trägt und eine überdimensionierte Schutzbrille und so ein blubberndes Reagenzglas inspiziert. Dieser Jerome sagt gar nicht viel, aber er drückt auch so die Knie durch, wobei er das dadurch konterkariert, einen solchen Buckel zu machen, dass ich mir fast Sorgen mache und ihn am liebsten warnen würde, weil das ganz schlecht für den Rücken ist, und ich frage mich, ob der nicht dauernd Nackenschmerzen hat und die vielleicht der Grund dafür sind, dass er so verbissen und leicht debil dreinschaut, als würde er die ganze Zeit darüber grübeln, warum ihm der Nacken so verdammt wehtut, und sich dann ärgern, dass er einfach nicht drauf kommt. »Buckeln … ähm, Arbeiten, meine ich«, rutscht es mir raus, als mich dieser Armando plötzlich fragt, was ich in Berlin mache, und dann klärt Marc ihn auf, dass ich derjenige bin, der die Reportage macht. »Aber du bist ja zum Glück keine Zecke«, meint daraufhin Jerome mit seinem heftigen Berliner Akzent, und ich sage: »Nee, ich bin Skorpion«, und muss selbst lachen, allerdings als Einziger. Dieser Armando hat das Wortspiel gar nicht verstanden und dieser Jerome nur ein grunzendes »Hä?!« herausgekriegt, und irgendwie passt dieses Grunzen gut zu seinem grobschlächtigen Wesen, das mich an eine merkwürdige Mischung aus

Popeye und Zangief aus *Street Fighter II* erinnert. »War was?«, fragt Marc, der an seinem Handy rumgespielt hat, und ich will gerade einfach das Thema wechseln, als der Jerome meint: »Irgendwas mit Skorpion, aber ich habe es auch nicht kapiert«, und dann auf total spitzbübische, aber nette Art anfängt, zu lachen.

Mir fällt auf, dass Armando und Jerome beide in einer Art Partnerlook dastehen. Beide haben New-Balance-Schuhe an und Shorts mit Cargotaschen, dazu ein Polohemd von Fred Perry, beide in Schwarz, wobei nur die Applikationsfarben leicht unterschiedlich sind. Als beide mit ihren Biergläsern anstoßen, gucken sie sich auch so überglücklich in die Augen, und weil beide auch noch raspelkurze Haare haben und durchtrainiert sind, erinnern sie mich an Right Said Fred, und ich muss fast mein Bier wieder ins Glas spucken, weil ich so darüber kichern muss. Dabei weiß ich gar nicht, ob diese Typen von Right Said Fred wirklich schwul waren, und ich überlege, ob die nicht eigentlich Brüder sind, was mich irgendwie mit einem ganz mulmigen Gefühl zurücklässt, weil ich mir Armando und Jerome jetzt auch noch in diesen goldenen Turnanzügen vorstellen muss und mir ein scheußlicher Ohrwurm von »You're my mate« in den Kopf kommt. Ich geselle mich zu den beiden an den Tresen, und wir quatschen ein bisschen. Armando erzählt mir, wie beeindruckend er es finde, wie leise die meisten Deutschen seien, wenn sie in der Straßenbahn oder im Bus mitfahren. Armando spricht für einen Erasmusstudenten sehr gut Deutsch, aber wegen seines Akzentes muss ich an den Italiener aus *Voll normal* denken. Wir reden darüber, dass ich wegen meiner Reportage ja auch noch nach Rom fahren würde, weil Armando ja Römer ist, und er sagt mir, dass er da vermutlich auch nochmal mitkommen werde, um mich zu begleiten. Darauf stoßen wir an und lachen viel, und auf einmal habe ich ein schlechtes Gewissen, weil ich mir Armando und Jerome in goldenen Athletikanzügen vorgestellt habe. Marc kommt wieder dazu. »Willst du noch unser Gym im Keller sehen, mit den Geräten und den Boxsäcken und so?«, fragt er, aber ich sage ihm, dass ich mir das auch so vorstellen kann. Dann lasse ich mir noch ein Bier geben.

## 11.

**AM ABEND** müssen wir noch kurz bei einer Party vorbeischauen, weil Marc eine neue Alte datet, die irgendwie eine Fete organisiert und ihn dazu verdonnert hat, da vorbeizukommen. »Wir werden da mal kurz einmarschieren, aber danach zeigen wir dir noch ein besonders heißes Lokal hier in der Gegend.« Mir wird es sofort unbehaglich, denn wenn Marc so was sagt und dabei so grinst, dann wird es immer extrem. Wie einmal, als wir in eine Disco wollten und uns dann einer an der Bar darauf aufmerksam gemacht hat, dass da eigentlich gerade eine krasse Schwulensause abging. Ich war etwas schockiert, aber Marc fand das total lustig und fragte diesen Homosexuellen noch, ob es auf der Fete auch einen Darkroom gebe und ob man den mal sehen könne. Dann ließ er sich den wirklich zeigen und rief direkt seine damalige Freundin an, dass er gerade versehentlich auf einer Homoparty gelandet sei und im Darkroom stehe, in dem auch wirklich gefickt werde wie verrückt, und dass es da fürchterlich stinke. Da war es aber schon kurz vor drei in der Nacht, und die Sabine war megasauer, immerhin war es einfach Mittwoch, und sie hat ihn beschimpft, dass er mal endlich auf sein Leben klarkommen solle, und dann ganz wütend aufgelegt. Vor so was fürchte ich mich seitdem, aber Marc versichert, dass es diesmal nicht so sein werde, und nordet nochmal alle ein, dass das gleich eine Feier von »normalen Leuten« sei, und dass sich alle benehmen und nicht politisieren sollen. Klar, sicher werden sich alle Studentenidioten freuen, wenn ein halbes Duzend rechter Aktivisten ihre WG-Party beglücken kommt.

Wir besorgen was zu trinken, laufen ein paar Blocks die Straße runter und erreichen ein Backsteingebäude, das aussieht wie ein altes Fabrikgelände. Über eine Art Durchfahrt betreten wir den Innenhof. Es sitzen überall die typischen Studentenmenschen. Einige sind barfuß und lümmeln sich auf so Sitzsäcken herum. Ein Lockenkopf mit unverschämt dünnen Beinen begrüßt uns und zeigt sich begeistert, dass wir Getränke für alle dabeihaben. »Klar, wir sind ja nicht von der FDP, wir denken auch an andere!«, lässt Marc ihn wissen, aber der Studentenlümmel zuckt nur mit den Achseln. »Kaltstellen vielleicht?!«, raune ich ihm zu, und der verdutzte Lockenkopf bringt dann einzelne Dosen weg, um sie irgendwo zu kühlen. »Leistenbruch«, meint er noch, vermutlich ahnt er, dass wir ihn innerlich verspotten, weil er nicht mal eine Palette Dosenbier getragen bekommt. »Deutsche Studenten machen Patrouille durch WG. Bier zu schwer, bleibt immer hier!«, ruft ihm Marc hinterher, und alle seine Kumpels lachen. Nur Armando und ich scheinen nicht recht zu wissen, was daran so lustig sein soll. Ich nehme ungefähr zehn Dosen und verstecke sie im Kühlschrank, weil ich es nicht leiden kann, dass man bei solchen kulturlosen Studentenpartys nachher immer ungekühltes Bier vorgesetzt bekommt, weil sich keiner um die wichtigen Dinge gekümmert hat.

Alle zerstreuen sich im Raum, und ich sehe, wie Marc seine »Freundin« begrüßt. Ganz große Liebe, mindestens noch bis Montag! Es gibt ein kleines Buffet, aber ich nehme mir nur von den Knabbereien, wobei ich aus den Schüsseln nur eine ganz bestimmte Sorte rausfummle, weil die anderen Snacks in solchen Partymischungen alle langweilig schmecken. Ich durchstöbere die Plastikschale nach den kleinen Paprikakängurus und sehe, dass jemand unten in der Schale verschiedene Chips gemischt hat, vermutlich Crunchips und die »Ungarischen« von FunnyFrisch. Das macht mich sehr wütend, und ich muss daran denken, wie es bei uns mal ein Resteessen gab, als ich ein Kind war, und mein Vater Kartoffeln und Nudeln in einer Pfanne gemischt gebraten hat. Diese fürchterliche Kombination von Konsistenzen hat mir vermutlich ein

Trauma verpasst, und ich überlege, ob das so was Ähnliches ist wie dieser Ethnopluralismus, von dem Marc immer spricht, weil ich finde, dass Kartoffeln und Nudeln beide lecker sind, aber nur dann, wenn man sie nicht zusammen in einer Pfanne zubereitet.

Ich stelle mich an einen Stehtisch und schaue in mein Handy. Ein anderer Gast stellt sich zu mir und drängt mir ein Gespräch auf, was ich so mache und wer ich bin und mit wem ich da bin und so was. Er sieht dem Lockenkopf mit dem Leistenbruch verdammt ähnlich und sie tragen auch das gleiche Brillenmodell. »Ein Kumpel von mir hat eine neue Alte und die hat das hier irgendwie organisiert, deswegen bin ich mitgekommen. Eigentlich bin ich derzeit arbeitslos.« Daraufhin macht der ein ganz komisches Gesicht und spießt mich irgendwie voll, dass man Frauen heutzutage aber eigentlich nicht mehr als »Alte« bezeichne, weil das ein Vokabular aus Zeiten sein soll, in denen Frauen strukturell noch krasser zu Objekten degradiert worden seien als heute. Ich sage ihm, dass ich mal zwei Semester Soziologie studiert habe und das deswegen gar nicht so sehe, denn in der Soziologe gebe es Theorien, die das widerlegen. Er klärt mich dann auf, dass es aber viele Studien gäbe, die belegen würden, dass Sprache in Geschlechterbeziehungen performativ wirke und deswegen ganz entscheidend sei für strukturelle Benachteiligungen, wenn man so degradierende Begriffe für Minderheiten benutze, und dass »Minderheiten« in dem Sinne auch Mehrheiten einschließe, wenn diese weniger Zugang zu Macht und so was hätten. Ich trinke einen großen Schluck aus der Dose und wende dann ein, dass die Bezeichnung »die Alte« oder »der Alte« die Beziehungsteilnehmer eben nur scheinbar in abwertender Art und Weise sprachlich markiere. Denn das Wahrnehmen einer durch diese Terminologie vorgenommenen Entnahung und Vergleichgültigung zwischen den Beziehungsteilnehmern versperre die Annäherung an eine Begriffsbestimmung, die im Kern ihrer Gesamtheit vielmehr auf eine besonders intensive Nähe zweier Partner schließen lässt, die ein nur loses Beziehungsdasein mindestens in ihren Herzen längst überschritten haben. Ich erinnere ihn daran, dass Formen sozialer Beziehungen, beispielsweise das alkoholisierte nächtliche Liebesspiel entfesselter Vulven und Penen, auf begrenzte Zeiträume angelegt sein können, die Bezeichnung der oder des »Alten« hingegen explizit auf einen auf Dauerhaftigkeit ausgerichteten Beziehungsbestand hinweise, welcher äußeren, den Beziehungssinn gefährdenden Einflüssen unantastbar gegenübersteht, und dass solche Beziehungen, deren Beziehungssinn durch die Verwendung der reziproken Bezeichnung »Alte(r)« gekennzeichnet sei, neben einer dauerhaften Wiederkehr der Loyalitätsbekundung außerordentlich niedrige soziale Abstände aufwiesen, während die hohe Interdependenz der Beziehungsteilnehmer das potenziell zum Beziehungsende führende Entfremden derselben nahezu vollständig ausschließe. Gerade in einer oberflächlichen, materialistischen Zeit wie der unseren, mahne ich, würden soziale Prozesse so innerhalb des Beziehungssystems entschärft und sogar zu beziehungsstabilisierenden, individuellen Bewegungskanälen transformiert, die – unabhängig von Einflüssen der Menschen-Mehrschaften der das Beziehungsgebilde umgebenden sozialen Räume – in finalisierter Permanenz und Loyalität der Beziehung mündeten. Und all das bei gleichzeitig größtmöglicher Mobilität, denn »die Alte« ist ja immer da, auch wenn sie sich womöglich gerade tausende Kilometer weit entfernt aufhält. Jener Beziehungstyp entwickle folglich eine besonders durchdringende stabilisierende Wirkung auf menschliche Gebilde im Sozialkontext der bilateralen Partikularbeziehung. Letztlich sei die Bezeichnung »Alte« der Ausdruck völlig und restlos auf gegenseitiger sinnentsprechender Einstellung ruhender sozialer Beziehungen, die geeignet sind, die natürlichen Grenzen des Geschlechterdualismus durch Wollen und Handeln zu überbrücken. »Deswegen sage ich auch weiterhin *Alte,* denn das ist, soziologisch betrachtet, megaromantisch, verstehst du das? Deswegen gibt es auch diese Pärchenkombinationen von Jack Wolfskin.« Aber der Typ zieht nur die Augenbrauen hoch, sagt »Yikes!« oder so was Komisches, und geht dann weg. »Was ein Spasti«, denke ich und gehe erstmal in Richtung Klo, weil ich mittlerweile schon wieder einige Bier drin habe und immer schon so eine verdammte Ministrantenblase hatte.

Kurz vor der Toilette sehe ich, wie dieser Feminist mit ein paar Mädels redet, die alle Hugo aus Dosen trinken, und auf mich zeigt. Eine der Studentinnen ruft daraufhin »Sexist!« und zeigt mir den Stinkefinger.

Ich überlege, ob ich mit dieser Geste antworten soll, wo man die Zunge so zwischen Mittel- und Zeigefinger steckt, aber lasse es dann bleiben, weil Marc ja wollte, dass wir uns benehmen. Ich kippe den letzten Schluck Bier aus der Dose in eine der Zimmerpflanzen und öffne die Tür zum Badezimmer.

Das ganze Bad stinkt abgrundtief nach Scheiße. Nach diesem modrigen Rohrgestank, diesem Geruch eben, den es eigentlich nur bei Asozialen zu Hause gibt, manchmal auch bei sogenannten Intellektuellen, die am Theater spielen, aber da gar nichts verdienen. Die leben dann aber trotzdem immer in einem Altbau in der Innenstadt, wo es überall nach alten Leuten riecht. Diesen Geruch gibt es auch immer bei so unterschichtigen Krankenschwestern mit Komplexen, wie man sie bei Lovoo kennenlernt, bei denen meist so eine völlig geschmacklose Fußmatte voller Katzenhaare vor dem Klo liegt und auf deren halb verschraubten Klobrillen irgendeine Disneyprinzessin abgebildet ist. Das Kloinnere hat jedenfalls schon diese charakteristische Schwarzfärbung, bei der die Keramik abzublättern scheint. Das Klo ist so ekelhaft, dass ich mich nach kurzem Umschauen darauf festlege, im Fall der Fälle in den Mülleimer zu kotzen, statt meinen Kopf in diese Schüssel zu halten. Die Badewanne ist voller Wasser und Getränkedosen, zum Kühlen. Viel zu warm. Warum kaufen diese Gammler nicht mal Eiswürfel? Ich sehe die Hugo-Dosen, die diese Weiber schon den ganzen Tag saufen, denke daran, wie aggressiv diese Trullas mich angepöbelt haben, dann muss ich lachen.

Einer dieser dämlichen Kiffertypen hat offenbar in die Wanne gepisst. Das heißt, diese Schnepfen nuckeln schon die ganze Zeit an vollgepissten Dosen, während sie ihre dumme Scheiße labern. Morgen werden sie dann ganz panisch überlegen, woher sie nur den Ausschlag haben könnten, denke ich und muss lachen, weil ich mir vorstelle, wie der verblödete Unhold mit seinem Strahl bestimmt versucht hat, genau die Trinköffnung zu treffen. Damit es den Weibern auch weiterhin nicht auffällt stelle ich einen gelblichen Seifenspender an den Badewannenrand, pisse noch in eine Shampooflasche und stelle sie wieder auf die kleine Seifenablage. »Fotzen«, denke ich und gehe zurück in die Küche, um mir noch eines der Biere zu holen, die ich im Kühlschrank versteckt habe.

Im Wohnzimmer diskutieren die schwachsinnigen Gäste die üblichen weltbewegenden Themen. Eine der Gastgeberinnen, Armando kennt sie aus einem seiner komischen Erasmus-Networks, erzählt von ihren furchtbar aufregenden Auslandsaufenthalten. Irgendwas mit Dunkelhäutigen, irgendwo in der Dritten Welt. Ich selbst bin ja eigentlich nicht so politisch unterwegs, aber wenn ich eines hasse, dann sind es diese *petit rastas*. Hässliche Weiber aus Lehrerfamilien, die irgendwelche Wir-helfen-Negern-Praktika am Arsch der Welt machen, für die sie auch noch Geld bezahlen müssen. Hier wähnt sich dieses Studentengesindel unter seinesgleichen. Sie erzählen ganz angewidert von den fremden Sitten irgendwelcher anderen Völker. Wie dreckig es dort sei, wie die Neger alles vollmüllten, wie man dort mit Weibern umgehe und sich für gefälschte Plastikuhren oder ein paar Dollar mit Hämmern totschlage. Weswegen alle Praktikanten natürlich in den *Gated Communities,* also bei den anderen Weißen, leben mussten. »Praktikanten« ist übrigens ein Codewort, auf das man sich geeinigt hat, nachdem die Runde es als problematisch ansah, von »Weißen« oder »Europäern« zu sprechen. Und diese *Gated Communities,* also die mit Soldaten und Zäunen gesicherten Luxussiedlungen, sind natürlich nicht »gated«, sondern firmieren unter den Armutstouristinnen als die *barrios.* Eigentlich, so glaube ich jedenfalls, sind diese Praktika so was wie Disneyland. Oder wie dieses alte Pokémonspiel für das Nintendo 64, wo man die Viecher fotografieren konnte, während man in so einer Art Gondel saß. Um sich selbst gut zu fühlen, muss man da unten vor allem eines tun: ganz viele Fotos von Slums und ihren Einwohnern machen. Wie im Zoo. Irgendwie tun mir ja die Afrikaner leid, dass sie sich mit diesen gehirngefickten Studentinnen und ihren NGOs abgeben müssen, obwohl sie vermutlich einfach ihre Ruhe haben wollen. Einfach gemütlich in Plastikstühlen vor der Wellblechhütte abhängen, paar Geschäfte machen, vor der Glotze hocken und Fußball gucken. Stattdessen tauchen da so ein paar hässliche Weiber von ganz weit weg auf, die Rastalocken und Dreadlocks tragen und in solche Hygienefeindlichkeit indizierenden Goa-Hosen und Gewänder gekleidet sind, die sie irgendwo in Wien-Neubau oder in Berlin-Kreuzberg auf einem linken Flohmarkt oder direkt bei Primark gekauft haben. Heimlich, natürlich. Und die wollen einen dann immer in die Schule schleppen, also acht Stunden am Tag irgendwo mit fremden Lehrern zwangskasernieren, weil wir Europäer das halt für Schule halten und das deswegen alle machen sollen.

Die Afrikaner finden das womöglich ganz furchtbar, aber müssen dann trotzdem hin, wegen Menschenrechte und so. Und in diesen Kolonialkasernen werden sie den armen Afrikanern gestenreich erzählen, dass sie ihre Weiber nicht mehr verhauen dürfen und die Blagen kein Geld verdienen sollen. Und dann drehen sie einem noch irgendwelche Kondome an und irgend so eine beknackte Erdnusspaste, die man lutschen soll. Gegen Hunger. Dafür hausieren dann vorher immer diese Gammler in der Innenstadt, damit irgendwer diese Erdnusspaste fressen kann. Und dann schauen sich die verständnislosen Afrikaner gegenseitig dumm an und nicken, damit die Show einfach vorübergeht. Dabei wollen die doch einfach ihre Ruhe haben oder höchstens mit einem Traktor in die Menge fahren, wenn Barca wieder mal verloren hat. Ich mein', was würde ich denn denken? Da sitzt man glücklich in der Kneipe, und dann tauchen plötzlich irgendwelche blond gefärbten afrikanischen Weiber in Lederhosen und Dirndl auf und wollen mir auf den Sack gehen, den ganzen Tag meine Kinder fotografieren und mir Sauerkrautpaste andrehen? Die eine, Vivienne, kam gerade aus Bolivien zurück. Das erzählt sie jedem. Den ganzen Abend. Zu ihrem Glück gibt es an diesem

Abend noch Anka, die war in Peru. Beide unterhalten sich nur auf Spanisch. Und wenn sie mit jemand anders sprechen, oder besonders dann, wenn gleich die ganze Hühnerstange zuhört, dann tun sie so, als fielen ihnen bisweilen die deutschen Wörter nicht mehr ein. »Wie sagt man nochmal ...? Hihihi. Ich komm ja gerade erst aus Bolivien zurück.« Dabei nuckelt Vivi genüsslich an einer dieser Hugo-Dosen aus der vollgepissten Badewanne. Ich ergötze mich förmlich daran, wie sie so an dem Aluminium schleckt, das mittlerweile stundenlang in der Pisse gelegen haben muss. Irgendwie besänftigt mich das. Und wie sie sich alle so austauschen über ihre Neger und Indios und darüber, wie furchtbar die eigentlich waren, weil sie partout nicht die gehirngefickte Scheiße hören wollten, die ihnen Vivienne aus Bergisch Gladbach und Soline aus Walpertskirchen bei München so erzählten. Rückständig seien sie ja alle gewesen. Und sexistisch. Und auch homophob. »Ja, ganz schlimm war das bei uns in Namibia«, sagt Soline, die auch in dieser WG wohnt. All das hielt sie alle natürlich nicht davon ab, am Bahnhof fleißig Asylanten mit Teddybären zu begrüßen. An der Wand hängt sogar noch ihr selbst gebasteltes Willkommensschild, das sie den vollbärtigen, tiefschwarzen »Jugendlichen« aus »Syrien« entgegengehalten haben werden, als die aus irgendeinem vermüllten ICE ausgestiegen sind. Daneben hängt eine Collage von Bildern, auf denen die Mädels wahllos verdutzte Neger mit witzigen Frisuren in den Arm nehmen.

Marc nennt diese Ostafrikaner immer »Erdnussköpfe« oder »Eritrea-Bobs«, ab und zu auch »Erdnuss-Louies«, was ich persönlich am ulkigsten finde. Armando versteht diese eigentlich recht rassistischen Witzchen oft erst dann, wenn man die Pointe umständlich erklärt. In diesem Moment baggert er jedoch eine dieser Erdnuss-Louie-Unterstützerinnen an, indem er ganz gespannt an Viviennes Lippen hängt, während die ihm zwischen schwitzigen Käsewürfeln und ungewürztem Spaghettisalat von irgendwelchen Wellblechhütten und fehlenden Impfungen erzählt und davon, wie glücklich der kleine Pedro an seinem ersten Schultag war. Armando sagt ihr natürlich, wie toll er das alles finde. Ab und zu gehe er sogar mit Flüchtlingen Fußball spielen. Um zu helfen, und so. »Jeder kann doch helfen«, sagt er dann mit seinem italienischen Akzent, und Vivienne schmilzt förmlich dahin wie eine Wachskerze, die man sich in den Hintern schiebt. Ganz verliebt schleckt sie einen überlaufenden Tropfen Discounter-Hugo von ihrer eingepissten Dose. Natürlich ist das alles gelogen und völlig erfunden, was Armando ihr da erzählt, denn Armando ist ja bekanntlich ein Nazi. Beziehungsweise ein Neofaschist oder so was Ähnliches. Ich habe keine genaue Ahnung, aber Marc schleppt halt dauernd so Typen an, die von irgendwelchen komischen Nazivereinen aus aller Welt sind. Er belehrt mich dann, dass die meisten ja gar keine richtigen Nazis im orthodoxen Sinne seien. Ich benutze das Wort Nazi aber trotzdem gern und meine es auch eigentlich gar nicht abwertend oder politisch. Es macht halt vieles einfacher, weil ich auch keinen Überblick mehr darüber habe, wer von all diesen Typen nun Neomonarchist, Konservativer Revolutionär oder Euro-Protofaschist ist oder sonst irgendeine intellektuelle Scheiße als Label für seinen hippen rechten Stuhlkreis führt.

Mittlerweile darf man in der Küche wenigstens rauchen. Marc hat sich einfach eine angesteckt und gegenüber irgendeiner Flunse, die sich beschwerte, geäußert, er müsse dringend »mal runterkommen«, weil er draußen am Stromkasten einen Naziaufkleber gesehen habe und ihn das total geschockt hätte, »hier in unserem bunten Kiez«. So was zieht bei diesen Uni-Leuten, die er kennt, immer, wenn die ihn wiederum zu Freunden mitnehmen, die ihn nicht kennen, obwohl er dauernd so beknackte Videos auf YouTube oder Bitchute einstellt, in denen er und irgendwelche anderen Typen Flugzettel in McDonald's-Filialen oder Einkaufszentren rumwerfen und unverständliches Zeug durch ein Megafon krakeelen. Jerome und die anderen aus Marcs Truppe, die mit uns hier sind, ziehen sich so fleißig wie lustlos Bierdosen im Hof rein. Die Party ist jedenfalls kotzlangweilig, aber zum Glück ist unsere Anwesenheit nur diesem Anstandsbesuch geschuldet, weil Marcs neue Flamme, die längst im Bett ist, hier den Geburtstag einer Freundin als eine Art Überraschungsfete geplant hatte. Nur Weiber haben solche dummen Ideen. Mittlerweile ist es so gegen eins, und es läuft Lana del Rey. Jedenfalls sitzen die meisten Leute in dieser etwas überdimensionierten Parterre-Loft-WG nur noch unbeteiligt in der Ecke und glotzen auf ihre hell leuchtenden Handys. Plötzlich hört Lana del Rey auf zu quaken, und es dröhnt unfassbar laute Rockmusik aus den Boxen und beschallt die ganze Bude samt Hof. Irgendwie scheint das Marc und seine Kumpels sehr zu belustigen. Auch andere Partygäste sind wieder munter und tanzen wild zu diesem Krach und springen herum. Der Spaß ist allerdings nur von kurzer Dauer. Plötzlich ist die Musik ganz aus und das Licht dafür an.

Eine etwas untersetzte Tante, offenbar schon zu Bett gewesen, zieht den Missmut der Anwesenden auf sich, allerdings nur den der »flippigen« Gäste. Marcs Entourage hat derweil einen recht infantilen Lachanfall und beginnt damit, sich freundlich bei einigen zu verabschieden. Ich kapiere nicht so recht, was eigentlich los ist, aber dieses dickliche Mädchen fängt plötzlich an, mit sich überschlagender Stimme irgendwas von »Faschoscheiße« zu krakeelen und weibisch rumzumonologisieren. Ein Partygast, so ein Hipstertyp mit dünnen Beinen, fährt die Fette an, sie solle nicht so rumstressen, aber die hysterische Psychomulle nimmt das gar nicht mehr wahr, weil sie die kichernden Kumpels von Marc der Wohnung und die Party für beendet erklärt. Das noch laufende YouTube-Video erklärt dann aber doch einiges, wenngleich mir die Ausrasterei etwas übertrieben scheint, nur weil offenbar irgendwer ein Lied von Skrewdriver aufgedreht hat. Das Lied an sich ist vermutlich gar nicht so schlimm, man versteht ja vom Text ohnehin nichts. Aber das Video zeigt eine Horde Neunzigerjahre-Skinheads, die vor einer im

Wald aufgebauten Bühne fleißig den Arm im Takt heben und mit ihren Stiefeln auf dem Waldboden rumhüpfen. Wie ich mit meinem warmen Bier vor dem Laptop stehe, kommt mir der Gedanke, ob das von mir wahrgenommene »Stand-by«-Gebrüll vielleicht auch »Sieg Heil« lauten könnte. Während ich noch darüber nachdenke, da kommt schon diese aufgebrachte Tonne und schiebt mich Richtung Ausgang. Noch während sie mich mit ihrer Wampe wegdrängt, kriege ich einen Lachanfall, der mich fast vollständig lähmt und meinen Körper irgendwie zwingt, mit dem Finger auf dieses Video zu zeigen, in dem die komischen Kraken in ihren ulkigen Domestoshosen vor dieser Bretterbühne abfeiern. Marc hat mir gesagt, dass man diese richtigen Neonazis, die unterschichtig und proletenhaft sind und die immer in solchen empörten Reportagen im WDR gezeigt werden, Kraken nennt, aber es verschiedene Geschichten gibt, warum genau das jetzt Kraken sind. Jedenfalls gefällt mir die Interpretation am meisten, nach der das an den vielen Armen liegt, die dauernd in die Luft gehoben werden, und dann muss ich an das Kraken-Emoji von WhatsApp denken und finde das eigentlich eine erstaunlich niedliche Bezeichnung für diese Leute. Bumm, nun stehe auch ich draußen. Unschuldig einer unfassbar langweiligen Idiotenfete verwiesen – und auch noch eine halbe Palette Dosenbier dort gelassen. »Behinderte!«, denke ich mir, und dass hoffentlich auch dieses Mistweib morgen Ausschlag von den Hugo-Dosen haben wird.

## 12.

**WO MAN SICH** jetzt wohl noch weiter begasen könnte, kommt mir als dringendste Frage in den Sinn. Jedenfalls kann der Abend auf keinen Fall halb betrunken enden, es muss zwingend fortgesoffen werden. Notfalls mit Jackie-Cola aus der Dose. Zum Glück blinkt nur wenige Meter weiter schon der nächste Spätkauf, und Marc wollte mir ja noch diesen anderen Laden zeigen.

Wir gehen zu dem Kiosk, und ich will mir und den anderen so eine fertige Whiskey-Mischung holen, am besten mit Zitronenlimonade oder mit Gingerale. Von der Cola-Mische bekomme ich nämlich seit einiger Zeit solche Hitzeflecke, vor denen ich mich fürchte, seit ich über dreißig bin. Einer von Marcs Crew meint, dass er nichts mehr trinken wolle. »Halt deine Fresse«, weist ihn Armando in die Schranken, der in seinem Auslandssemester in Deutschland offenbar schon einige gute Sachen gelernt hat. Ich betrete den Kiosk und will gerade zu den Kühlschränken, aber der übergewichtige Besitzer meint in schlechtem Deutsch, es sei geschlossen. »Ich nehme vier Dosen und leg dir einen Zwanziger hin, okay? Dauert keine halbe Minute.« Der dicke Mann scheint gerade seinen Widerstand aufzugeben, da kommt seine Frau hinter so einem Perlenkettenvorhang hervor und keift ebenfalls: »Nein, geschlossen!«

Dann diskutiert der Mann in sanfter Stimme und auf Türkisch mit seiner Frau, macht flehende Gesten, zeigt auf mich und auf die Dosen, aber die Frau bleibt stur, trotz des Hundeblickes ihres beleibten Gatten: »Hayır!«

Was ist das für eine Kackhauptstadt mit ihren vier Millionen Arschlocheinwohnern, in der es solche Kioske gibt? Oder Spätkaufs, wie das hier heißt, aber ja einfach Betrug am Kunden ist: Immerhin ist es relativ spät und ich würde etwas kaufen wollen, was aber nicht geht, weil der dicke Türke nichts mehr rausrücken will und sich von seiner Frau einfach überstimmen lässt. »Was ist mit den Ausländern los?«, frage ich Marc. »Integration ist los«, sagt er. »Macht die armen Leute krank und kaputt. Das Schlechteste aus allen Welten!«

Ich steigere mich noch weiter rein, weil ich überlege, ob es nicht so etwas wie eine Berufsehre oder standesbedingte Empathie der Kioskbesitzer gibt, die doch wissen müssen, wie sehr sie einen mit so was traurig machen und dass sie oft die letzte Hoffnung für Leute sind, die nachts noch Durst haben. Und man säuft ja immerhin auch nicht nur so zum Spaß.

Ob ich es wirklich durchziehen wolle, mir noch diese eine Kneipe anzuschauen, fragt Marc und zieht dabei ein Gesicht, als sei das irgendwie total witzig. Jerome ist jedenfalls ganz aus dem Häuschen, als er von dem Vorschlag hört. »Klar, ich bin doch jetzt Reporter und beruflich hier!«, sage ich, und Marc meint, ich solle mit solchen Aussagen schön die Schnauze halten in dem Laden, in den wir jetzt noch fahren. Wir gehen zur nächsten U-Bahn-Station und hätten eigentlich das Glück, direkt eine Bahn zu erwischen, aber zwei von der Gruppe müssen unbedingt noch pissen, und deswegen müssen wir eine halbe Stunde warten. Ich ärgere mich immer noch über den Kiosk und schaue mich in dem U-Bahnhof um. Der ist furchtbar hässlich. Auf dem Boden und an den Wänden ist alles weiß gefliest, wie in einer riesigen Toilette. Und es riecht auch so. Tatsächlich kommt dann irgendwann noch so eine Berliner U-Bahn mit diesen komisch gepunkteten Sitzen, und wir fahren ein paar Stationen. Die zwei, die noch unbedingt pissen mussten, steigen plötzlich aus und verschwinden in der Nacht. Dann erreichen wir eine Hochhaussiedlung, die aus mehreren Türmen besteht und in der Mitte so eine Art kleines Stadtzentrum hat. Zwischen den Hochhäusern steht ein kastenartiges Gebäude, ein überdimensioniertes Baucontainerensemble, das eine Kneipe beherbergt, in der noch Licht brennt – das »Malibu 88«, wobei eine Acht nicht mehr zu sehen ist, weil die Leuchtröhre zerdeppert ist. Marc geht zur Tür und klopft kräftig an. Nach einer halben Minute öffnet ein kleiner, dicker Typ um die vierzig. Er und die Jungs scheinen sich flüchtig zu kennen. Der Typ trägt eine extrem geschmacklose kurze Jeanshose mit so einer Skater-Schlaufe. Ich tippe auf 6/7-Länge. Dazu einen ausgewaschenen gelben Pullover aus den Achtzigern, oder so. Auf der Brust ist ein schwarzer Streifen, und von dem gehen nach oben und unten blaue Stacheln ab, ganz spitze Dreiecke, und das Ganze sieht so beschissen aus, dass ich das Gefühl habe, die Pfeile steckten mir schon im Auge. Innen sieht es auch wirklich aus wie in einem Container, und überall stehen kleine Tische mit Glasplatten, auf denen wiederum so eine alte grüne Plastiktischdecke mit einer Art Lochmuster liegt. Die Stühle sind zusammengewürfelt. Der Großteil sind alte Holzsessel, aber mittendrin gibt es auch andere Stühle. Ich entscheide mich für einen Freischwinger mit Leopardenmuster, am Tisch daneben steht sogar ein alter Schreibtischstuhl, einer von den ganz billigen ohne Armlehnen, wie man die als Kind immer hatte. An diesem hier ist auch die Rückenlehne abgebrochen, und es guckt nur noch dieser komische schwarze Schlauch halb heraus. Wir setzen uns ganz in die Ecke. Ich denke mir noch, dass ich kein Bier mehr sehen kann, aber der komische Wirt bringt schon ungefragt sechs Flaschen Pils. Fassbier gibt es nicht. Alle Flaschen sind warm, das sei besser für den Magen, sagt der im gelben Pullover.

Ganz hinten durch, zwischen der Jukebox und einem Rudel lebensgroßer Porzellanschäferhunde, ist noch eine Tür zu einem Nebenraum. An der hängt ein uraltes Poster von einer Frau in einem Stars-and-Stripes-Bikini, die sich auf einer Harley räkelt. Überall ist dieser schwarze Raufaserteppich verlegt, der zu sechzig Prozent aus Polyamid und zu vierzig Prozent aus Polypropylen besteht, wie es ihn früher in diesen klassischen Spielhallen gab, in denen man noch in solchen bequemen Sesseln sitzen konnte und wo es eher nach einem Großraumbüro aussah als nach dubiosem Wettbüro oder Billigcasino. An manchen Stellen war offenbar etwas verschüttet worden, weswegen dort Vierecke aus dem Teppich herausgeschnitten wurden. An manchen Stellen fehlt der Teppich komplett, oder es wurden Vierecke in anderen Farben hineinverlegt, in Grün oder Rot, was ganz schäbig aussieht. Schäbig, so wie halt alles hier, inklusive sämtlicher Gäste. Aus der Tür mit der halb nackten Frau kommen plötzlich ein paar Männer in Rockerkluft heraus, die alle äußerst grimmig aussehen. Sie tragen Kutten, aber ihre Aufnäher sind voll mit krakigen Symbolen, mit Runen und Reichsadlern und so was. »Ist eine Nazikneipe hier, ganz klassisch«, meint Marc, und ich muss grinsen, weil am Tresen einfach eine Frau mit einem kleinen Kind steht und Whiskey-Cola trinkt. Wir trinken auf die traditionelle deutsche Familie, und der Wirt bringt ein Tablett Korn, das uns einer der Rocker spendiert hat, der sich dann auch zu uns an den Tisch setzt. Er zieht die Jungs auf: Sie seien Weicheier und nur so halb rechts, aber keine richtigen Systemfeinde wie er und seine Männer hier. Ich beuge mich zu Jerome rüber und frage ihn flüsternd, warum denn aus der Jukebox »Barbie Girl« von Aqua laufe, wenn das hier so eine harte Nazikneipe sei, und wir müssen beide prusten. »Du hältst die Schnauze, du Pimmel!«, schreit mich der Rocker plötzlich an und kommt mit seinem Gesicht ganz nah an mich ran, sodass ich seine krasse Fahne und seinen Rauschebart voll in der Nase habe. »Schwuchtel die Kinder nicht an!«, ruft einer der anderen Kuttenträger zu uns rüber, weswegen ihm der bärtige Rocker gleich ein paar leere Korngläser hinterherwirft, was aber offenbar nicht böse gemeint ist, weil alle ganz dreckig lachen. Manche lachen so laut, dass ihre Bierbäuche unter den Kutten rauf und runter wackeln.

»Mann, Mann, Mann, do!« Der Wirt scheint die Fassung verloren zu haben und regt sich tierisch auf, weil wieder getrümmert wird, und dass er das ja alles aufräumen müsse. Dann fängt er fast an, zu weinen, und die total besoffene Frau mit dem Kind streichelt ihm den Rücken. Wir schauen uns alle so an, und es ist ganz still, bis einer der Rocker anbietet, dass der Kamerad, der bei uns am Tisch sitzt, morgen ja zur Wiedergutmachung die mit linken Parolen beschmierten Rollläden sauber machen könne, die wohl letztens erst wieder angesprüht wurden. Der Wirt nickt und wischt sich die Tränen mit dem Pulli ab, aber der Rocker besteht darauf, das sofort zu erledigen, weil ihn keiner dabei sehen soll, wie er das Graffiti abwischt, denn dann sähe er ja aus wie eine Fotze. Der Typ fängt an, die Rollläden zu reinigen, und es zieht ein scharfer Putzmittelgeruch durch das Fenster, den man kaum aushält. Ich gehe an den Tresen, weil ich ohnehin kein Bier mehr sehen kann und dringend einen Moscow Mule brauche, um mich etwas aufzuputschen. Dieser Jerome ist derweil schon eingeschlafen und hat sich einen Fischerhut ins Gesicht gezogen, die Arme hat er einfach seitlich lang ausgestreckt gen Boden hängen. Ich frage den Wirt, was er so an Mischgetränken hat, aber er hat nur so was wie Fanta-Korn oder Cola-Korn und noch drei Tütchen Ahoj-Brause im Angebot, worauf ich aber keine Lust habe. Korn ist mir zu schwer, und Zitronenpulver von Ahoj mag ich nicht. Ob er nichts Leichteres habe, was Erfrischendes auf Gingerale-Basis, frage ich ihn, aber er guckt mich nur entsetzt an, mit so einem fragenden Blick, und sagt ganz laut und lang gezogen »Hä?!«, wie das Schulkinder manchmal machen, und das hat mich schon als Kind immer aufgeregt, wenn das wer geblökt hat. In seinem zweihundert Dezibel lauten DDR-Kühlschrank sehe ich aber, dass er sogar Gingerbeer hat, und auch Wodka steht im Regal, weswegen ich ihm sage, er soll das mal holen. Und Eiswürfel, wenn er hat. Tatsächlich holt er alles an den Tresen, und er hat auch Eiswürfel in einer uralten blauen Eiswürfelform, die er aus einem angeschimmelten Eisfach holt, was mir aber längst egal ist. Ich sage ihm, dass er das irgendwie zusammenkippen soll, aber er ist zu blöd, um zu verstehen, wie das funktionieren soll. »Mischen sollst du das!«, ruft die Frau mit dem Kind vom anderen Ende des Tresens. Offenbar hat selbst die das kapiert. »Du willst daraus jetzt einen Cocktail machen, das kann doch nichts werden! Wie soll das denn gehen?«, lamentiert der Wirt rum, und ich frage ihn, was das für eine scheißbourgeoise Fragestellung sei, reiße ihm alles aus der Hand und fauche ihn an, dass ich daraus jetzt einen Cocktail mixen werde, egal, was das kostet, und wenn er mir meinetwegen zehn Euro pro Glas abnehmen muss. Ich schütte den Wodka auf die Eiswürfel und lasse ihn erst ein wenig einziehen, weil ich hoffe, dass der Alkohol die Pilze und Keime aus dem ekligen Eisfach abtötet. Dann mische ich den Rest, trinke das halbe Glas in einem Zug aus und schiebe mir die Haare aus dem Gesicht.

Währenddessen kommen zwei neue Gäste und müssen nicht klopfen, weil der Typ, der die Rollläden schrubbt, die Tür offen gelassen hat. Beide sehen extrem heruntergekommen aus. Sie tragen ausgelatschte Adidas Samba und solche lächerlichen G-Star-Jeans, wie das die Möchtegerngangster damals in der Schule kurz nach der Jahrtausendwende immer anhatten. Beide haben eine Bauchtasche um und diese asozialen Yakuza-Stoffjacken an, und sie setzen sich mit dem Rücken zum Eingang, sodass sie das ganze Lokal einsehen können. Diese Frau am Tresen kommt etwas näher und stellt sich als Sandy vor. Sie ist so dermaßen voll, dass sie schon leicht von einem Fuß auf den anderen tippeln muss, um nicht das Gleichgewicht zu verlieren. Auf dem Arm hat sie ein kleines Kind, das vielleicht ein Jahr alt ist und aussieht, als wäre es komplett minderbemittelt, mit so einem leeren Blick und ganz komischen, debilen Gesichtszügen. Sandy sagt, dass sie »Tänzerin« sei und wegen der Schwangerschaft pausieren musste, aber dass sie jetzt wieder trainiere und bald wieder arbeiten gehen könne. Meine Frage, ob sie im Gasthaus zur silbernen Stange arbeite, versteht sie nicht, aber mir fällt auf, dass sie tatsächlich eine sehr gute Figur hat. Nur ihr Gesicht sieht eben aus wie nach einer jahrelangen Ernährungsumstellung auf Rattengift. Ich frage sie, ob ihr Künstlername »Karies« sei, aber sie sagt nur: »Ne, ick bin doch die Sandy, weeßte doch.« Dann erzählt sie von den vielen Asylanten im Stadtteil, und wie schlimm das sei, weil die hätten alle keine Ehre. Sandy meint, dass bald wieder die schwarze Uniform marschiere und dass dann alles wieder in Ordnung komme, und mir fällt auf, dass ihr manchmal fast das Kind aus der Hand rutscht und der Zögling mit dem Finger in ihrem Whiskeyglas rührt, dann den Finger ableckt und ganz angewidert das Gesicht verzieht. Zum Glück kommt ein weiterer Rocker aus dem Nebenzimmer und nimmt ihr das Kind ab, offenbar ihr Macker, der sich wirklich sehr rührend um sie und das Kind kümmert. Wenn man mal außer Acht lässt, dass es mitten in der Nacht ist und einfach jeder raucht in diesem Lokal. Er heißt Stief. Ja, Stief. Nicht Steve oder Steven und auch nicht Steffen. Er heißt Stief. Viele Mitteldeutsche haben ja englischsprachige oder international klingende Namen, und wiederum einige bestehen dann darauf, dass man die Namen trotzdem deutsch ausspricht. Aber Stief ist wirklich eine eigene Liga. »Schtief«, sage ich vor mich hin und muss mir das Lachen verkneifen, das sich gegenüber in der Glastür des verschimmelten Kühlschrankes spiegelt, in dem ich mich selbst anstarre. Irgendwie sehe ich glücklich aus.

Die beiden neuen Gäste scheinen recht interessiert an diesem Typ zu sein und gucken bemüht unauffällig zu uns an den Tresen. Dieser Stief geht wieder um die Ecke, ist ein paar Minuten weg und kommt dann mit zwei Flaschen Sekt wieder, verteilt auf ein gutes Dutzend Gläser, die er auf zwei Tabletts angerichtet hat. Er sagt mir, ich solle mitkommen, und geht mit mir an unseren Tisch, wo Jerome immer noch pennt. Dort gibt er jedem ein Glas Sekt, wobei er einen sehr eifrigen Blick auflegt. Dann geht er zurück zum Tresen, wo noch das andere Tablett steht, nimmt sich auch ein Glas und haut mit seinem Ring dagegen, weil er offenbar einen Trinkspruch ausbringen will. »Auf unsere lieben Freunde, schön, dass ihr da seid, von unserer Lieblingsbundesbehörde aus Köln!« Ich erschrecke, aber er meint gar nicht mich. Die beiden Gäste mit den asozialen Klamotten schauen sich ganz verängstigt an und versuchen aufzustehen, aber da kippt ihnen Stief schon das komplette Tablett Sekt über die Köpfe, zerschlägt beide Sektflaschen auf ihrem Tisch und schreit sie an, dass sie sich verpissen sollen, während alle anderen ihnen die Sektgläser hinterherwerfen. Die zwei Typen, offenbar vom Verfassungsschutz, sind komplett mit Sekt besudelt und rennen um ihre Leben, obwohl sie gar keiner verfolgt, weil alle im Laden nur laut lachen, bis diese Sandy ausrastet und rumschreit, dass der Lärm nicht gut für das Kind sei und so was. Wir schauen uns alle kurz schweigend an, aber dann wacht plötzlich Jerome auf, geht wie von der Tarantel gestochen in Kickboxerhaltung, stößt einen animalischen Kampfschrei aus, wirft die Bierflasche gegen die Wand und ruft fragend, wo wir überhaupt seien und dass er sich langweile. Dann sackt er wieder auf dem Stuhl zusammen und schnarcht weiter.

Das Rudel Porzellanhunde scheint mich irgendwie zu fixieren, und mir ist, als hätten diese sackhässlichen Köter so einen anklagenden Blick. Am liebsten würde ich sie mit einem Hammer in tausend Scherben schlagen. Stief meint, alle sollten nach Hause gehen, weil immer eine Razzia komme, wenn die Geheimdienstpenner da waren und gesehen haben, dass genug bekannte Rockergesichter und möglichst ein paar noch nicht aktenkundige Gäste da sind. Wir bestellen uns ein Taxi und fahren in Marcs WG. Während es hell wird, trinken wir auf dem Balkon noch einen Sambuca mit Eis, und danach lege ich mich auf das Sofa im Wohnzimmer und penne sofort ein.

## 13.

**MEIN WECKER KLINGELT,** und ich gehe in die Küche, um eine erdbeerige Müllermilch zu trinken, die ich mir extra zu diesem Zweck in den Kühlschrank gestellt habe. Das mache ich fast immer so, dass ich mir einen Kakao oder solche Eiskaffees kaufe, um sie gegen den Kater zu trinken. Manchmal macht mir der viele Zucker Sorgen. Im Haus hört jemand laute Rapmusik. Draußen rattert eine S-Bahn vorbei, was sich anfühlt, als würde sie gleich durch die Wand hier in die Wohnung reindonnern. Jerome ist auch schon auf den Beinen und putzmunter. Er trägt Uniform und merkt, dass ich nicht schlecht staune. Offenbar ist er Busfahrer. »Noch nie gesehen, einen Busfahrer?« »Nicht privat, aber ich glaube, es gibt einen ehemaligen Fußballspieler aus der Bundesliga, der fährt jetzt auch Bus«, und es ist manchmal wirklich unfassbar, welche dämlichen Nebensächlichkeiten mir zu den Dingen als

Erstes einfallen. »Ja, Busfahren ist halt basiert. Ich mag das und fahre gerne Bus, weil da schaut man den ganzen Tag in frohe Gesichter, die Leute an der Haltestelle freuen sich ja immer, wenn der Bus endlich kommt und sie mitnimmt.« So habe ich das noch nie gesehen, aber ich wende ein, dass die Uniformen ja wirklich potthässlich seien. Jerome verschwindet pfeifend im Treppenhaus, schreibt Marc aber offenbar gleich eine Nachricht, die er mir zeigen soll und deren Inhalt wohl mir gilt: »Wer pastellfarbene Kurzarmhemden nicht liebt, soll Mitteldeutschland verlassen!«

Marc und ich besprechen nochmal unsere Trips. Er sagt, dass er noch weitere Leute anzapfen will. Danach fahre ich völlig apathisch zum Bahnhof und steige in einen ICE zurück nach Köln, wobei ich gar nicht richtig anwesend bin und im Bistro auch nur zwei Weißwein runterkriege. Trotzdem kommen mir diese langen Stunden wie ein kurzer Augenblick vor. Sodbrennen.

## Die Bundesbürger

### 14.

**MEINEM VATER HABE ICH VERSPROCHEN,** ihm im Garten zu helfen. Gärten sind wichtig für Leute aus halbnoblen Vororten. Die Bahn fährt ein, und wie immer kriegen es diese ganzen Penner von Mitfahrern nicht hin, einen Zug normal zu besteigen. Rabiate Rüpelrentner, die kaum noch laufen können, sich aber unbedingt vordrängeln müssen, als würde man sie nicht vorlassen, wenn sie denn nur nett darum ansuchten. Tranige Trödeltanten, die ihren Platz nicht finden, weil sie so eine Angst um ihre zwölf daheimgebliebenen Katzen haben, dass sie sich kaum noch auf die Wirklichkeit konzentrieren können. Oft haben die nur den halben Fuß gepflegt und die Nägel nicht fertig lackiert, sind aber trotzdem immer mit Schlappen unterwegs. Vermutlich liegt das daran, dass mittendrin eines der zahlreichen Tamagotchis klingelte und gefüttert oder geschlagen werden wollte. Und dann vergessen die hinterher, dass sie nur die Hälfte der Zehen lackiert haben, weil sie es auch gar nicht mehr sehen wegen ihrem dicken Bauch und dem langen Gewand, das sie tragen, weil man darin im Sommer nicht so schwitzt wie in den Strickpullis. Ein weiteres

Exemplar des typischen ICE-Fahrers sind bösartige, birkenstockbeschuhte Biomüslifresserberserkerbanden, bestehend meist aus einem in Sandalen, kurze Cargohose und kurzärmliges Karohemd gekleideten Super-Dad mit runden Sonnenbrillengläsern und der entsprechenden weiblichen Begleitung, schnieke reingeschossen in einen Latzanzug aus Jeansstoff, bei dem ein Träger lässig herunterbaumelt. In der Regel haben diese Leute dann mindestens zwei Söhne, die so um die zehn Jahre alt sind. Die Leute sehen alle aus wie die Kelly Family, verdienen meist auch genauso viel Kohle, fahren aber trotzdem nur Super-Sparpreis, weil sie schwäbische Großeltern haben. Oder weil sie Ostfriesen sind. Das erklärt wenigstens, warum der Nachwuchs dieser Leute immer aussieht wie die turboarischen Kinder aus dem Lebensborn. Und obwohl diese Leute mega *woke* sind, haben ihre Blagen immer voll die deutschen oder nordischen Namen. Lasse oder Volker, Armin oder Wolfram, und bei Mädchen dann so was wie Levke oder Linn, niemals aber einen wirklich multikulturellen Namen, denn das machen ja nur Asis. Vor denen ist man extra weggezogen, damit der kleine Lars-Wolfram Görgens-Petersen bloß nicht durch diese fiesen Viertel muss auf dem Weg zum kryptovölkischen Biokindergarten. Das Fladenbrot bestellt man sowieso lieber bei Amazon, wegen der Hygiene und so. Denn einmal war ein kleines Haar in der Knoblauchcreme, die man im türkischen Laden im bunten Stadtteil gekauft hatte, und Frau Görgens-Petersen lässt seitdem der Gedanke nicht mehr los, es könnte sich dabei gar um ein Fußhaar gehandelt haben. Jenes Gemisch an Herrenvolk drängt sich in den Zug, und es entsteht ein riesiges Chaos. Irgendwer sitzt schon mitten im Flur, sodass alle ganz aufwendig über diese allein reisende Zwölfjährige steigen müssen. Eine Trödeltante sucht ihren Platz und stellt ihre Plastiktüten bei mir ab. Die Kinder von so Müslifressern quetschen sich vorbei, und die dicke Tante beschwert sich lautstark, weswegen die Eltern dann wiederum die germanischen SS-Namen ihrer blonden Kinder rufen. Ich frage mich, wie ein so zugaffines Volk wie das deutsche es nicht schafft, einfach eine Bahn zu besteigen, auch wenn mal keiner mit der Nilpferdpeitsche das Kommando führt. Als dann alle sitzen, steht diese Tante immer noch neben meiner Sitzreihe und zeigt einem Schaffner ihren Fahrschein, um zu fragen, wo denn ihre Reservierung zu finden sei. Doch eine Reservierung hat sie nicht, besteht aber darauf, dass sie doch in Wagen 8, Platz 23 sitzen müsse. »Um Jottes Wille, leev Fräulein. Dat es die Uhrzick. Setzen Sie sich da neben den Gentleman, der Platz ist noch frei«. Der Schaffner rückt sich zufrieden seine Mütze wieder gerade, unter der er stark zu schwitzen scheint. Die dicke Frau setzt sich neben mich, und es zuckt mir alles zusammen, weil sie mit ihren pockenartigen Wöcheln meine Waden berührt und mit ihrem speckigen Arm die ganze Lehne in Beschlag nimmt. Jetzt ist sie halt da, denke ich mir und beschließe, ins Bordbistro zu gehen.

Die Fahrt dauert nicht lange, und mein Vater holt mich am Bahnhof ab, was er dann immer zu einer

Heldentat stilisiert. Warum ich eigentlich nie ein Auto hätte, fragt er jedes Mal und erzählt zum tausendsten Mal, dass er mit neunzehn schon einen Porsche hatte. Ich erkläre ihm wieder, dass man in der Stadt kein Auto braucht, aber er lässt nicht locker und fragt ganz aufdringlich, wie man das dann bei Dates mit Frauen mache, wie ich die denn dann abholen könne. Ich versuche, ihm zu sagen, dass man sich heutzutage auch einfach schon dort treffen kann, wo man hingeht, und dass man dorthin mit der Bahn fahren kann, weil man ja ohnehin was trinken wird. »Wie, mit der Bahn? Ja wie, wat es dat dann?«, schimpft er in seiner typischen Art. »Effektiv peinlich« sei das, was ich da mache. Dann fragt er mich, was das bitte für Frauen seien, die mit einem Typ ausgehen, der kein Auto hat und mit der Straßenbahn fahren muss. Überhaupt Straßenbahn zu fahren, sei ja schon »für Asis«, dabei läuft mein Vater selbst immer in so Klamotten von Pitbull und Alpha Industries herum, obwohl er total spießig in einem Vorstadtreihenhaus wohnt und für einen öffentlich-rechtlichen Sender als Justiziar arbeitet. Wir fahren durch diese Streusiedlungen, und mein Vater erzählt immer weiter und regt sich auf, dass man damals niemals ein vernünftiges Date hätte haben können, wenn man kein Auto gehabt hätte. Er hört gar nicht mehr auf, aber ich gucke nur so aus dem Fenster und versuche, in die Einfamilienhäuser zu starren, an denen wir vorbeifahren. Es ist Sonntag, und deswegen ist kaum jemand unterwegs und wir fahren mit dreißig Stundenkilometern, weil mein Vater immer knapp davor ist, wegen seiner vielen Punkte in Flensburg den Führerschein abgeben zu müssen. Wir halten an einer Ampel, und vor einem Reihenhaus steht ein Typ, der vielleicht um die fünfzig ist. Er trägt einen Strohhut, Kopfhörer und ein offenes Hemd, das wie eine Mischung aus Hawaiihemd und Bowlingtrikot aussieht. Sein Bauch ist obszön weiß und bildet eine Kugel, die sehr straff wirkt. Er gießt seinen Rasen und hat dabei den sprudelnden Wasserschlauch zwischen die Beine geklemmt, und ich glaube, dass dieser Typ ganz sicher heimliche Thailand-Urlaube unternimmt, und überlege, ob er nicht vielleicht AIDS hat.

## 15.

**DIE GEGENWÄRTIGE EHEFRAU** meines Vaters begrüßt mich, wie immer, herzlich. Dann gehe ich gleich in den Garten. Dort hacke ich stundenlang Holz, mähe den Rasen und streiche den kleinen Schuppen. Die Frau meines Vaters bringt mir eine selbst gemachte Limonade, die sie aus ganz vielen frischen Zutaten und auf einem riesigen Berg von Eiswürfeln angesetzt hat. Sie bringt das Getränk in sehr stilvollen Gläsern und hat ganz liebevoll Minzblätter als Garnitur eingearbeitet. Mein Vater meint, man könne es trinken, aber für jeden Tag sei so was ja auch nichts. Mir hingegen schmeckt diese Limonade ganz ausgezeichnet, und ich denke darüber nach, wie erfüllend dieses Landleben und die körperliche Arbeit an einem eigenen Heim eigentlich sind.

Mit meinem Vater trinke ich immer extrem viel Kaffee. Er trinkt fast nie Bier, deswegen trinken wir halt Kaffee, einen nach dem anderen, obwohl ich diese Maschinen ganz furchtbar finde und viel lieber Filterkaffee trinke oder Espresso aus diesen Mokkatieren, die man auf den Herd stellt und wo dann der Kaffee so heraufsprudelt und die ganze Küche nach frischem Espresso riecht. Diese modernen Maschinen sind einfach nur laut, und selbst mit den teuren Bohnen schmeckt es immer nach dem Kaffee von McDonald's oder Backwerk, einfach nach hastig gebrühtem Massenprodukt, das man in der Regel nur trinkt, weil man Zeit totschlagen muss.

Oft verbringt mein Vater ganz viel Zeit irgendwo im Haus und macht Sachen, die man eigentlich nicht macht. Zum Beispiel alte Zeitungen, die in dem Korb im Gästebad liegen, chronologisch sortieren. Oder beim Kellerfenster die Schrauben nachziehen. Es gibt auch niemand anderen mehr, den ich kenne, der eine Fernsehzeitung abonniert hat. Nur die Schmuddelzeitung kommt nicht mehr, in der aber unironisch sehr gute Reportagen drin waren, über irgendwelche Spezialeinheiten, die Robbenklopper in Alaska jagen, oder über solche Fälle, wo Mechaniker in die Turbinen von Kampfflugzeugen reingesaugt werden. Heute macht er aber keine sinnlosen Hausarbeiten. Mein Vater redet ohne Unterlass und stellt eine nervige Frage nach der anderen, ob ich denn eine Altersvorsorge hätte und auch genug Versicherungen, und ich sage ihm, dass ich keine Ahnung habe und es mich auch nicht interessiert. »Du musst Sicherheit haben, Junge!«, sagt er immer, aber ich sage ihm dann, dass das gar nicht mehr geht und eben gar nichts mehr sicher ist. Keiner weiß ja, wo er in den nächsten zehn Jahren arbeitet und lebt, und sowieso kann man sich selbst mit einem überdurchschnittlichen Gehalt kaum noch ein Haus kaufen, das zumindest halbwegs in der Zivilisation steht. Mein Vater weiß das, weil unser Haus in der Stadt irgendwie mal eine Viertelmillion Mark gekostet hat und dann für das Zigfache verkauft wurde vor ein paar Jahren, für eine Summe, die man heutzutage in einem Leben gar nicht abbezahlt kriegt, wenn man nicht superreich ist oder genug geerbt hat. Irgendwann hatte ich mal einen Brief von meiner Rentenversicherung in der Hand, in dem stand, dass ich neunhundert Euro Rente kriegen würde, wenn ich die nächsten fünfunddreißig Jahre so weiterverdiene, und ich dachte, das ist in Ordnung, weil: Dann kann ich mir im Alter für das Geld eine halbwegs funktionierende Pistole kaufen und mich direkt erschießen. Ich weiß nicht mal, ob man dafür selbst am Stadtrand überhaupt noch eine Wohnung bekommt, die keinen Schimmel hat, wobei das ohnehin egal sein dürfte, weil man dann jeden Tag stundenlang auf den Bus warten muss, der einen zur nächsten Tafel fährt.

Mein Vater meint dann immer, wir jungen Leute seien alle so negativ. Dann holt er sich seine Toffifee und erzählt jedes Mal wieder davon, dass man halt vernünftig sparen solle und es zumindest damals, als er noch jung war, fast zehn Prozent Zinsen auf seine

Einlagen bei der Sparkasse Rhein-Sieg gegeben habe. Ich finde ja überhaupt den Gedanken unerträglich, tatsächlich ein Konto bei der Sparkasse zu haben. Spießiger geht es gar nicht, aber für meinen Vater ist die Sparkasse ein ganz magischer Ort, vermutlich, weil die Filiale bei ihm im Dorf auch so ein penibel gepflegtes Blumenbeet im Eingangsbereich hat wie sein Sechzigerjahre-Bungalow hier im Grünen. Hier hat fast jeder diese weißen Kieselsteine rund um die Häuserfront liegen, wo dann so dunkelblaue Blumen rausgucken, wodurch die ganze Straße aussieht, als hätten alle Hausbesitzer den gleichen Friedhofsgärtner engagiert. Das ist eigentlich so idyllisch, dass es mich fast ankotzt, aber dann sehe ich jedes Mal diese Eisengitter, die mitten in diesen Kieselsteinen eingebaut sind und unter denen so ein Schacht liegt, der direkt zu den Fenstern im Keller führt, und dann versöhnt es mich, weil man auf diese Eisengitter draufsteigen kann, ohne einzubrechen, und dann denke ich, dass das bestimmt nur in Deutschland so ist, weil hier jede Schraube TÜV-geprüft wird und man deswegen eigentlich überall langgehen kann, ohne Angst vor sinnlosen Unfällen zu haben. Mein Vater lutscht bei jedem fünften Toffifee die Schokolade ab und wirft diesen Nusskern dann in seinen Kaffee, was ich jedes Mal aufs Neue verstörend finde. Dann belehrt er mich immer, dass das ja sein Haus wäre, wobei ihm dann immer einfällt, welcher Nachbar von ihm noch Werkzeug ausgeliehen hat, das ja auch seines sei. Ich glaube, er verleiht sein Zeug gar nicht, weil er helfen möchte, sondern, damit er sich darüber aufregen kann, dass es ihm niemand zurückbringt. Das liegt aber vermutlich sowieso an ihm, weil er nie an die Tür geht, wenn es klingelt, und er sich auch immer im Auto versteckt und auf dem Sitz unter das Lenkrad rutscht, wenn ein Nachbar mal gleichzeitig mit dem Auto in die Einfahrt einbiegt. Mein Vater geht auch nie ans Telefon. Wenn es klingelt, dann ruft er einfach nach seiner Frau, dass ja das Telefon klingeln würde und sie doch mal rangehen solle. Und wenn es dann aufgehört hat, zu läuten, dann kommt seine Frau und fragt, wer denn angerufen habe, aber dann meckert er nur, dass er das ja nicht wissen könne, weil sie ja nie ranginge. Er ist zum dritten Mal verheiratet. Langsam müsste er den Bogen eigentlich raushaben.

## 16.

**DER TAG GEHT SO DAHIN,** und dann fahren wir wieder zum Bahnhof. Ich nehme den Zug zurück nach Köln, und weil es so furchtbar heiß ist, gönne ich mir ein Taxi. Wie wir so durch die Stadt fahren, schaue ich etwas dösig aus dem Fenster. Ich finde es seit jeher aufregend, recht passiv durch eine Metropole gefahren zu werden, und dann stelle ich mir stets vor, wie es wäre, wenn man zum ersten Mal hier wäre und das alles noch nie gesehen hätte. Auch bei Nacht ist das sehr beruhigend, aber jetzt ist es noch sehr hell, und ich kneife die Augen halb zu, weil ich keine Sonnenbrille dabeihabe. Dieses Blinzeln gegen die Sonne macht mich immer sofort todmüde und versetzt mich in eine Art sedierten Halbrausch. Dabei überlege ich noch, wie merkwürdig es eigentlich ist, dass man auch sagt: »Ich habe eine Sonnenbrille einstecken«, obwohl das grammatikalisch gar nicht passt, wobei ich dann wiederum darüber nachdenke, ob es nicht doch richtig ist, weil es ja einen laufenden Vorgang beschreibt, der eine Gewissheit ausdrückt. Würde man sagen: »Ich habe die Sonnenbrille eingesteckt«, dann könnte das ja auch heißen, dass man sie zwar irgendwann eingesteckt hat – aber ob sie noch immer in der Tasche ist, das weiß man womöglich gar nicht. Mir fallen fast die Augen zu, und ich mache mein Gehirn einfach aus und schaue aus dem halb geöffneten Fenster, durch das diese charakteristische Stadthitze und der dazugehörige Geruch in den abgerockten Taxi-Mercedes strömen und sich mit dem Ledergeruch der alten Sitze mischen. Meine Gelenke schmerzen von der Gartenarbeit, aber das fühlt sich gut an.

Die Sonne steht noch in der aufgeheizten Stadt. Es ist diese eine Stunde am Tag. Ruhe kehrt ein, bevor der Pulsschlag eines Samstagabends den lau werdenden Sommertag in eine tobende Schlacht zurückverwandeln wird. Wenig Lärm, die Menschen ruhen und sind ermattet von der Hitze, die alles in stickige Zwänge packt. Nur einer ist rastlos. Ein Obdachloser, der eine Obstkonserve an die Metallgeländer einer Straßenbahnhaltestelle schlägt. Wieder und immer wieder. Jeder Schlag härter. Das angestrengte Schnauben wird nur durch das Geräusch der Dose übertönt, die erneut und erneut gegen die Gitterkante geprügelt wird. Seine Obdachlosenzeitungen liegen neben der Fahrbahn, der Verkäuferausweis fällt beinahe von der Jeansweste. Doch plötzlich – Ruhe! In einer großen Ananassaftexplosion reißt es die Büchse auf, und der Mann hält kurz inne, nimmt die Mütze ab und wischt sich den Schweiß von der Stirn, die beklebt ist mit dem weißen Haar einer prachtvollen Pferdeschwanzfrisur. In den weit geöffneten Mund gießt er sich gierig den süßen Saft, der sich großflächig im zotteligen, von Nikotin und Tütensangria verfärbten Bart verläuft. Erschöpft stellt er die Dose ab, setzt sich hin, und man kann sehen, wie sein Brustkorb bebt. Dennoch, genüsslich und in Ruhe fingert er Ananasstücke aus der völlig zerfetzten Büchse, und trotz des verlebten Gesichtes, der tief hängenden Mütze und des wilden Bartes verkrampft sich das verrohte Antlitz zu einem kurzen Ausdruck der Freude. Kein Hämmern mehr, nur sanftes Treiben einer Stadt, die doch so viel weniger mit einer Metropole zu tun hat, als sie immer denkt. Eine Bahn fährt ein, Menschen umringen den Mann, und ein Mädchen versperrt ein wenig den Blick, während sie aufgeregt in ihrer Tasche kramt.

Gelb, Grün. Der Taxifahrer geht schimpfend aufs Gas und der Puls der Stadt treibt uns weiter, in die reichlich mit grünen Sträuchern bewachsene Seitenstraße.

## 17.

**WENN MAN** in die Einbiegung der Siedlung einfährt, da reguliert sich der Puls immer gleich runter. Die Gegend hier ist etwas langweilig, aber dafür ruhig. Hier stehen mittelhohe, bescheidene Wohnhäuser beieinander, ab und zu ein kleines Hochhaus. An sich sind ja auch Plattenbauten nicht schlecht, nur die Bewohner drehen irgendwann durch, urinieren in die Aufzüge oder schlagen alle Scheiben ein. Hier ist das anders. Viele Beamte vom Typ »einfacher Dienst« wohnen hier. Handelsvertreter mit schlechten Margen, Bauarbeiter mit guten Zuschlägen. Die Sorte Mensch, die morgens immer zur gleichen Zeit aus dem Haus geht und auch immer zur gleichen Zeit wiederkommt. Sich dann einige Scheiben Brot, Käse und Wurst aus dem Kühlschrank nimmt, vielleicht mal eine Gurke dazu. Alles vom Discounter und Eigenmarke. Danach trinken sie ein Bier vor dem Fernseher und sind so zufrieden, dass sie nicht mal mehr die »Tagesschau«-Sprecher anschreien. Sehr ehrliche Leute, sehr glückliche Menschen mit angenehm bescheidenen Angewohnheiten. Großartige Nachbarn. Aber ganz unten, in den ersten beiden Etagen, da wohnen ein paar Studenten-WGs, die dauernd die Haustür nicht absperren, weswegen oft die Keller und Fahrradständer im Hof ausgeräumt werden. Die Studenten hängen dann immer Zettel an das Schwarze Brett, ob wer ihr Longboard gesehen habe, das wirklich nur zehn Minuten unbeaufsichtigt gewesen sei. Die kommen sich auch immer Kram ausleihen, und dauernd kommen Pakete von denen bei mir an. Ich hasse Studenten. Trotzdem habe ich ihnen mal wieder meine Soundbox ausgeliehen, die man über Bluetooth mit dem Handy verbinden kann, um Musik oder Ton abzuspielen. Zu Hause ziehe ich mir gleich eine bequeme Hose an.

Auf meiner Etage wohnt noch Frau Felsfluss, Jahrgang 1943 und leicht dement. Frau Felsfluss war früher in der Politik. Heute ist sie schwerhörig, schaut aber gern das Seniorenprogramm im ZDF. Von ihrer Wohnung habe ich einen Schlüssel. Falls mal was ist. Meist ist aber nur der Fernseher laut. Sehr laut. Dann gehe ich rüber und erinnere sie an ihre Hörgerätekopfhörer, auf die man das TV-Programm überspielen kann. Heute ist wieder so ein Tag.

»Lautstärke 98, zwei gehen noch, Frau Felsfluss.«

»Was? Ich verstehe Sie nicht, der Fernseher, der ist so laut.«

»Ja, Ihre Kopfhörer, die bringe ich Ihnen.«

»Ach so, die Kopfhörer, ja, aber die sind ja so unbequem. Ich höre es ja auch ohne.«

»Ja, ohne ist immer schöner, aber die Nachbarn, Frau Felsfluss, die Nachbarn.«

»Ach, die sind schwerhörig? Dann bringen Sie denen doch die Kopfhörer, wenn die sie brauchen.«

Frau Felsfluss drückt mir die Kopfhörer wieder in die Hand und winkt mir großmütterlich zu, weil ich ja so lieb bin, den Nachbarn mit ihren Hörgeräten auszuhelfen. Ich stecke sie bei Frau Felsfluss in die Ladestation, gehe wieder rüber und lege mich auf mein Sofa, das so eine riesige Liegelandschaft von Roller ist. Einige Leute sagen, so was sei etwas für Asoziale, aber ich liebe dieses Sofa. Man muss solche Dinge auch eigentlich in solchen eher unterschichtigen Möbelläden einkaufen. Eine Couch muss man dort beziehen, wo solche Leute ihre Polstermöbel auch einkaufen, deren Tagesablauf sich zu großen Teilen auf dem Sofa abspielt. Kein Mensch braucht zu Hause ein Chesterfieldsofa, außer er möchte seine freien Winterabende dahin gehend gestalten, den Aufenthalt in einem Zahnarztwartezimmer für Privatpatienten zu simulieren.

Meine Tage verbringe ich teilweise vollständig auf dem Sofa. Oder im Bett. Manchmal stehe ich nur auf, um mich umgehend wieder ins Bett zu legen. Alles ist sinnlos. Und ich habe so viel Zeit, dass ich nicht weiß, wohin damit. Was normale Leute mit ihren Tagen machen, das entzieht sich vollständig meiner Vorstellungskraft. Ob man in den Zoo gehen sollte, oder mal ins Theater? Vielleicht ein Eis essen oder irgendwen besuchen? Ich will niemanden sehen. Lieber baue ich mir aus meinen Sofakissen eine Art Festung, bevor ich mich schon tagsüber wieder auf mein Bett lege. Tatsächlich schlafe ich dann oft wieder ein, kann aber dadurch nachts nicht schlafen. Wälze mich, denke nach und grübele, komme zu keinen Ergebnissen. Fürchte mich, schaue dann aus dem Fenster auf die Straße, um mich damit zu beruhigen, dass die Straße in friedlicher Ruhe liegt. Irgendwie regnet es jede Nacht. Dann wieder ins Bett. Nachdenken, über alles und nichts. Manchmal treibt mich die Sorge an, ob ich etwas verpasse. Dass man nicht die Welt gesehen hat, sondern nur im Bett liegt, in die Glotze starrt. Andere bereisen die Erde, Vietnam, asiatische Weiten, fahren zu den Tempeln der Azteken oder baden auf Island in Geysiren. Mag sein, aber mir ist das eigentlich scheißegal. Möchte da gar nicht hin. Aber morgen, da sollte ich wieder mal in die Kneipe gehen. Das würde mich aufheitern, es würde vielleicht dazu führen, dass ich mir mal wieder eine richtige Hose anziehe oder eine Dusche nehme. Wobei, auch das nicht mal mit letzter Gewissheit gesagt wäre. Scheiß auf diese Tussis, die über die Touristenpfade Vietnams stapfen und dann in irgendwelchen Pubs in der australischen Steppe für Gratis-Tequila-Shots strippen und sich verhuren. Scheiß auf das alles. Ich bin hier und will auch nicht weg. Habe hier meinen Zeitvertreib, der immer noch besser ist als diese Pseudoabenteuer, die auf Facebook nach Pionierstreben aussehen, aber nach Neckermann schmecken. Anna schreibt auch nicht mehr oft zurück. Wer braucht die schon. Jedenfalls bin ich gut in dem, was ich tue. An die Decke starren, zum Beispiel, bis das Tapetenmuster vor meinen Augen zu Figuren zusammenläuft. Berittene Lanzenträger, Flugzeuge, Adlerschwärme, sie reiten und brausen in das schaumige Wellenmeer meiner nächtlichen Gedanken, bis ich plötzlich doch einschlafe, ohne es zu merken. Weil tagsüber überhaupt nichts passiert, glaube ich, träume ich die absurdesten Dinge, die mich meist noch Stunden nach dem

Aufwachen beschäftigen. Es ist fast immer das Gleiche. Meine Zähne zerbröseln, brechen ab, oder ich spucke sie aus, als wären sie Brei oder zerschlagene Glasscherben. Vermutlich brauche ich wirklich eine Beißschiene, aber dann doch lieber ganz ohne Zähne. Eines Nachts träume ich, dass ich mit Anna und einigen Junkies in einem Wohnmobil fahre. Anna und ich sitzen neben den Junkies auf versifften Matratzen. Sie rasiert mir mit einem stumpfen Nassrasierer aus dem Besitzstand der Giftler die Haare ab, bis meine Kopfhaut blutet. Dabei heule ich und frage sie verzweifelt, warum sie das tut. Eine Antwort bekomme ich nicht. Zum Glück schreckt mich eine Fliege aus diesem Horror auf, und ich schalte im Wohnzimmer meine Playstation an, um diesen Traum zu vergessen. Irgendwas muss sich ändern, aber ich weiß nicht, was ich machen soll gegen diesen Alltag.

Es ist organisatorisch eigentlich Schwachsinn, aber Marc zuliebe fliegen wir gemeinsam von Berlin aus zu unserer ersten Auslandsstation. Um den Flughafen Tegel zu erreichen, muss man einen Bus nehmen, der direkt am Hauptbahnhof abfährt. Nur eine halbe Stunde braucht der TXL-Bus bis zum entsprechenden Endhalt. Hätte ich gewusst, dass man darin so schlecht und beengt steht, hätte ich vermutlich richtige Schuhe anstatt der Adiletten angezogen, aber die Verwahrlosung der letzten Wochen hat sich zu einem eigenen Stil ausgewachsen. Der Wind pfeift an diesem Betonbunker vorbei. Ich hole eine Zigarette raus, und wieder glotzen die Leute an den Aschenbechern neidisch auf meine Neuerwerbung, die ich fleißig herumreiche an Anzugträger, die hastig ihre Genusszigaretten wegpaffen, bevor sie ihre kleinen Rollkoffer eilig über den quietschenden Boden des sechseckigen Terminals ziehen. Ich bin begeistert von meinem neuen Feuerzeug, das mir ein befreundeter Dachdecker empfohlen hat. Das ist wie ein kleiner Bunsenbrenner mit einer Stichflamme vorn, die auch bei Wind tadellos Zigaretten anzündet. Das ist sehr praktisch, weil man dann nicht so dämlich hundertmal das Feuerzeug abrollen und die Hände um die Zigarette halten muss, während man mit völlig verzogenem Gesicht hektisch versucht, sich aus dem Wind zu drehen. Mit diesem Teil geht das ganz einfach, und ich nicke mir selbst zufrieden zu, weil die Zigarette so gut angeht, obwohl es hier in Berlin-Tegel so windig ist. Ich muss daran denken, dass es in Berlin irgendwie immer so windig ist, und klicke ein paar Mal noch den Abzug an dem Feuerzeug, weil sich das mit diesem Pistolengriff sehr gut anfühlt.

## 18.

**MARC FUNKT MICH AN** und sagt mir, wo ich hinkommen soll. Ich habe keine Ahnung, weil er sich um alles kümmern wollte. Ein Fehler, wie sich zeigt. Es gibt nämlich keinen Direktflug von Berlin nach Lyon, deswegen müssen wir über Düsseldorf fliegen. »Sorry!«, sagt Marc und meint noch, es würde mir auch mal guttun, aus meiner Komfortzone herauszukommen. Wir passieren die Sicherheitsschleuse, und ich kann nicht recht fassen, dass ich soeben einen sechsstündigen Umweg gefahren bin, um jetzt dort zwischenzulanden, wo ich von meiner geliebten Liegelandschaft aus dem Roller aus in fünfundzwanzig Minuten mit der S-Bahn gewesen wäre. An dem Verkaufsstand direkt am Gate hole ich mir noch zwei Dosen Bier zum Vorzugspreis von insgesamt neun Euro fünfzig. Warum Männer mit Schnäuzer vor dem Flug immer Dosenbier kaufen würden, fragt die Verkaufsdame, die Anfang zwanzig ist und aussieht, als würde sie »Fashion Design & Management« an einer Privat-FH studieren. Ich frage zurück, warum alle Frauen die gleiche Handschrift hätten, und gehe dann zum Boarding, wo sich in etwa das gleiche Drama abspielt, wie wenn man einen ICE besteigt. Am Schalter der Analphabeten-Airline meint die Angestellte, dass ich das Bier nicht in das Flugzeug mitnehmen dürfe, und fragt, ob sie es für mich entsorgen solle. Ich gucke sie schweigend an und fixiere sie, während ich versuche, die Dose in einem großen Zug leer zu trinken. Die Zeit kommt mir unglaublich lang vor, und mein Magen dreht sich fürchterlich, aber ich bin fest gewillt, das hier jetzt ganz cool über die Bühne zu bringen. Ich werfe die leere Dose in den kleinen Papierkorb, scanne meine Bordkarte und versichere der Frau noch, die zweite Dose in meiner Jackentasche im Flugzeug nicht zu trinken. Die Begrüßung der Crew an Bord kann ich nur mit schmerzverzerrtem Gesicht erwidern, weil das runtergestürzte eiskalte Bier mir so schwer im Magen liegt. Platz 29 C, am Gang und ganz hinten, direkt am Klo. Welch ein Glück.

# Die Franzosen

## 19.

**DER FLUGHAFEN LYON SAINT-EXUPÉRY** hat eine recht angenehme Atmosphäre. Als wir durch eine der elektrischen Türen in Richtung der Parkplätze hinausgehen, kommt uns auch gleich dieser typisch warme Luftzug entgegen, der einem immer ins Gesicht drückt, wenn man irgendwo im Süden aus dem Flieger steigt. Jerome zieht seine supercoole Jacke von Ellesse aus und bindet sie sich schwitzend um die Brust. Mit einem lässigen Grinsen nicke ich ihm zu und zeige auf meine Schlappen. »Meine Füße sind gut gekühlt!«, rufe ich, aber Jerome winkt nur lächelnd ab und antwortet mir, ich sei ein Alman-Mongo. Hier in Frankreich hat es direkt eine Art Urlaubsatmosphäre, dabei liegt Lyon nur ein paar Kilometer südlicher als Genf, aber irgendwie versprüht alles hier diesen mediterranen Charme. Allerdings muss man sagen, dass dazu nicht nur die charakteristische Bepflanzung, das Wetter und die warme Luft beitragen, sondern auch diese unordentlichen Straßenbeschilderungen und die chaotische, abgerockte Autobahn mit ihren extrem gefährlich aussehenden Leitplanken. Es fehlt eigentlich der Geruch von brennenden Reifen, der mir noch von Mallorca-Urlauben mit der Familie im Gedächtnis hängt, als man mit diesen komischen Touristenbussen die Hotels abfahren musste und dabei immer gehofft hat, dass die nervigsten unter den anderen Deutschen nicht an derselben Stelle aussteigen würden. An einem der Parkplätze direkt an der Autobahnabfahrt erwartet uns ein Haufen Leute, die vor einem Van stehen. »Das wird aber eng«, lacht Marc, als er die winkende Meute sieht. Man begrüßt sich mit Griffen an die Unterarme, einige geben sich französische Wangenküsschen. Offenbar haben unsere Gastgeber sich leicht verzählt, weil wir jetzt insgesamt mindestens doppelt so viele sind, wie in diesen alten Toyota passen. Marc erörtert die Lage, und der Franzose entschuldigt sich dafür, dass es leider nicht genug Plätze im Auto gibt. Eigentlich hätte noch ein Aktivist mit dem Auto kommen sollen, aber dessen Hund sei dummerweise ausgerechnet heute früh gestorben. Es hätte wohl für uns alle im Auto gereicht, wären einfach nicht so viele sinnlose Beifahrer mit dem Fahrer mitgekommen, aber was weiß ich schon. Ich schlage vor, dass wir einfach mit dem Bus fahren und dafür unser Gepäck in den Van einladen, damit wir wenigstens das aus den Füßen haben. Aber das geht auch nicht, weil der Fahrer selbst nur bis in die Peripherie der Stadt fährt und von dort aus dann in die Metro umsteigt. Etwa zwanzig Minuten später sitzen wir dicht gedrängt in einem Bus, der uns dafür ziemlich nah an unsere Unterkunft bringt. Wir übernachten in einer Art Hostel für Studenten. Es sieht aus wie ein besserer Knast, aber wir haben ein Sechsbettzimmer für uns. Mit eigenem Bad. Tatsächlich schaffen wir es, dass wir wirklich nur kurz das Gepäck abladen und dann gleich wieder losmachen. Keiner muss sich ewig fertig machen oder erstmal einen Mittagsschlaf machen, was sehr erfreulich ist. Ich muss ja immerhin noch arbeiten, und außerdem ist es auch Zeit, langsam mal was zu trinken. Nur Armando zieht sich kurz um, während wir rudimentär das Quartier beziehen. »Gibt es irgendwas?«, fragt Armando, als er merkt, dass wir ihn alle etwas irritiert anschauen. Er hat sich eine Flecktarnhose und Doc-Martens-Stiefel angezogen und trägt eine Art italienischer Feldbluse mit Schulterklappen. »Trägst du das immer so, oder nur, weil gerade Karneval ist?«, fragt Jerome, und wir alle lachen. »Gleich zwei Brusttaschen, damit besonders viele Kugelschreiber reinpassen, nicht wahr, Herr Chemiker?« Sogar dieser Tobias lacht, ein jüngerer Kollege aus Marcs Truppe, der eigentlich nie etwas sagt, aber ständig alles fotografiert, damit mein Bericht auch bebildert werden kann. Die Franzosen, die zumindest versucht hatten, uns am Flughafen abzuholen, sahen zwar schon irgendwie aus wie eine Jugendgang, aber sie trugen dabei einen recht gehobenen Kleidungsstil, weswegen ich mich schon auf die Blicke freue, wenn Armando in diesem Aufzug in deren Treffpunkten aufläuft. Selbst ich mit meinen abgelaufenen Anzugschuhen, die ich mir zwischenzeitlich angelegt habe, sehe im Gegensatz zu Armandos Kostümierung ziemlich normal aus. Weil unser Taxi schon vor dem Hostel steht, verlegen wir nach unten und steigen ein. Es kommt dann zur Sprache, dass wir heute gar nicht in das Hauptquartier von Marcs Freunden fahren.

## 20.

**WIR SIND IN EINEM SCHNELLRESTAURANT** am Rande der Altstadt verabredet, aber es wird uns bedeutet, dass wir uns noch etwas gedulden sollen. Der Laden ist so eine Art Pommesbude, wo es diese dick geschnittenen Fritten und ganz viele verschiedene Soßen gibt. Alle aus der Tube. Während die anderen sich orientieren, ob sie eher die »Samuraisoße« oder einen der anderen unzähligen industriellen Mayonnaiseverschnitte bestellen wollen, hole ich eine Runde Bier aus dem Selbstbedienungskühlschrank und sichere uns die beiden Stehtische, die vor dem Lokal in der Fußgängerzone stehen. An südeuropäischem Bier gefällt mir die spezielle Flaschenform, wobei dieses Kronenbourg eigentlich aus dem Elsass kommt, meine ich. Die kleinen Fläschchen sind abartig gekühlt, und es rinnen kleine Perlen an ihnen herunter wie in dieser affigen Cola-light-Werbung, die es früher gab, mit den durchtrainierten Fensterputzern, die immer oben ohne die Scheiben an irgendwelchen Bürokomplexen gewischt haben, in denen gierige Sekretärinnen dann die Trinköffnung der Coladose abgeleckt haben. Jerome hat sich eine riesige Portion Pommes geholt, die in gleich mehreren Litern Mayonnaise versinkt. »Geil!«, meint er, und ich sage nur »Geil behindert« dazu, weil das doch kein Essen ist, das man in Frankreich isst. »Selber behindert!«, erwidert Jerome und meint, ich könne ja gegenüber in den pakistanischen Gammelimbiss gehen. Tatsächlich ist gegenüber so ein Ethnofoodgrill, der gar nicht so besonders einladend aussieht, aber offenbar sehr viel Wert darauf legt, seine Speisen als *halal* auszuweisen.

»Halal ist ungeil«, sagt der Tobias, aber Marc meint, unsere Tier-KZ seien auch nicht besser. Ich trinke das kleine Bier aus, stelle es auf den Stehtisch und nicke Jerome zu, während ich auf diesen Imbiss zusteuere. Hinter der Theke stehen ein Araber und ein Schwarzafrikaner, der an der Fritteuse rumspielt. Ich zeige auf den Drehspieß, der reichlich angebrannt aussieht, und verdeutliche, dass ich zweimal diese Art Kebab haben möchte. Der Araber nickt ganz freundlich und fängt an, das Fleisch in eine Art Brot zu legen. Ab und zu greift er irgendwelche Plastikflaschen, in denen Soße aufbewahrt wird, und guckt mich fragend an, worauf ich immer eine Handbewegung mache, von der ich hoffe, dass er sie deuten können wird. Es scheint, als würde er mich verstehen, denn er packt alles drauf, was er im Angebot hat. Der Afrikaner legt noch ein paar Pommes mit in diese Rolle und spritzt etwas Zitronensaft darüber, während der Araber noch eine Petersilie rupft und daruntermischt. Mir springt dabei seine penetrante Fingerbehaarung ins Auge, aber die Begeisterung, mit der er mir diese Rollen dann in die Hände drückt, lässt mich gar nicht daran denken, dass es in dem Laden aussieht, wie ich mir auch die berüchtigten Ratten- und Fledermausküchen in Wuhan vorstellen würde. Das Ambiente ist geprägt von stylischer Stillosigkeit und brummenden Kühlschränken, die in der Hitze ächzen. Die schmierigen Fliesen werden noch von bunten Lichterketten angestrahlt, dafür sieht das Essen in Wahrheit besser aus als auf den an den Wänden angebrachten Fotos, die das Speisenangebot wohl bewerben sollen. Immerhin muss man mit diesen Kolonialfranzosen nicht um jedes Wort ringen, wie man es in Frankreich so oft tun muss, wenn man des Französischen nicht mächtig ist. Eine unglaublich lästige Angewohnheit von Franzosen, gegen die selbst die deutsche Angewohnheit, mit Ausländern einfach lauter zu sprechen, wenn diese kein Deutsch verstehen, edler wirkt. Ich verlasse den »Fahruk King Grill« mit einer Kebabrolle in jeder Hand und beiße einmal kräftig ab. »Und«, ruft mir Jerome neugierig zu, »ist geil?« Ich weiß nicht recht, wie man den Geschmack dieser Speise beschreiben soll, die man sich etwas umständlich in den Kiefer schieben muss. Einerseits glaubt man, man fällt irgendwie in eine warme Biotonne mit Gewürzüberschuss, aber dann vollzieht sich eine Wendung, wenn man bis zu dem rabiat knusprigen Fleisch, dem Knoblauchjoghurt und den Pommes vorstößt. Dann läuft der Fettsaft erst durch das dampfende Arrangement und dann durch den ganzen Körper, sodass sich ein ganz merkwürdiger Genuss einstellt, wobei man nicht weiß, ob man sich über die Geschmacksknospen betäubt oder durch den Cholesterin- und Fettrausch, der durch alle Adern strömt. »Beiß mal!« Ich halte Jerome die zweite Rolle hin, und er beißt einmal kräftig ab und meint mit halb vollem Mund: »Abartig!«, während er in sein typisch grunzendes Lachen verfällt. Armando lehnt sich mit weit geöffnetem Mund über den Stehtisch zu mir rüber, während er sein Bier aufhebelt, und ich halte auch ihm die Rolle hin, sodass er reinbeißen kann. Auch ich beiße nochmal in die andere Rolle, während mir langsam eine Mischung aus Fett und Soßen aus der Alufolie über die Hand läuft. Abwechselnd beißen Jerome, Armando und Marc in die Rolle, bis Jerome merkt, dass Tobias das ganze Schauspiel fleißig knipst und laut lachen muss, als er sich die Fotos auf seinem kleinen Bildschirm noch einmal anschaut. »Das geht direkt viral!«, meint der ansonsten schüchterne Tobi und wird gleich angefahren, dass er das bloß alles löschen solle. Wir reden darüber, ob es ihnen peinlich ist, so leicht *gay* mit einer Kebabrolle aus diesem knüseligen Gammelimbiss abgelichtet zu werden, aber zu meiner Verwunderung stören sich Marc und Jerome nur daran, dass sie beim ungehobelten Kauen abgelichtet werden. »Warum sollte mir denn ein Imbiss peinlich sein, ich fresse auch meine Solidaritätsschawarma in Berlin«, meint Marc und macht grinsend so eine Bewegung, als würde er Fleisch von einem Spieß schneiden. »Aber nur bei den Buden, wo sie für Assad sind, oder für die Hisbollah«, sagt er lachend und meint dann, dass er aber verstehe, wenn ich die Hisbollah nicht gut fände, weil die ja so strikte Abstinenzler seien. Für mich sind das allerdings völlig fremde Überlegungen, und ich bin eigentlich froh, mir unter all diesen Milizen, die irgendwo auf der Welt in Wüsten rumlaufen und sich mit alten Kalaschnikows oder mit auf weiße Toyotas montierten Raketenwerfern abknallen, nicht dauernd überlegen zu müssen, zu wem ich gerade halten soll. Ich gebe mich etwas verwundert, weil diese Zuneigung zu arabischen Kampfgruppen und levantinischen Imbissfreuden ja irgendwie nicht so wirklich Heimat und Tradition ist. Aber mal wieder habe ich wohl irgendetwas nicht verstanden oder irgendein unnützes Buch nicht gelesen. »Ohne Scheiß, lieber sitz ich in der Dönerbude als wo die Studentenaffen sitzen, die Homos, die hasse ich richtig, ey!« Jerome, der Busfahrer, schätzt einfach die direkte Art. »Hauptsache, du fährst mich noch zum Institut«, meint Armando, und Jerome erklärt, ihn würde er sogar bis zurück nach Rom fahren, mit dem BVG-Bus über die Alpen. Dann stoßen wir alle an und lachen. Generell ist der Umgangston wie immer: extrem herzlich und trotzdem äußerst rau, aber dabei kameradschaftlich. »Landsknechtsdeutsch« nennt Marc das immer. So würde das Volk halt reden. Bei mir führt diese Art der Gesprächsführung nur noch mehr dazu, dass ich mich auch Tage, nachdem ich bei Marc rumgehangen habe, mit normalen Leuten kaum mehr unterhalten kann, ohne dass sie mich fragen, ob ich gerade aus dem Gefängnis komme.

Die Franzosen kommen uns abholen und raten uns, nochmal aufs Klo zu gehen. Wird wohl länger dauern, die Fahrt. Ich gehe nochmal schnell in die Frittenbude und hole ein paar Bier für unterwegs. Unsere Begleiter heißen Victor und Charles. Sie stehen um die Ecke, wieder mit dem Van, der aber diesmal tatsächlich genug Plätze für uns alle hat.

## 21.

**MARC UND DIE BEIDEN FRANZOSEN** kennen sich gut. Schon vor fast zehn Jahren haben sie sich kennengelernt und stehen seitdem regelmäßig in Kontakt. Einmal, erzählt mir Marc, haben er und Victor gegeneinander im Ring gestanden, bei einem MMA-Turnier. »Unentschieden!«, betonen beide. Victor und Charles sind beide Ende zwanzig. Sie sehen aus wie richtige Aktivisten, wobei Charles nur schwerlich verdecken kann, dass er aus einer wohlhabenden Familie kommt. Sein Vater war General beim französischen Militär und ist nun Geschäftsmann, der offenbar auch diverse politische Initiativen fördert. Im Vorfeld der Reise haben Marc und ich bereits über einige der Protagonisten gesprochen. Charles hat genauso wie Marc Jura studiert, nur dass er im Gegensatz zu Marc längst fertig ist und nun als Anwalt und im Europaparlament arbeitet. Er spricht ein fließendes Englisch mit nur wenig Akzent, das macht die Kommunikation wahrlich recht angenehm. Seine Haare sind arg gegelt und, seitlich verlaufend, streng nach hinten gekämmt. Er trägt eine hellbraune Hose und recht merkwürdige Stiefel, als hätte der Marlboro-Mann seinen ersten Tag in einer Promi-Anwaltskanzlei, dazu ein weißes Hemd ohne Kragen. Dann erzählt er uns, dass der Ort, an den wir fahren, eigentlich nicht der richtige sei, um im weißen Hemd aufzutauchen, dass ihm das aber egal sei und er sich ungern verkleide. Aber Armando, lacht er, der sei sehr passend gekleidet, der könne gleich dableiben. Mir schwant mal wieder Böses.

Charles ist nicht direkt aktiv in der Gruppe. Er ist mehr ein Unterstützer und Berater, nicht zuletzt als Rechtsbeistand. Aber heute bespaßt er uns nicht nur, weil er und Marc bereits gute Kumpels sind, sondern auch, weil die gesamte Führungsriege der Gruppe eingespannt ist. Deswegen können wir heute auch nicht in ihr neues Zentrum. Victor dagegen ist richtiger Aktivist, aber in der Leitungsebene ist er nicht. Er ist vom Typ her eine Art treuer Paladin. Mittleres Management, würde man auf Neudeutsch sagen. Victor ist so ein sanfter Riese, wobei der Jogginganzug, den er trägt, diese Gemütlichkeit irgendwie unterstreicht. Von seinem ganzen Wesen her ist er äußerst sympathisch, wirkt wie der typische Jugendherbergsvater oder Ferienfreizeiterzieher, was kein Wunder ist, denn bis vor einigen Monaten war er noch Hausmeister an einer Schule, erzählt er uns, sei dann aber entlassen worden. »Eine Hexenjagd war das! Victor ist eingeschritten, als eine Gruppe älterer Migrantenbengel ein paar jüngeren Schülern systematisch das Leben zur Hölle gemacht hat. Als die dann mit noch älteren Familienangehörigen aufmarschiert sind, hat er das aggressivste Großmaul per Fußtritt fachmännisch entzahnt, daraufhin folgte die übliche Durchleuchtung. Erst menschlich, dann politisch. Medien und Internetpranger halfen fleißig mit, aus ihm einen Amok laufenden Terroristen zu machen, der arglose Eltern ausländischstämmiger Schüler attackiert, die üblichen Lügen. Entlassung war vorprogrammiert. Mittlerweile arbeitet er bei meinem Vater in der Firma, erst als Lagerist, mittlerweile als Disponent in seinem Lebensmittelgroßhandel«, erklärt Charles, der dabei regelrecht aggressiv wird. »Je ne regrette rien!«, lächelt Victor. »Hurensohngesellschaft!«, fügt er mit starkem französischen Einschlag hinzu. »Ganz genau, Hurensohngesellschaft!«, bekräftigt Marc, der ihm das offenbar irgendwann einmal beigebracht haben muss.

Wir umfahren einmal die Stadt und stehen dann an einer Kreuzung, die wie eine große Schneise zwei Stadtteile zu trennen scheint. Victor, der Fahrer, dreht sich um und verdeutlicht uns, wir sollten uns mal noch das Bier aufmachen und die nächsten fünfzehn Minuten das Spektakel genießen, das sei Frankreich pur. Wir biegen auf eine extrem breite Straße ein. Abseits der Fahrbahn stehen unzählige Verkaufsstände, wie auf einem Jahrmarkt. Es werden Klamotten angeboten, Elektronikwaren und Gemüse. Grimmig dreinblickende Männer bauen langsam ihre Stände ab, indem sie mit langen Stöcken die in ausgeblichenem Orange gehaltenen Markisen einklappen. Einer scheint unser Fahrzeug zu fixieren, als seien wir ein unübersehbarer Fremdkörper. Fast starre ich zurück, aber dann werde ich aus dieser tranceartigen Sekunde herausgerissen von ohrenbetäubendem Lärm. Mehrere Motorräder überholen uns in aberwitziger Geschwindigkeit und schlängeln sich durch den vor uns fahrenden Verkehr. »*Hourra!*«, lacht Victor und macht einer Art Salutgruß in Richtung der wegbrausenden Zweiräder, auf denen sich unbehelmte Beifahrer mit weiß Gott welchen Superkräften zu halten wissen, ohne bei diesem Tempo hinten runterzukrachen. Einige Abbiegungen weiter werden die Straßen wieder enger, dafür die grässlichen Hochhäuser immer höher. Graffitisprühereien prägen das Bild, überall stapeln sich alte Möbel und hellblaue Müllsäcke, deren stinkender Inhalt sich im Wind tanzend über die Straßen verteilt. Ab und an sind Reste von Bushaltestellen zu erkennen, um die größere Gruppen Kinder herumtollen. Einige laufen neben dem Auto her, als wir wegen ein paar krassen Schlaglöchern langsamer werden. Vor uns liegt eine weitere großzügige Kreuzung in diesem unendlich wirkenden Komplex aus Hochhäusern, die teilweise ineinander zu verwachsen scheinen. Es ist ein lauer Abend, und überall säumen Männergruppen die Straßen, lungern ohne erkennbare Beschäftigung herum, teilweise haben sich ältere Männer Plastikstühle mitgebracht, sie tragen fremdartige Mützen und Bärte und lehnen sich auf ihre Gehstöcke, während sie die wenigen vorbeifahrenden Autos zu mustern scheinen. Auch unseres. Victor fährt langsam an die Kreuzung heran. Jerome und ich schauen uns mit hochgezogenen Augenbrauen an, als Victor die Zentralverriegelung betätigt. Die Ampel zeigt Rot, aber Victor zieht entschlossen einfach durch, ohne anzuhalten. »Put it down!«, flüstert Charles, als er das Auslösen von Tobis Spiegelreflexkamera hört, dreht sich dabei aber nicht einmal um, sondern meint nur »Hold tight« und ergreift den Griff, der über seinem Beifahrerfenster angebracht ist. Die Fahrbahn vor uns wird enger, und die Männergruppen am Straßenrand sind deswegen sehr viel näher an uns dran, die Kinder laufen teilweise mitten über die Fahrbahn. Victor erspäht eine großzügige Lücke und geht aufs Gas, sodass die Leute, die sehr nah an der Fahrbahn stehen, zurückweichen müssen, als sie unseren nun recht flotten Van anbrausen sehen. Ein paar Getränkedosen und Joghurtbecher prallen an unseren Seitenfenstern ab, bevor wir wieder eine Kreuzung bei Rot passieren. »Vive la France, le Meilleur des mondes!«, meint Charles. »Verfassungsfeind, wer das nicht als Bereicherung empfindet, ihr Kacknazis!«, ergänzt Marc und hält sein Bier aus der zweiten Sitzreihe zu uns nach hinten, damit wir anstoßen können, aber ich habe schon leer getrunken und Jerome hält eine verschlossene Bierflasche, umfunktioniert zu einem Schlagwerkzeug, immer noch verkrampft in der Hand. Ich nehme sie ihm ab und ploppe sie rasch auf. »Na, auf Europa«, meint Jerome und prostet Marc zu, während die Hochhäuser im flackernden Licht der Straßenbeleuchtung im Rückspiegel versinken. Wie es da wohl nachts zugehen muss, das traue ich mich kaum zu fragen.

## 22.

**WIR RAUSCHEN EINIGE ZEIT** über eine autobahnähnliche Straße entlang der Rhone, bis wir zu einem Industriehafen gelangen. In der Zufahrt zu dem Gelände steht ein Imbisswagen, auch scheinen ein paar Prostituierte einen kleinen Stichweg entlangzuscharwenzeln. Hier und da stehen ein paar stämmige Männer um brennende Tonnen herum, diesmal aber augenscheinlich richtige Franzosen, jedenfalls habe ich noch nie einen Maghrebiner gesehen, der großkarierte Flanellhemden trägt. Einer der Männer gibt uns zu verstehen, dass wir anhalten sollen, und schaut dann kurz ins Auto hinein. »Bonjour, Monsieur l'avocat!«, begrüßt er uns, salutiert zackig und lässt uns dann auf das Gelände fahren, das eine Art Amüsiermeile zu sein scheint, die man in diesen alten Verladehafen hineingebaut hat. Wir halten in einer Gasse und nähern uns einer Spelunke, die mitten auf dem Haupthof liegt, auf dem sich mehrere Lokale befinden. Zumeist haben sie verdächtige Blinklichter im Fenster. Neonlampen, rotes Licht. Eine Nacht, die viel verspricht. Victor hat sich ein schwarzes Basecap aufgezogen und weist uns lässig an, ihm zu folgen. Er ist auch so einer, der immer die Knie durchdrückt. Charles sieht mir an, dass ich mich extrem unwohl fühle. Das scheint ihn zu amüsieren, und er meint, ich wolle ja über radikale Rechte schreiben. Und nun seien wir eben bei, nun ja, Rechten, die halt ein wenig extrem seien. Wenngleich nicht im politischen Sinne, was auch immer das bedeuten mag. Die Spelunke hat eine Schiebetür, und Victor schiebt sie für uns auf. Ich frage Marc, warum wir eigentlich nicht einfach in eine normale Kneipe in der Altstadt gehen können. »It is quite normal«, lächelt Charles mir zu und gewährt mir mit einer zuvorkommenden Geste den Vortritt.

Wir betreten den Laden, und er sieht tatsächlich fast aus wie eine normale Kneipe. Ein sehr aufdringlicher muskulöser Asiate mit Pferdeschwanz und Ohrring tastet uns kurz ab. Dann ziehe ich mir einen Stuhl von einem Tisch heran, aber Charles macht so ein schnalzendes Geräusch mit der Zunge, das mir sagen soll, dass wir da nicht sitzen. Stattdessen gehen wir an der Theke vorbei, hinter der sich eine Sitzecke mit Ledersesseln befindet. In der halb zum Raum geöffneten Nische sitzen drei Männer unter einer riesigen Frankreichflagge, in deren Mitte eine blaue Axt eingefügt ist. Ein schmächtiger Kerl mit grauen Haaren, der aussieht wie ein schwäbischer Finanzbeamter, ein Gorilla und in der Mitte ein Typ um die fünfzig, der aussieht wie eine Mischung aus Barbies Ken und Muhammad Ali, wenn er weiß gewesen wäre. Der Mann in der Mitte ist hocherfreut über unsere Ankunft, und es gibt Begrüßungsküsschen für die Franzosen und kräftige Handschläge für uns. Deutsche seien nicht oft hier, lässt er uns wissen und zieht kräftig an einer Zigarre. Er trägt eine edle schwarze Jeans, ein schwarzes Hemd und darüber eine Art grauen Sommermantel, der sehr militärisch-militant geschnitten ist. Sein Gorilla ist angezogen wie ein Straßenschläger und zeigt belustigt auf Armandos Militärhose, weil sie haargenau wie seine eigene aussieht. »Kamerad!«, meint er und verschwindet dann in Richtung Tresen. Sein Chef ist der Besitzer der Anlage. Ihn nennen hier alle nur *Monsieur Cerf* – Mister Hirsch.

## 23.

MISTER HIRSCH ist ein berüchtigter Akteur, szeneübergreifend. Wie zu erfahren ist, kann er auf eine über dreißig Jahre andauernde Karriere in gewissen Kreisen zurückblicken. Eliteinternat, danach zum Militär, und dort diente er nicht gerade in solchen Einheiten, in denen die Personalsachbearbeiter sitzen. Nach einigen Jahren ließ er den aktiven Dienst hinter sich, um Betriebswirtschaftslehre zu studieren. Er erzählt von seinen Eltern: Mit dem Vater überwarf er sich aus politischen Gründen, weswegen er sein Studium nicht mehr über das prallvolle Konto seiner Eltern finanzierte, sondern mit gelegentlichen »Hilfseinsätzen«. Dazu will er konkret nichts weiter ausführen, aber da eines seiner beruflichen Standbeine die Vermietung von Sicherheitsfachpersonal darstellt, ist doch recht schnell klar, dass diese »Hilfseinsätze« ebensolche Söldnerabenteuer gewesen sein dürften. Er sei immer Praktiker gewesen, nie Theoretiker. Weder im Leben noch an der Universität oder in den politischen Organisationen, denen er angehörte. »Irgendwer musste ja auf die Theoretiker auch aufpassen. Kann für die Brillenträger gefährlich werden, wenn man auf der Uni zu den falschen Schlüssen kommt und glaubt, öffentlich darüber diskutieren zu wollen.« Er lässt seinen beamtenähnlichen Assistenten einen Ordner holen. In den sind Zeitungsartikel und Fotos eingeklebt wie in eine Art Bilderalbum. Verwackelte Aufnahmen, meist schwarz-weiß. Bilder von Straßenschlachten, Aufmärschen und Rangeleien, daneben einige Steckbriefe, die Mister Hirsch als jungen Mann zeigen, den kommunistische Gruppen seinerzeit wohl öffentlich zur Fahndung ausgeschrieben hatten. »Das ist mein Lieblingsbild«, meint er lachend und schlägt einen Artikel auf, in dem ein großes Foto von ihm abgedruckt ist. Er lehnt an einer Säule vor dem Universitätsgebäude, schwarze Klamotten, in der Hand einen Motorradhelm, und er fixiert mit breitem Grinsen den Fotografen, wobei er eine dicke Zigarre im Mundwinkel hat. Mister Hirsch war einer der Rädelsführer einer Art Saalschutzorganisation der extremen Rechten in Frankreich, und dieser Ruf eilt ihm bis heute voraus, wobei er nicht nur für seine Brutalität gefürchtet ist, sondern gleichsam für seine Macht und seine Einflussmöglichkeiten, ökonomisch wie politisch. Von der schmuddeligen Kneipe und dem ganzen Billigrotlicht drum herum solle man sich nicht täuschen lassen, meint Charles, als Mister Hirsch für einen Toilettengang verschwunden ist.

Der Kollege mit dem Militärlook kommt mit einem Tablett an. Er bringt gleich mehrere Runden gleichzeitig. Wir trinken Cassis mit Whisky. Dazu gibt es

Jägermeister, weil Deutschland und so, meint der Militärklamottenmensch, der keinen Namen zu haben scheint. Der Cocktail ballert unnormal, und nach zwei Gläsern habe ich alle Lampen am Leuchten. Normalerweise trinke man den Cassis mit Champagner, meint Mister Hirsch. *Kir Royal,* werfe ich ein, und Mister Hirsch nickt, während er noch einen Jägermeister wegkippt. »Kir Royal ist für Nutten«, sagt er, weswegen er die Rezeptur verändert habe und wir nun die Kämpferversion davon saufen würden: *Kir Brutal.*

Brutal ist das in der Tat. Um klarzukommen, mache ich mir eine Zigarette an, aber das geht völlig nach hinten los, und schon nach einem Zug wird mir kotzübel. Natürlich gibt es aber nur ein Klo für alle, und nur dreißig Sekunden, nachdem ich die Tür zugesperrt habe, klopft schon irgendwer ganz rabiat an. Eine tiefe Frauenstimme scheint mich anzuschreien, ich solle mich beeilen. Dann schreit ein Mann, und dann wieder diese Frau. Ich versuche, mich zu beeilen, aber es ist ein Plumpsklo, und ich weiß nicht recht, wie ich in das kleine Loch kotzen soll, ohne dass alles versaut wird. Hinknien kann man sich nicht, weil alles so ultraversifft ist, deswegen mache ich eine gut ausbalancierte Kniebeuge, um zumindest den ärgsten Druck loszuwerden. Ich rappele mich wieder auf und öffne die Tür. Eine afrikanische Frau pöbelt mich an, die offenbar auch die ganze Zeit an die Tür gehämmert hat. Ich schiebe sie weg und gehe schnellen Schrittes in Richtung Ausgang. Vor der Tür nehme ich einen großen Zug frischer Luft und strecke mich, dann reiße ich

Augen und Mund ganz weit auf, um mein Gesicht ein wenig zu dehnen. Ich gehe zurück in die Kneipe und werde wieder von dem Asiaten durchsucht, der irgendwie merkwürdig gern an mir herumtatscht. Ich kommentiere das mit ein paar lustvollen Geräuschen, damit er hoffentlich merkt, dass er es etwas übertreibt. An der Theke hole ich mir erstmal eine Flasche Bier. Die nächste Zigarette geht flüssig runter, was ein gutes Zeichen dafür ist, dass es mir wieder gut geht und ich weitertrinken kann. Ich drehe mich um, proste den anderen am Tisch von Mister Hirsch zu und lehne mich mit dem Rücken an die Theke. Der Laden ist fast leer, nur wenige Tische sind besetzt. Aber in einer Ecke, von unserer Nische am anderen Ende des Ladens gelegen, sehe ich die schwarze Frau, wie sie mit einem älteren Herrn turtelt. Zärtlichkeit für teures Geld. Neben ihrem Tisch steht ein Sektkühler. Die Verfügungsdame ist äußerst extravagant gekleidet, aber halt extravagant billig, voll behangen mit hässlichem Schmuck aus Plastik und einer Federboa. Außerdem trägt sie viel zu viel Lippenstift. Ich muss ganz verstört hinschauen, wie sie dem Mann an Hals und Ohr herumleckt, bis mir die enorm großen Schuhe auffallen, dann die kräftigen Unterarme und Schultern. Jerome kommt an die Theke, um sich auch ein Bier zu bestellen. Als er sich mit der Flasche am Hals umdreht, verschluckt er sich und hustet einen kräftigen Schwall Bier mitten ins Lokal. »Oh Gott, das ist ja eine Transe!«, platzt es so laut raus, dass es jeder hört. Natürlich hört es auch der Betroffene in Frauenkleidern, der völlig ausrastet. Prompt fliegen

Eiswürfel in unsere Richtung, dann wird mit Sekt gespritzt. Jerome kriegt einen Lachanfall und flitzt zurück hinter den Knick in die Nische, aber ich kann so schnell nicht reagieren und ducke mich, als dann noch Gläser und die Sektflasche fliegen und der ganze Sektkühler in meine Richtung rauscht, mich aber verfehlt und scheppernd gegen die Wand prallt. Die Transe kommt auf mich zugestürmt, baut sich vor mir auf und schreit mich an, dann schubst sie mich, und ich schubse sie zurück, sodass sie über einen der leeren Tische stolpert und mit ihren abartig hohen Pumps umknickt und hinfällt. Sie steht wieder auf und schreit weiter rum, greift dann einen Aschenbecher, den der gräßlich geschminkte Kerl nun bedrohlich in meine Richtung hält. Noch bevor ich irgendwie darauf reagieren kann, krachen schon Glassplitter. Der Asiate mit dem Zopf hat der Transe eine Bierflasche über den Kopf gezogen. Nun liegt sie bewusstlos auf dem Holzfußboden. Der Namenlose und Victor kommen hinzu, schleifen die Transe unter wilden Flüchen, die ich nicht verstehe, aber sich sehr rüde nach etwas wie »Blöder Wichser« anhören, aus dem Lokal und legen sie draußen zwischen den Mülltonnen ab. Mister Hirsch gibt seinem Kompagnon ein Zeichen, woraufhin dieser auch den Begleiter der Transe unter wüsten Beschimpfungen und Ohrfeigen aus dem Lokal schmeißt. Der Asiate mit dem Zopf kommt derweil zu mir und begutachtet mich, ob ich verletzt bin. Er fasst mich an beide Schultern, dann umarmt er mich und bestellt zwei Schnäpse, von denen er mir einen rüberschiebt. Dann stoßen wir an und trinken. Als er dann seinen Arm um mich legt, ist es mir aber doch deutlich zu viel des Guten, und ich nehme seinen Arm und lege ihn auf dem Tresen ab, wobei ich freundlich den Kopf schüttele. Der Asiate schaut kurz traurig zu Boden, leckt mir dann über Wange und Ohr, geht zurück auf seinen Hocker neben der Eingangstür und liest mit enttäuschtem Gesicht in einem Supermarktprospekt.

Mit dem Pulloverärmel reibe ich mir das Gesicht trocken und setze mich zurück zu den anderen. Mister Hirsch macht Späße, dass sein Türsteher schon eine Besonderheit sei, aber er für diesen Laden keine normalen Angestellten mehr finde. Dann trinken wir Sekt und Cassis und plaudern über dies und das. Ich merke, wie mir der viele Likör zunehmend zusetzt, aber ich traue mich nicht, nochmal nach draußen zu gehen. Mister Hirsch hat sich französische Musik bestellt, und es ist auch etwas voller geworden. Er hat wieder eine Zigarre im Mund und dirigiert mit beiden Fingern im Takt der Musik, und insgesamt ist die Stimmung in der Kneipe nun recht fröhlich. Plötzlich fliegt die Schiebetür auf und kracht aus der Halterung. Die Transe steht mitten im Lokal und schreit in tiefer Bassstimme wild herum, irgendwas mit »Faschistenschweine« und anderen Ausdrücken. Sie hat einen blutgetränkten Verband um den Kopf und so eine goldene Wärmefolie um die Hüfte gebunden, und eine ihrer überdimensionierten Silikonbrüste hängt heraus. Dann greift sie in ihre Handtasche und zückt einen kleinen Revolver. Die normalen Gäste spritzen auseinander und unter die

Tische, einer wirft sich per Kopfhechtsprung über die Bar. Mister Hirsch hingegen steht seelenruhig auf und wirft eine Jägermeisterflasche nach der Transe, die das mit mehreren Schüssen aus dem Revolver beantwortet. Spiegel und Leuchtreklamen gehen zu Bruch, aus der Holzvertäfelung fliegen Splitter durch die Kneipe, und während Mister Hirsch weiter Gläser auf die um sich schießende Transe wirft, kann ich nur wie versteinert auf meinem Sessel sitzen und mir die Ohren zuhalten. Als die Schüsse verstummen und man nur noch mehrfaches Klicken hört, kann ich die Transe kaum noch sehen. Sie steht mitten in einer großen Qualmwolke und fummelt in ihrer Handtasche rum. Aber noch bevor sie weitere Patronen einlegen kann, kracht ein weiterer dumpfer Knall durch das Lokal und die Transe fliegt auf den Teppich, wo sie in einer riesigen Blutlache liegen bleibt. Der Erbsenzähler, der rechts von Mister Hirsch saß, hat sie mit einer abgesägten Schrotflinte umgenietet und ihr den halben Schädel weggeschossen. »Alter, die ist ein Cabrio jetzt!«, meint Jerome und holt sein Handy raus, das ihm der Namenlose gleich aus der Hand tritt und das dann dummerweise genau in den Ausschnitt der toten Transe fällt. Etwas empört rümpft der Buchhalter die Nase und stellt die Flinte in die Ecke. »Widerlich«, sagt er. Dann zieht er sich die Fliege enger. Sein weißes Hemd hat immer noch keine einzige Falte, aber man sieht, dass seine schwarze Anzughose ordentlich Hochwasser hat.

Alle außer mir stehen um die Leiche, weswegen zum Glück keiner sieht, dass ich ansatzlos auf den Glastisch kotze, an dem wir gesessen haben. Eine riesige Pfütze ausgebrochenen Bieres läuft über den Tisch und tropft auf den Boden. Geistesgegenwärtig nehme ich zwei leere Gläser und Bierflaschen und lege sie in die Kotze. Nur Tobias steht mit bleichem Gesicht da, alle anderen scheinen nicht sonderlich aus der Fassung geraten zu sein. Der Namenlose tätigt einen Anruf, und wenige Augenblicke später erscheinen eine Handvoll Typen in Maleranzügen, die sich um die tote Transe kümmern und anfangen, das Lokal aufzuräumen. »Non, das schöne Bier!«, stöhnt der Barkeeper und wischt mit der bloßen Hand die Kotze vom Glastisch in einen Eimer, dann stellt er mir ein neues Bier auf den Tisch. Mister Hirsch bringt mit einem Klappkamm seine Haare in Ordnung, geht an die Jukebox in der Ecke und bedeutet uns, wir sollten uns einfach wieder hinsetzen. Aus dem Lautsprecher dröhnt zum zehnten Mal »J'en ai marre!« von Alizée. Mister Hirsch klatscht im Takt und pafft seine Zigarre. Jukebox hat was. Mit fünfzig Cent zum Star-DJ. Der Kneiper bringt ein Tablett Tequila. Meine Augen tränen, und mir ist furchtbar schummrig. Blaue Rauchschwaden stehen genau auf Nasenhöhe. Wir stoßen alle an, die Franzosen fangen an zu lachen. Ich nicht. Auch die Aufräumer in ihren komischen Anzügen tanzen lachend mit. Nach dem dritten Tequila knalle ich mit dem Kopf nach vorn auf den Tisch. Als es hell wird, ist es kalt.

## 24.

**DIE KLEINE BEULE,** die ich am nächsten Morgen im Badezimmerspiegel bewundere, ist immerhin ein untrüglicher Beweis dafür, dass ich das von letzter Nacht nicht geträumt habe. Es ist fast Mittag, als wir uns zum Essen auf die Terrasse von einem Quick setzen. Das ist so was wie McDonald's, nur anders. Liebloser vor allem. Das Piepen der Fritteuse potenziert meinen gigantischen Kater und meine bestialischen Kopfschmerzen. Pommes und Bier sind aber ein gutes Katerfrühstück. Was das gestern war, frage ich Marc, aber der meint nur, das sei in Frankreich halt so. »Ah, na klar, das ist einfach so, dann ist ja alles gut.« Jerome schlägt vor, dass wir einfach nicht darüber reden sollten. Aber dann setzt er hinzu, dass wir unsere Handys wenigstens nicht aus dem BH einer toten Negertranse hätten fummeln müssen. »Geh bloß mit deinen Griffeln aus meinen Pommes«, ermahne ich ihn, und er streichelt daraufhin meine Hand, die ich angewidert wegziehe. »Waren aber schon gut straff, die Plastiktitten!«, grunzt Jerome lachend, und dann muss ich auch lachen und wir schütteln alle die Köpfe. Marc meint, es sei glasklar Notwehr gewesen, und dass wir uns entspannen sollten, weil es am Abend sicher wieder lang werden würde.

Wir sind erst für den Abend in das neue Zentrum einer anderen Gruppe einbestellt. Die restlichen Stunden verbringen wir in der wirklich sehr schönen

Innenstadt von Lyon, trinken warmen Kakao und essen französische Leckereien. Ich nehme eine Quiche mit Speck, ärgere mich aber, da die Wurstplatte doch etwas spektakulärer ist, die Jerome sich reinzieht. Jerome lässt mich aber probieren, und ich sage ihm, dass mich die Blutwurst mit ihrer schwarzen Pelle irgendwie an gestern erinnert. Er rafft es erst nicht, aber spuckt dann das Stück Wurst und allerhand Kartoffelbrei auf den Teller. »Du ekelhaftes Schwein!«, meint er mit halb vollen Backen, aber schaufelt sich dann doch den Rest des Tellers rein. Wir spazieren noch ein wenig durch die Gassen der Altstadt, rüber auf die Halbinsel, wo wir über die Place Bellecour mit ihren majestätischen und dabei doch zurückhaltenden hellen Altbaufassaden und dem Reiterstandbild schlendern. Von dort aus laufen wir über das markante rote Pflaster zurück in Richtung Bahnhof.

Mit der Metro geht es einige Stationen stadtauswärts. Wieder holen uns Charles und Victor ab, diesmal zu Fuß. Von der U-Bahn-Station geht es durch ein sehr gediegenes Viertel. Es wechseln sich gepflegte Altbauvillen und Einfamilienhäuser ab, die Straßen sind sehr sauber und ruhig. Lokale gibt es kaum, schon gar keine hippen Bars oder Ähnliches, eher scheinen hier normale Familien zu leben, keine Bobos und auch nicht die urbane Theaterschickeria. Es gibt konservativ gehaltene französische Weinbars und Bäckereien, Käse- und Fischläden. Aber alles Lokalitäten, die wohl am Abend zeitig schließen. Dann kommt ein kleiner Platz, in dessen Mitte ein Brunnen steht. Ältere Herrschaften sitzen auf den Bänken unter den Jugendstillaternen und spielen Backgammon oder Schach, dabei trinken sie Rotwein aus Tüten. Hinter dem Plätzchen liegt eine Parkanlage, nicht sonderlich groß und relativ ungepflegt, was nicht recht zum Gesamteindruck dieser Gegend passen will. Von dem mit weißen Kieselsteinen ausgelegten Mittelweg der Parkanlage sieht man ein vierseitiges Gebäudearrangement. An einer Ecke hängen zahlreiche Fahnen aus dem Fenster, gleich mehrfach die französische Trikolore. Ein Torbogen führt auf eine Art von innen liegendem Appellhof. Über dem Durchgang hängt ein Banner, auf dem in Großbuchstaben ein Torspruch prangt: *BASTION FRANÇAIS – FORTERESSE EUROPE*. Wir nähern uns dem Durchgang, und wie von Geisterhand fährt ein schweres Eisentor zur Seite. Aus einem der Fenster winkt ein Mann heraus, und Charles winkt zurück. In dem gepflasterten Innenhof stehen ein paar Autos, in der Ecke liegt ein großer Haufen Sand, auf dem Plastikspielzeug anzeigt, dass wohl einige Kinder dort zu spielen pflegen. In jeder der vier Ecken führt eine Treppe in den ersten Stock. Ein Rundgang verläuft in jeder Etage innenseitig einmal um den Hof, von den Balustraden hängen Fahnen. Im ersten Stock winkt uns ein Mann um die fünfzig heran, der in einer schweren alten Holztür steht. Zwei junge Burschen unterbrechen freundlich nickend ihr Kehren, während wir an ihnen vorbeihuschen und dem grauhaarigen Mann folgen, der sich als Yves vorstellt. Wir werden in einer Art von provisorischem Büro empfangen. Zwei junge Frauen sitzen an

Laptops und arbeiten an irgendwelchen Tabellen. Es sei alles noch im Aufbau, meint Yves und signalisiert uns, wir mögen ihm folgen. Über eine Wendeltreppe gelangen wir in ein weiteres Stockwerk und dort in einen geräumigen Raum mit weißem Kachelboden, der als eine Art Lebensmittellager fungiert. In einfachen Metallregalen lagern kiloweise Nudeln und Reis, Kartoffeln und diverse Konserven, aber auch frische Sachen. Nebenan befindet sich eine gut ausgestattete Industrieküche. Um einen großen alten Gasherd, der mit hellblauen Kacheln verblendet ist, hat man diverse Arbeitsflächen und Küchengeräte aus Edelstahl eingebaut. »Unser zweites Prachtstück«, strahlt Yves und rührt einen der großen Töpfe um, in dem irgendeine Suppe vor sich hin köchelt. Er schleckt sich den Finger ab, und wir gehen über eine Treppe weiter nach oben. Yves erzählt uns, dass dies hier ein altes Armeegebäude sei, in dem zuletzt Appartements für Regierungsbeamte untergebracht waren. Dann habe der französische Staat das Gebäude veräußert, doch der Investor sei ein insolventer Betrüger gewesen, weshalb das Gebäude zwangsversteigert werden musste. Zusammen mit einigen Unterstützern habe man daraufhin Geld zusammengekratzt und einen Nutzungsplan entwickelt, dafür hätten sich sogar einige weitere politische Gruppierungen der Sache angeschlossen. Wegen der alten Bausubstanz konnte ein Rechtsbeistand dann noch diverse Fördergelder organisieren, und nun bewirtschafte man eben dieses Gebäude, das man für relativ wenig Geld erwerben konnte. Weiter oben klopft Yves an eine Tür, und eine Frau um die dreißig öffnet uns. Hier und im vierten Stock seien fast nur Wohneinheiten, die wenigen übrigen Zimmer seien Gemeinschaftsräume, zum Wäscheaufhängen und so was. Yves und die Frau quatschen kurz auf Französisch, dann werden wir hereingebeten, allerdings sollen wir die Schuhe ausziehen. Die Frau führt uns herein, und wir stehen mitten in einer Art Atelier, in dem überall allerlei Stoffe verteilt liegen. In der Ecke steht ein Schreibtisch, auf dem sich üppige Papierberge stapeln. Yves wirft der Frau einen weiteren Wortfetzen zu, woraufhin sie eine Holzschiebetüre aufmacht und uns bittet, hindurchzuschauen. Hinter der Tür liegt eine Wohnung, die zwar noch nach Umzug aussieht, jedoch sehr charmant eingerichtet ist. Ein kleiner Junge hebt den Kopf von seinen Heften und winkt, bevor Yves uns wieder mit nach draußen auf den balkonartigen Flur nimmt. Alle, die in dem Gebäude wohnen, seien entweder im weitesten Sinne Aktivisten oder aus deren privatem Umfeld, aber man nehme auch Wohnungsgesuche von normalen Franzosen an, wenn sie in die Hausgemeinschaft passen. »Diane, bei der wir waren. Ihr Mann ist Unteroffizier beim französischen Heer und viel unterwegs. Hier kann die kleine Familie günstig wohnen, und sie kann nebenbei ihr kleines Geschäft aufbauen und trotzdem für den Jungen da sein. Unsere Wohnungen sind nicht gratis, aber sie sind günstig und in einem sicheren Viertel. Und so können wir die Kosten für den Unterhalt decken.« Yves erzählt all das so begeistert, wie andere von einem mehrstündigen Warteaufenthalt an einem stillgelegten Bahngleis an regnerischen Wintersonntagen berichten. Wir gehen zurück ins Erdgeschoss, und einige Kinder mit Schulranzen toben an uns vorbei nach oben, ohne uns wahrzunehmen. Yves öffnet eine Doppeltür, die zu einem mächtigen Saal führt, der *Salle des Chevaliers*. Ein großer Versammlungsraum, eingerichtet mit schweren Tischen und Sitzbänken aus dunklem Holz. Vorn befindet sich eine kleine Bühne. An den weißen Wänden, die in abgerundete Deckenbögen übergehen, hängen aus Holz gefertigt die Wappen der französischen Regionen und allerlei nationaler Klimbim, der aber recht akkurat angebracht ist. In der hinteren Ecke sind ein paar Tische zusammengeschoben, die von einigen Mädchen im Grundschulalter eingedeckt werden. Daneben liegen ein Autoteppich und Spielzeug. »Manche Familien essen hier gemeinsam, wenn es die Zeit zulässt«, meint Yves, dem eines der Mädchen ein paar Kicks gegen den Oberschenkel verpasst, woraufhin er in eine Art Bruce-Lee-Stellung geht und der Kleinen dann mit einer spaßigen Geste anzeigt, dass er sie im Auge hat. Durch einen Zugang gelangen wir wieder in ein Treppenhaus. Yves schließt eine schwere Eisentür auf: »Et voilà, Prachtstück Nummer eins!« Etwas flackrig geht das Licht an, und wir stehen mitten in einer Kneipe. Es ist Holzboden verlegt, die Wände sind grün gestrichen. Überall hängen Fotos. Viele mit historischen Motiven, manche eher kulturell angehaucht, ein Bild von Roger Moore als James Bond, eines von einem Dandy mit Fluppe auf dem Zahn, der eine Katze in den Fingern hält, andere wiederum zeigen militärische Motive. Fotos von Militärparaden, von Fremdenlegionären aus den Sechzigern, daneben immer wieder aktuellere Schnappschüsse, die junge Leute zeigen. Auch ein paar Bilder von Aktionen sind zu sehen. Sogar einen Dartautomaten und einen Billardtisch gibt es. Die Außenseite ist mit Holzfensterläden versperrt, und auf der anderen Seite, hinter dem Billardtisch, liegt eine Tür, die nach draußen führt. Yves meint, weil heute Abend die Bar offen haben wird, könne er schon mal ein Bier vom Hahn zapfen. Noch ehe Marc sein »Nein, danke« aussprechen kann, komme ich ihm zuvor, denn ich möchte wirklich sehr gern ein Bier. Wir plaudern ein wenig, und Yves erzählt von seinem früheren Leben, in dem er Bankkaufmann gewesen sei. Jetzt hat er hier eine kleine Anstellung, hält das Haus in Ordnung und kümmert sich um die Mieter und Wohnungsbewerber. »Und dann schenke ich hier an der Bar Getränke aus!«, lacht er und wischt sich den Bierschaum von der Oberlippe. »Keine Kernarbeitszeit im Großraumbüro, keine Urlaubsformulare, kein Stumpfsinn.« Yves scheint etwas knurrig, macht aber einen sehr ausgeglichenen und glücklichen Eindruck. Man sieht, dass er mal viel Sport gemacht haben muss, nicht nur, weil er einen Jogginganzug trägt, der nicht so recht zu seinem kleinen Werkzeuggürtel passt. Wie sich das alles mit Familie vertrage, frage ich. »Sehr gut, bin geschieden und meine Söhne sind bei der Armee. Außerdem hatte ich einen perfekten Ehevertrag. Irgendein Schleimbolzen hat meine Frau gleich wieder geheiratet und mir dann mein Haus abgekauft.« Yves lacht und greift in ein Regal über der Theke, füllt einige Stamperl mit schwarzem Lakritzschnaps und nimmt das Basecap vom Kopf, während er sein Glas in die Höhe reckt. »Auf diesen geilen Vollidioten, der mich erst von meinem hysterischen Hausdrachen befreit und mich dann noch reich gemacht hat. Trauern wir um seine Männlichkeit!« Gefühlt in Zeitlupe rinnt der brennende Lakritzschnaps die Kehle herunter, wie Lava, die noch im Fließen erstarrt. Mühselig versuche ich, mit meinem Rest Bier nachzuspülen, aber es ist nur mehr Schaum im Glas, und der macht es bloß noch schlimmer. Plötzlich muss ich wieder an die Transe von gestern denken und daran, wie der eine Mitarbeiter von Mister Hirsch einen herumliegenden Teil der Schädeldecke einfach auf so ein Kehrblech geschoben hat, und darüber habe ich das Lakritz gleich schon wieder verdrängt. Ein ganzer Haufen Männer und auch einige junge Frauen stehen plötzlich in der Tür. Sie wirken etwas angespannt und bedeuten uns, dass wir mitkommen sollen. »Bis später«, verabschiedet uns Yves, während einer der jüngeren Franzosen mit der Hand so eine rollende Wellenbewegung macht, als würden wir ganz furchtbar trödeln.

## 25.

**WIR STEHEN IM INNENHOF DER ANLAGE,** und ein muskulöser Typ schiebt die nun ungefähr dreißig Personen zu kleinen Gruppen zusammen. Mein Handy vibriert wegen einer Nachricht. »Hey, wie geht's dir?«, schreibt mir ... Mara?! Aber auf Kommando müssen alle ihre Mobiltelefone abschalten und legen die Geräte mit anderen Wertsachen in eine Schließkassette, die ein weiterer kräftiger Franzose herumreicht. Eine junge Frau übersetzt uns die Anweisungen des Vorturners, die so knapp wie beunruhigend sind: »Handys aus, Sachen abgeben, Schnauze halten und einfach tun, was befohlen wird.« Die kleinen Gruppen verlassen die Anlage und verteilen sich unauffällig in der Dämmerung. Gerade noch so kämpft die rötliche Sonne mit den Dächern der höchsten Häuser, als ich merke, dass wir irgendwie einen merkwürdigen Weg ablaufen, der scheinbar keinen Sinn ergibt. Aber ich folge, mit merklich angespannter Atmung. Das Marschtempo ist stramm. Man kann die Entschlossenheit der Gruppe fast riechen. Mühsam halte ich Schritt. Ein Polizeiauto fährt vorbei, interessiert sich jedoch nicht für uns. Nach weiteren drei Blocks ist die Sonne untergegangen. Am Ende der Straße liegt der Eingang zu einer Metrostation, wir biegen jedoch vorher plötzlich ab. Nochmal abbiegen. Wieder zwei Blocks. Plötzlich steht eine Frau in einer Art Hoftor, das auf den

Innenhof einer größeren Wohnanlage führt. Wir steigen nacheinander durch die in das Holztor eingebaute kleine Türe. Der Innenhof ist unbeleuchtet. Ich erschrecke furchtbar, als ich bemerke, wie zwei schwarz gekleidete Personen aus einem Seitengang hervortreten. Sie haben Sporttaschen in den Händen und reichen wortlos Sachen heraus, die jeder von uns an sich nehmen soll. An der ersten Sporttasche gibt es schwarze Mützen, an der zweiten schwarze Regenjacken. Alle ziehen umgehend erst die Mütze und dann die Jacke über, derweil uns die Dame aus dem Holztor vorausgeht und uns hinter die aus Beton gefertigten Aufbewahrungsbauten für die Müllcontainer des Hauses führt, die ebenfalls in einer lichtlosen Ecke stehen. Wir ziehen die Mützen so über das Gesicht, dass nur mehr die Augen sichtbar sind. Der Polyester wird mir vom Hecheln feucht vor dem Mund. Die Frau zieht eine unauffällige graue Decke beiseite, wie man sie von Umzugstransporten kennt. Dann heben sie und unser Anführer einen Eisendeckel an, der zuvor von einem schweren Vorhängeschloss befreit wird, dessen Schlüssel die Frau an ihrem Armband befestigt hat. Wortlos halten sie das Eisentor auf, und einer nach dem anderen steigen wir eine rostige Leiter hinab in die dunkle Tiefe dieses Schachtes, dessen Ende ich so schnell gar nicht ermitteln kann. Ein bestialischer Modergeruch kommt mir entgegen, aber so vergesse ich blitzschnell den Gedanken daran, ob die Leiter nun eine kurze Kletterpartie verlangt oder man beim kleinsten Fehlgriff zig Meter in die Tiefe abstürzt.

Endlich setzt mein Fuß auf festem Boden auf. Zwei aus unserer Gruppe schalten ein rotes Kopflicht ein, das immerhin minimale Orientierung erlaubt. Wir sind nun vollzählig. Alle sind unten, und über uns schließt sich das Eisentor. Ein rotes Licht geht voraus, eines läuft am Ende unserer Gruppe. Über einen kleinen Steg laufen wir los, und nun sehe ich, dass wir in einem U-Bahn-Schacht sind. Wieder strammer Schritt. Wir huschen den Steg entlang, neben uns die Gleise. Bestimmt eine Viertelstunde lang marschieren wir schweigend voran. Das Tempo lässt mir fast die Luft wegbleiben. Ab und an erschüttert es den Tunnel, als fahre ein Zug gleich direkt an uns vorbei, aber zum Glück scheinen wir in einem stillgelegten Nebentunnel unterwegs zu sein. Wir biegen um eine weitere Ecke, und plötzlich sind Geräusche wahrnehmbar, dumpfes Dröhnen, wie ferne Hammerschläge. Sie werden immer lauter, bleiben aber dumpf. Plötzlich halten wir. Unser Vorausläufer macht sich an einer Leiter bereit und schaut auf die Uhr, dann zeigt er fünf Finger in die Luft und macht eine Geste, die uns wohl bedeuten soll, zu schweigen. Wir stehen einfach nur da, in dem feuchten Schacht. Schweiß läuft mir unter der Sturmhaube zusammen und juckt ganz furchtbar, aber ich traue mich nicht, sie abzuziehen. Ich gucke einfach in die Dunkelheit und reguliere meine Atmung. Ob die anderen auch so schwer atmen, überlege ich, aber die meisten sehen ja aus wie Rugbyprofis. Unendlich lang kommen mir die Minuten vor, die wir einfach so dastehen. Im Nachbartunnel rattert wieder eine Metro vorbei, und ich stelle mir vor, wie normal die Leute wohl in diesem Zug sitzen. In ihren Feierabend fahren, sich zu Hause ein Abendessen zubereiten und dann die »Simpsons« schauen. Ganz normale Sachen halt, während wir hier in diesem Tunnel stehen bei irgendeiner krassen Sache, von der ich nicht weiß, was sie werden wird. Eine Banneraktion? Ein Überfall? Vielleicht eine Abreibung, eine Art Anschlag sogar? Keine Ahnung. Mir wird kalt, und Angst beginnt, meine Aufregung zu dominieren. Was soll ich Mara denn nur antworten, und warum schreibt sie mir? Eine Armbanduhr piepst leise, und der Typ an der Leiter nickt uns allen zu. Ich schaue gerade noch fast ehrfürchtig hin, wie galant er mit seinen schwarzbehandschuhten Händen die in sachtes Rot getauchten Sprossen ergreift, als plötzlich ein krasser Knall irgendwo über uns losgeht und Sand aus den Ritzen des Tunnels auf uns herabregnen lässt. Gleich darauf Sirenengeheul und tumultartiges Gerödel über unseren Köpfen, während wir von unserem Hintermann regelrecht die Leiter hochgeschoben werden. Der Vordermann erreicht die Luke und drückt sie hoch. Schlagartig dröhnt laute Technomusik in den Leiterschacht, und der Anführer zieht einen nach dem anderen die Stiege hoch. Ich renne einfach hinterher, durch ein wildes Gestrüpp, das mir überall in die Haut schneidet, wo diese nicht bedeckt ist. Wir rasen hindurch, vorbei an alten Metallfässern, die aufgetürmt herumstehen. Die Musik und der Tumult werden immer lauter. In einer weiteren verwinkelten Ecke schieben die Franzosen eine Pressspanplatte beiseite, und dann stehen wir plötzlich – in einer Art Veranstaltungsraum, mit Sitzbänken, einem Tresen, einer Discokugel und einer Art Podium mit Rednerpulten. Die Franzosen verlieren keine Zeit, und aus anderen Ecken dieser Halle kommen wie aus dem Nichts Schwarzgekleidete heran, die so eifrig wie eilig ans Werk gehen, während draußen eine Art Randale vonstattenzugehen scheint. Der nur fahl beleuchtete Raum liegt in fast beängstigend unbeachteter Stille. In jeder Ecke laufen Personen umher, sie reißen Fahnen und Poster von den Wänden und hängen überall eigene Fahnen auf, tauschen wilde rote Fetzen gegen die französische Trikolore. Krachend rauscht plötzlich ein schweres Rollgitter die Fensterfront herunter, trennt uns wie in einem Käfig endgültig von dem Tumult ab. »Elysée! Komm her zu mir!«, ruft eine männliche Stimme, während die ersten Personen wütend von außen an dem Gitter zu rütteln beginnen. Aber ihre aufgebrachten Schreie gehen noch immer im Tumult und der Musik unter. Ein schwarz vermummter Mann greift meine Hüfte und schiebt mich vor sich her, gliedert mich in einen Halbkreis ein, der sich um die junge Frau namens Elysée gebildet hat, die nicht recht weiß, wie ihr geschieht. Ein anderer Vermummter betritt den inneren Kreis, zieht seine Sturmhaube ab und kniet sich nieder, dann holt er einen Ring raus, und noch bevor er seine in zitterndem Französisch gehaltenen Worte beendet hat, fällt Elysée ihm um den Hals. Neben mir ploppt es, und eilig gießen zwei Männer Schaumwein in Sektgläser, verdammt nochmal, echte Sektgläser, aus Glas! Während die beiden knutschen, heben die anderen die Gläser hoch, stoßen alle an und singen die »Marseillaise«, als plötzlich eine Leuchtrakete direkt durch das Gitter angeschossen kommt und in einer Ecke des verlotterten Raumes einen Berg Altpapier in Flammen setzt, wodurch die ganze Halle in einen lodernden Schein gehüllt wird, der beinahe so festlich wie gespenstisch wirkt. Die Schatten der sich küssenden Franzosen flackern überlebensgroß an einer der Wände. Elysés lange blonde Haare hängen ihr aus der Sturmhaube heraus. Ihr Mann drückt sie fest an sich für diesen nicht enden wollenden Kuss. Weitere Leuchtraketen pfeifen durch den Raum, es zischt und knallt. Bunt leuchtende Funken regnen auf uns herab. Nun dämmert mir, wo wir überhaupt sind: mitten in einem Autonomen Zentrum der extremen Linken. Im Flammenschein leuchten nun die französischen Farben an den Wänden, wird sichtbar, wie alle möglichen Schmierereien und kommunistischen Logos an den Wänden übersprüht sind mit rechten Parolen, und wie sich ein großes, meterlanges Banner quer über die provisorische Bühne spannt, das die Worte trägt: »Eure Häuser wie eure Seelen: Müllkippen. Unser Frankreich: Europas Neugeburt!«

Es rütteln nun Dutzende Leute hasszerfressen an dem heruntergelassenen Rollgitter. Die Franzosen werfen die Sektgläser und Flaschen in Richtung des Gitters und sind dann in Sekundenschnelle in den gleichen Kleingruppen zusammen, in denen sie gekommen sind. Laut lachend rennen sie wieder in alle Richtungen davon. Die letzte Gruppe wirft mehrere Rauchbomben in den Saal, und wir klettern zurück in den Schacht, den wir genauso wieder zuschieben wie die Pressspanplatte. Wir rennen den Steg entlang, und auch ich renne so schnell wie noch nie in meinem Leben. Zurück in dem Innenhof des großen Mehrfamilienhauses steht die Frau mit einer Miene, als sei nie etwas gewesen. Wieder stehen die Vermummten dort und nehmen uns die Jacken und Mützen ab. Betont gelassen gehen wir durch das Holztor, dann unauffällig und weiter schweigend die Straße entlang, bis wir das burgartige Zentrum der Franzosen wieder erreichen. Vor uns biegen zeitgleich andere Gruppen in die Anlage ein. Im Innenhof angekommen, bleibt immer noch keine Zeit, um endlich Luft zu holen. Man hetzt uns durch den Hof bis hin zu der Tür, die in den Pub führt. Wir sind die letzten, und mein Hintermann schließt die Tür. Dann bricht kollektiver Jubel aus.

## 26.

**ALLE LIEGEN SICH IN DEN ARMEN.** Wieder wird die »Marseillaise« angestimmt, während einige der Aktivisten die erbeuteten Fahnen auf den Kopf gedreht an einer der Wände anbringen. Zitternd stecke ich eine Zigarette an, ersticke dann beinahe an dem Qualm, der in meine überforderte Lunge hineinströmt. Eine Welle der Erleichterung durchfährt meinen Körper, und ich kann gar nicht anders, als Jerome und Armando spontan in den Arm zu nehmen, als ich sie im Gedränge an der Theke entdecke. »War das ein Antrag?«, frage ich, und Jerome meint, er habe keine Ahnung. Marc kommt auch hinzu und meint, jetzt hätte ich ja was zu schreiben. Aber Armando meint nur, das sei in Italien ein ganz normaler Dienstag, keine Aktion für einen Samstag. Und in Deutschland gebe es das sowieso nicht, denn da hätten die Rechten ja nicht mal genug Frauen, um irgendwo einen Antrag zu machen, geschweige denn während einer Feier des nahe gelegenen Autonomen Zentrums. »Mongo!«, meint Jerome und gibt Armando einen spaßigen, aber doch recht festen Nackenschlag. »Ich sehe schon, irgendwann heiratet ihr zwei noch im Görlitzer Park, ihr Kloppis«, lacht Marc uns an, bevor er mich anfährt, ob ich denn jetzt mal Bier besorgen könnte. »Bier!«, rufe ich, und Yves versteht zum Glück den Spaß, dass ich ihn nicht herumkommandieren will, sondern nur Klischees über Deutsche bedienen möchte. »Deutschwurst terminée, kein Lakritz!«, ruft er nur zurück und stellt uns lachend vier Bier hin. Der Pub in der Ecke der Anlage ist brechend voll, es läuft laute Musik, eine riesige Sause ist im Gange. Als ich auf die Toilette gehe, sehe ich, dass auch ein prominenter Gast anwesend ist und mir freundlich zuwinkt. Mister Hirsch ist da und sitzt neben der Tür zur Straße hin. Nur er darf hier wohl ungestraft seine Füße auf den Tisch legen und seine furchtbar hässlichen Schuhe auffällig zur Schau stellen, die wohl eine Mischung aus Leopardenmuster, Cowboystiefel und Robbenfell darstellen sollen. Wenn, dann natürlich selbst gekloppt. Ich stelle ihm einen Cassis hin, und wir stoßen an. Irgendwie ist es mir ein Bedürfnis, mit ihm einen guten Abschluss zu finden nach all der krassen Scheiße in seinem Laden gestern. Wir prosten uns zu, und er lächelt mich dabei freundlich an, was ich so merkwürdig wie erleichternd finde. Richtiger Small Talk fällt mir nicht ein, deswegen frage ich, wo denn der langhaarige asiatische Türsteher heute sei. »Keine Ahnung, vermutlich andere muskulöse Asiaten ficken«, meint Mister Hirsch und prostet mir nochmal zu. Wir hauen den Cassis runter und geben uns auf seine Initiative hin eine freundschaftliche Ghettofaust. Im Laufe der folgenden Stunden wird die Feier immer fröhlicher, und obwohl ich kaum wen kenne, sind wir mittendrin in einem unfassbar familiären Fest.

Es ist kurz vor zwei Uhr, als die feiernde Menge verstummt und die Musik plötzlich ausgeht. Kräftige Schläge, offenbar von großen Hämmern, knallen von außen gegen die Eisentür. »Fuck! Polizei? Wo sind die Wachen?« Yves scheint in Alarmbereitschaft und mahnt, man solle leise in den Innenhof gehen, während er einigen seiner Kameraden bedeutet, sich bereit zu machen. Umgehend legen sie Sturmhauben, Handschuhe und Mundschutz an. Ich kauere hinter dem Tresen, wohin Yves mich herangewunken hat, weil die Tür zum Innenhof bereits von innen verriegelt wurde, wohl um den Durchgang zum Wohnbereich zu versperren. Ein paar stämmige Franzosen hebeln die Eisentür auf, die sich knarzend öffnet. Etwa drei Meter vor der Tür auf dem Gehweg steht eine riesige Sporttasche, aus der französische Flaggen heraushängen.

»Das habt ihr vergessen!«, rufen zwei Gestalten vom Bürgersteig aus, die ihrerseits komplett schwarz gekleidet sind und Sturmhauben tragen. »Hurensöhne, ihr seid tot!«, entgegnen die zwei Männer im Eingang den Vermummten und stürmen – gefolgt von einem halben Dutzend ihrer Kameraden – aus der Tür, um die beiden Unbekannten zu stellen. Diese haben die Reaktion offenbar unterschätzt und türmen panisch in die Nacht, als plötzlich zwei Motorräder ohne Licht heranbrausen und unvermittelt das Feuer eröffnen. Etwa zwei Sekunden lang knallt es auf der Straße, Mündungsfeuer blitzt auf und Projektile zischen Funken schlagend über den in der Dunkelheit liegenden Asphalt. Brüllend spritzt eine Salve entlang der offenen Tür, kracht leuchtend in die Eisentür und teilweise in den Holzbalken direkt über dem Tresen. In Seelenruhe steht Mister Hirsch neben der Eisentür. Er zieht eine großkalibrige Pistole, geht im Türrahmen in Anschlag und jagt den davonbrausenden Motorrädern fast ein halbes Magazin hinterher. Dann wird alles dunkel, für mehrere Sekunden kann ich nichts sehen und hören, bis die Taubheit erst einem lauten Klingeln und Rauschen und dann der dumpfen Wahrnehmung von panischen Schreien weicht. In der vor dem Eingang abgestellten Sporttasche war ein Sprengsatz versteckt, der die schwere Eisentür komplett aus den Angeln gerissen hat. Eine Staubwolke fährt wie eine Achterbahn durch den Pub, in dem fast alle Gläser und Flaschen geborsten sind. Alle liegen noch in Deckung, haben die Arme über den Köpfen verschränkt. Nur Yves hockt neben mir hinter der Theke, in der Hand ein Klappmesser. Er steht auf und tastet alle ab, aber keiner ist ernsthaft verletzt. Die Franzosen, die hinausgestürmt waren, um die beiden Gestalten zu jagen, kommen zurückgelaufen. »Alle weg!«, ruft einer. Langsam rappeln sich die Leute auf. Yves verteilt Wasserflaschen, mit denen sich einige die verstaubten Augen ausspülen, während zwei der stämmigen Wachen ein kleines Feuer austreten und mit Bier löschen. »Was zur Hölle ist *das*?!«, ruft Yves plötzlich. »*Das* sind zweitausend Euro! Gewesen!«, schreit unser Bekannter: Mister Hirsch! Die Bombe hat ihm den Unterschenkel abgerissen, genau über dem Ende seines extravaganten Stiefels, der samt dem darin steckenden Fuß bis auf den Tresen geschleudert wurde, wo er dann aufrecht zum Stehen gekommen ist, als habe ihn wer dort abgestellt. »Na los, verbinde mich!«, ruft Mister Hirsch, während er seine Knarre wieder in den Holster an seinem Gürtel steckt. Aber das ist auch das Letzte, was ich sehe. Wie im Theater zieht es mir den Vorhang zu. Einen schwarzen Vorhang, genau vor meinen Augen, gegen den ich nicht ankomme.

## 27.

**ICH BIN TOT.** So scheint es mir, aber als ich die Augen öffne, da sehe ich eine wunderschöne junge Frau, die meinen Arm in der Hand hält und mir einen Tropf gelegt hat. »Schlafmütze, steh auf. Wir müssen zum

Flughafen!« Marc grinst mich an, als sei das alles nicht passiert. So recht weiß ich selbst nicht mal mehr, was eigentlich passiert ist. Die Französin hilft mir, mich aus dem Bett zu erheben, in das man mich offenbar gelegt hat, nachdem ich das Bewusstsein verloren hatte. Auf äußerst fürsorgliche Weise prüft sie, ob ich schon wieder allein gehen kann. Funktioniert tadellos. Ich schaue an meinen Beinen runter und muss schlagartig an Mister Hirsch denken, der heute wohl nicht aus dem Bett aufstehen können wird. »Alter, das wird Ärger geben wegen dem Fuß vom Hirschie!« »Allerdings, das wird hässlich«, nickt Marc mir zu, während ich mir die Jacke anziehe. Die Französin verabschiedet uns mit Wangenküsschen, und auch Yves ist da und bringt uns bis zum Haupttor. Wir verabschieden uns relativ innig, und er lässt uns wissen, dass wir immer willkommen seien. Wenn wir denn überhaupt nochmal kommen wollten, fügt er lachend hinzu. Ich nicke ihm schmerzerfüllt zu, während mir auffällt, dass ich verkrustetes Blut an beiden Ohren habe. Charles und Victor sind wieder da und fahren uns zum Flughafen. Unsere Taschen haben die anderen schon aus dem Hostel geholt. Nur schemenhaft sehe ich im Rückspiegel, wie einige der Franzosen im Eingang des Pubs stehen, erregt mit der Polizei diskutieren und versuchen, die Cops zu verscheuchen.

Dann schlafe ich wieder ein, bis Charles und Victor uns am Flughafen absetzen. »Wahnsinn!«, denke ich noch, als der Billigflieger rumpelnd in den strahlend blauen Himmel aufsteigt. »Wo fahren wir denn als Nächstes hin?«, grunzt Jerome lachend in unsere

Sitzreihe hinein. »Alter, halt einfach dein Maul«, erwidere ich, aber er lacht nur grunzend weiter und meint, ich solle mal in meine rechte Jackentasche greifen. Neugierig schaue ich in Jeromes Grinsen, dann lasse ich die Augenbrauen hoch und runter zucken, während wir uns zeitgleich ein kleines Fläschchen Cassis aus dem Duty-free-Shop reinziehen. Dann fallen mir die Lider zu. Nur noch im Halbschlaf kriege ich mit, wie das ergraute Ehepaar vor mir empört und erschrocken die Nachricht diskutiert, dass bei einem Angriff auf ein Gewerkschaftsbüro der Universität Lyon sechs Studenten von einem Rollstuhlfahrer erschossen worden seien.

## 28.

MIT MÜH UND NOT schleppe ich mich am Flughafen in den Zug. Eigentlich fahren nur Vollidioten komplett mit der S-Bahn, wenn sie vom Düsseldorfer Flughafen zum Kölner Hauptbahnhof wollen. Nun bin ich auch so, weil ich es nicht ertragen würde, länger als zehn Minuten auf einen richtigen Zug zu warten. Quälend langsam rumpelt der versiffte Waggon vor sich hin, hält an jedem Mülleimer und Aschenbecher an, obwohl fast nirgendwo jemand zusteigt. In Neuss fummeln zwei Zecher in der Mülltonne. Einer zieht eine Flasche Branntwein raus. Halbvoll. Freudestrahlend fallen sie sich in die Arme. So viel Glück kann nur der im Gesicht tragen, dem es selbst in einer Welt des obszönen Überflusses an den nötigsten Dingen mangelt. Erst in Köln-Chorweiler pressen sich Menschenmassen in die Sitzabteile.

Chorweiler. Ich muss unweigerlich wieder an das Erdkundebuch, an Thorsten und die Scheißagentur denken. Die vielen Zugestiegenen nötigen mich, doch ein wenig Haltung anzunehmen, meine Tasche auf meinem Schoß an mich zu pressen, weil es so voll ist. Dabei will ich einfach nur in dieser einen Position kauern, in der man halbwegs pennen kann in solchen S-Bahnen, wenn man den Kopf in diese kleine Lücke zwischen der Scheibe und den rot-blau karierten Stofflehnen einquetscht. Anna wird wohl Schluss machen, aber selbst das ist mir mittlerweile egal. Soll sie halt ihren Selbstfindungstrip am anderen Ende der Welt machen und dort glücklich werden. Spart mir immerhin Telefonkosten. War eh klar, dass das so ausgeht, wenn sie da irgendwo durch den Dschungel tourt, zu diesen beknackten Surfertreffs. Anna meinte noch, das ginge voll klar, weil heutzutage wären viele funktionierende Beziehungen halt digital. Anna log. Trotzdem kämpfe ich noch, obwohl uns eigentlich gar nichts verbindet. Natürlich vergebens, meist ist es auch gar kein Kämpfen, sondern eine besonders anstrengende Beerdigung der eigenen Würde. Teilerfolge sind meist nur Entschwanzung auf Raten. Sinnlos. Am liebsten würde ich kotzen und weinen. Gleichzeitig. Keine Ahnung, eigentlich ist es mir egal, aber ich habe einfach keinen Bock darauf, wieder diesen ganzen Flirtkram durchziehen zu müssen, wieder irgendwelche Eltern kennenzulernen. Was weiß ich. Mir graut es schon vor dem Gedanken, später allein in der Wohnung zu sitzen. Krämpfe kündigen sich an, und ich stolpere noch in den örtlichen Elendsdiscounter, um mich mit Magnesiumtabletten und billigen Fertiggerichten einzudecken. Das Schauspiel, das sich vor diesem Supermarkt insbesondere in den Abendstunden darbietet, ist stets ein Lehrstück darüber, wie es Leute, die komplett im Arsch sind, schaffen, aus ihrem Jammer doch das Beste herauszuholen. So auch heute. Fetzige Musik dröhnt über die einsame Straße neben dem Brachgelände der ehemaligen Bundesbahn. Flaschenklimpern, lautes Lachen, niemand stört sich am einsetzenden Nieseln eines kalten Regens im Frühherbst. Blinklichter und Leuchtreklame spiegeln sich auf der regennassen Fahrbahn. Was klingt wie Vegas, ist der Parkplatz einer Netto-Filiale. Mehrere Röhrchen Vitamintabletten, eine Packung Tiefkühlkroketten, eine Flasche Hela-Gewürzketchup und ein Pudding rauschen über das Kassenband. Eine WG lärmt, widerliches Studentengelumpe. Tunnels, Piercings, bunte Schnürsenkel. Progressive Moderne trifft auf Geschwätz ohne Klasse – fast utopisch. Nur ohne Arbeiter. Hinter mir in der Schlange verspricht es, ein besserer Abend zu werden als der, der mir droht. Sechs Flaschen Bier in PET-Flaschen, Tiefkühlpizza und eine Packung Bonnekamp. Alles Eigenmarke. Diskont. Der abgehalfterte Typ mit roter Säufernase mustert mich, Blicke kreuzen sich. Irgendwas an mir scheint den Kunden zu verwirren. Kopfschüttelnd steckt er seinen Kram in einen ausgeblichenen Jutebeutel, von dem mir ein grüner Frosch geckenhaft zuzwinkert. Vielleicht bilde ich mir die Verwirrung aber auch ein, weil ich mich etwas in dem Cover einer 66-Cent-Glamour-Zeitung verliere. Scarlett Johansson zeigt, was sie hat. Fünf Euro vierunddreißig Cent. Ganz schön viel, zumal der Pudding anscheinend schon undicht ist, was jedoch weder mich noch den Kassierer irgendwie stört. Draußen wird's einem ganz warm ums Herz. Ein Junge und ein Mädchen, vielleicht beide um die zwanzig, teilen sich einen Kasten Bier. Im Regen. Aus einem Telefon dröhnt Musik. Scheint jener Hardstyle zu sein, zu dem man in Garageneinfahrten tolle Choreografien einstudieren kann. Noch einer kommt hinzu. Eine Bierflasche überlebt die Ghetto-Handschläge nicht. Egal, Netto hat ja bis zehn Uhr geöffnet. Noch ein Blinklicht. Ein Labrador, angekettet vor dem Markt, trägt ein Halsband mit aufleuchtenden Herzen. Jedes Mal, wenn die Tür aufgeht, winselt er. Irgendwie hoffe ich, dass sein Herrchen wiederkommt. Vermutlich der ältere Herr in den Filzpantoffeln. Das Blinklicht am Hals verabschiedet sich jedenfalls, und ich winke dem Hund kurz zu, bevor ich heimwärts schleiche. Schon beim Bezahlen an der Kasse schien es mir riskant, den Pudding in dieselbe Jackentasche zu stopfen wie meinen Schlüsselbund, den ich nun vanilleverschmiert ins Türschloss fummeln muss. Verdammte zwanzig Minuten brauchen die Kroketten im Ofen, und ich esse sie gleich vom Backblech, den Gewürzketchup dippe ich von einer Untertasse. Delikat. Gleich bei der ersten Krokette merke ich, dass irgendetwas nicht stimmt. Ein verzweifelter Blick in den Badezimmerspiegel bringt Gewissheit. Es hat mir eine der teuren Zahnkronen rausgehauen. Mir schießen Tränen in die Augen, und es fällt mir nur eine Möglichkeit ein, den totalen Nervenzusammenbruch jetzt noch abzuwenden. Oder soll ich Mara antworten? Nein, das verwerfe ich, nicht mehr heute, nicht in diesem Zustand. Keine halbe Minute dauert es, bis Patrick auf meine SMS antwortet, ob wir was saufen gehen wollen: »!«

## 29.

**KNAPP EIN MONAT** zieht ins Land. Es wird grau und kalt, als der Oktober langsam verstreicht. Im Supermarkt zertrete ich einen heruntergefallenen Schokoladennikolaus, habe aber dann umgehend ein schlechtes Gewissen. »Grobian!«, klingt mir die Stimme meiner Mutter im Ohr, als ich die Alufolie aus dem Profil meiner Winterschuhe kratze. Meine Zeit bringe ich mit Nichtstun um. Mit Playstation-Spielen und Lesen. Weil ich nichts für die Reportage aufs Papier bringe, lese ich mich noch einmal durch zahlreiche Bücher, die sich mit der »Neuen Rechten« befassen. Fast alles langweiliger Müll. Dafür schreibe ich gelegentlich mit Mara. Sie schickt mir lustige Bilder, meistens selbstironisch. Immer öfter sendet sie mir auch Selfies, wenn sie irgendwo unterwegs ist, oder verlinkt mich unter irgendwelchen *Memes* bei

Instagram. Montags schickt sie Selfies mit Kotzgesten vor dem Firmenschild bei Thorsten, wo sie immer noch arbeitet. Allerdings muss sie dann plötzlich für einige Zeit nach Hamburg, um dort beim Aufbau einer Außenstelle der Firma zu helfen. Manchmal schaue ich nach Stellenanzeigen, aber es ist nichts dabei. Nichts, was mich motivieren würde, so eine schwachsinnige Bewerbung aufzusetzen. Fast bin ich soweit, mich beim Arbeitsamt für irgendeine körperliche Schwerstarbeit zu melden. Patrick und ich saufen mittlerweile viel. Entweder bei ihm zu Hause oder in Kneipen, wo außer uns nur Rentner, Säufer oder zwielichtige Gestalten verkehren. Wo man uns Jeans zum Verkauf anbietet, die in großen Plastiktüten herangeschleppt werden. Uns kenne man ja, wir dürften sie auch auf Klo kurz anprobieren.

»Was würdest du machen, wenn eines Tages alle Kneipen schließen müssten?«, frage ich ihn. »Warum sollte das passieren?«, entgegnet er nur gelangweilt, und ich weiß es nicht, aber ich erneuere die Frage. »Naja, sie werden halt geschlossen, behördliche Verfügung, weil Kneipen ungesund sind, was weiß ich«, hake ich nach. »Dann wird's sicher eine Revolution geben, hoffe ich«, antwortet Patrick.

»Aber was machen wir dann, wenn das die Zukunft wird, so ohne Kneipen?«

»Wenn wir so etwas Ungeheuerliches einmal erleben sollten, dann müssen wir darauf mit radikalen Maßnahmen reagieren, und ich bin mir sehr sicher, dass wir dann die richtige Antwort finden werden!«, hört sich Patrick an, als plane er für diesen Fall eine Art von Säufer-RAF.

»Man sperrt doch die Menschen ohnehin zunehmend in solche Wohnmaschinen, das musst du doch am besten wissen, du baust die Scheiße doch!« Patrick holt weit aus, und ich trinke rasch einen weiteren Korn.

»Die Zukunft macht aus der Wohnmaschine der Behausung die Lebenswelt der Kneipe. In so einer Zukunft, die du da an die Wand malst, in der spielt sich das gesamte berufliche, soziale und kulturelle Leben dann eben dort ab. Der Mensch arbeitet, liebt, lebt in der Kneipe. In der Kneipe ist das Sein. In dieser Zukunft scheint es dann vielleicht, als sei die Kneipe auf ewig fern, als finde all das nun doch in den eilig zu Wohnmaschinen umgestalteten Behausungen statt. Aber das glaubt nur, wer sich ergeben hat. Es ist dann an und in uns, zu entscheiden, wo die Kneipe ist.«

»Ja, aber dann hängen wir ja nur bei dir in der Bude rum, in den eigenen vier Wänden«, wende ich ein und bereue schon, Patrick so getriggert zu haben, aber der hört gar nicht mehr auf.

»Selbstherrschaft. So lautet dann die Devise. Das wird die Machtergreifung über das Selbst, die unseren eigenen Raum auf der Suche nach unsterblichem und an die Gemeinschaft gebundenem Ruhm gestaltbar werden lässt. Saufen – gegen den äußeren Fluch der Behördensümpfe, die uns aus der Kneipe verbannen und in die Behausung zwingen wollen, den Ort des bürgerlichen Frevels. Dann ist die Kneipe eben in diese Mauern hineinzukämpfen. Die Kneipe ist da, wo wir den Mut haben, sie sein zu lassen. Die Kneipe ist das Wir. Wir sind die Kneipe. Wer den Mut hat, die von den Erbsenzählern und Müslifressern gemachten Dimensionen zu sprengen, der wird trotz allem in der Kneipe sein. Der macht aus der Behausung die Kneipe. Und damit aus der Wohnmaschine ein höheres Reich: Lebenswelt.« Dann stoßen wir an, und der Wirt meint, Patrick solle die Fresse halten.

Das Saufen geht an die Substanz. Aber immerhin ist es an diesen Tagen mit der Schlaflosigkeit vorbei, wenn man sich kurz vor dem Heimweg noch einige Schnäpse reindreht. Die muss man sich reinquälen, auch wenn es wehtut. Im Nachtprogramm läuft eine Doku über die Alkohollobby. Professoren mit grauem Pottschnitt bemühen die ewige Leier von der »Volksdroge« und andere Propagandabegriffe der Nichttrinkergosse. Ein Experte rechnet vor, dass Alkoholgenuss den deutschen Steuerzahler pro Jahr zwei Milliarden Euro koste. Als ob man all die glücklichen Stunden einfach so in Geld aufwiegen könnte. Menschenverachtend.

Meine Träume haben sich auch geändert. Nun träume ich von Wasserrutschen oder Kartbahnen, in denen es mich in luftigsten Höhen aus der Kurve schleudert, sodass ich selbst im Schlaf dieses Loch im Bauch kriege, wie wenn man vom Zehnmeterturm springt. Endlos falle ich, aber nie pralle ich auf. Und wenn ich genug Schnaps reingekämpft kriege, dann träume ich gar nichts mehr. Welch Segen.

Eines Nachmittags komme ich von einem Arzttermin heim, da wohnt ein Obdachloser bei uns im

Hausflur. Direkt am Durchgang zum Hof und neben der Kellertreppe liegt eine Matratze. Um die Matratze hängen einige Einkaufstüten mit allerhand Habseligkeiten, auch etwas Sperrmüll liegt dabei, ein alter Couchtisch und eine kleine Schreibtischlampe. »Ja moin«, ruft der Mann mit kratziger Stimme, »war offen!« »Jo, alles klar«, sage ich nur und gehe hoch in meine Wohnung. Am nächsten Morgen öffne ich die Wohnungstür, und prompt zieht dieser extrem krasse Geruch in meine Bude, der direkt auf den Magen geht. Dieser typische Geruch in U-Bahnen, wenn wirklich ein ganz armer und verwahrloster Tropf verzweifelt seinen Rausch ausschläft und man sich kurz wundert, warum man das Glück hat, dass in der gerammelt überfüllten Pendlerbahn gleich mehrere Reihen frei sind, und warum alle anderen Pendler so doof sind, sich da nicht hinzusetzen. Genau dieser Geruch schlägt voll durch. Im Hausflur ist es eiskalt, weil alle Fenster sperrangelweit geöffnet sind. Offenbar will der Kollege aus dem Eingangsbereich den Duft etwas verdecken, aber das ist völlig sinnlos. »Diese Studenten!«, denke ich, gehe auf jeder Etage hin und schließe die Fenster, damit die Studenten die volle Breitseite abkriegen. Der Obdachlose sitzt friedlich auf seiner Matratze, wird aber von so einer aufgetakelten Studentin, Typ »Dralle Blonde«, ermahnt, er solle nicht rauchen im Flur, denn dann stinke es so im Haus. Ich muss an die Uni denken, da haben wir beim Biertrinken manchmal lustige Formate für fiktive Fernsehshows besprochen. Die Blondine, wie sie sich so über den Penner beugt, erinnert mich an ein Format, das der Kommilitone immer als »Bum Chicks« präsentierte und das vorsah, dass richtige heiße Mädels in Bikinis für Geld eklige Spiele und Aufgaben mit krass verwahrlosten Obdachlosen absolvieren sollten, wofür beide dann eben Geld bekommen würden. War klar, dass das von so einem Junge-Union-Typen kam, und ich hatte diesen Quatsch längst verdrängt, aber gerade diese Situation lässt die ganze Show wie einen Film ablaufen. »Das riecht nicht nach Rauch, das riecht halt einfach nach Penner«, denke ich und grinse die blöde Kuh freundlich an. *Bum Chicka wowwow.*

Ich fahre über das Wochenende zu meinem Vater, eigentlich, um ihm wieder zu helfen und um dort in der Einöde etwas abzuschalten. Dennoch lässt mich die Freude über meinen Plan nicht los. Gleich am Sonntag werde ich zum Kiosk gehen und sehr viele Vorräte für den freundlichen Mann einkaufen, dem unser Hausflur eine wärmende Bleibe geworden ist. Bier oder Schnaps, vielleicht auch Sangria. Auf jeden Fall auch etwas zu essen und was für den Zeitvertreib, ein Pornoheft oder ein Kreuzworträtsel. Hauptsache gemütlich. Aber leider ist der Mann am Sonntagabend schon weg. Nur ein Zettel der Hausverwaltung am Schwarzen Brett erinnert noch an sein kurzes Intermezzo bei uns: »Die Vorderhaustürschließanlage ist stets geschlossen zu halten, andernfalls ist der Hausfriede nicht zu gewährleisten. Danke!!!!!«

## 30.

**EIN WENIG FÜRCHTE ICH MICH** vor dem nächsten Trip. Marc ist noch dabei, alles einzufädeln. Es zieht sich etwas, weil er verprügelt wurde. In einem Restaurant wurde er erkannt und dann aus dem Hinterhalt angegriffen. Einen Angreifer konnte er selbst noch zusammenschlagen, trotz blutender Platzwunde am Kopf und Pfefferspray im Gesicht, aber deswegen laufen nun mehrere Anzeigen gegen ihn. Die Angreifer konnten unerkannt entkommen, aber wegen des polizeilichen Eifers, ihn jetzt in die Mangel zu nehmen, kommt unsere Planung etwas ins Stocken. Ich frage Marc manchmal, wie er mit all dem immer klarkommt, ob er nicht auch manchmal durchhängt. Aber er lässt sich nichts anmerken und meint, alles sei wie immer. Es sei halt, wie es ist. Außerdem renovieren sie noch an ihrer Treffetage herum. Das hat Marc alles von seinem Vater gelernt, diese Handwerkerei. Ich erinnere mich noch. Unzählige Male habe ich in der Schulzeit bei Marc übernachtet. Sein Vater ist Vorarbeiter auf dem Bau gewesen und trug auch zu Hause immer diese Kluft, worüber Marcs Mutter immer schimpfte, weil die Sesselgarnitur und die Fernbedienung davon so dreckig wurden.

»Bald fahren wir wieder, das wird geil, glaub mir!«, schreibt mir Marc. Auch mit Jerome schreibe ich oft, wenn er mir stumpfe Blödelbilder und *Memes* schickt, die er meist mit dem Smiley ergänzt, der auf der Seite steht und Tränen lacht. Manchmal schreibt er auch »*grunz*« dazu, was ich sehr erheiternd finde. Ich schicke ihm dann meist ein Schweine-Emoji. Eines Tages schickt er mir nur den Link zu einem Artikel einer Berliner Boulevardzeitung. Bei seinem Busbetrieb hat man ihn entlassen, weil ihn irgendwer angeschwärzt hat wegen seiner politischen Aktivitäten. »Einvernehmliche Trennung ... weltoffenes Unternehmen ... Mitarbeiter aus vierzig Nationen«, und so was. Jetzt arbeitet er auch auf dem Bau, da wo Marc jobbt. Marc studiert ja auch nur deswegen Jura, weil mein Vater ihm das irgendwann mal nach zehn Bier in unserem Partykeller geraten hat, weil man da selbstständig und autonom sei. Und das scheint er sich offenbar mit gutem Grund gemerkt zu haben, denn an einen Job in der normalen Arbeitswelt wagt er gar nicht mehr zu denken, bei seinem ideell-politischen Vorstrafenregister namens Internet. Manchmal schreibe ich dann doch an der Reportage, verbringe viel Zeit am Küchentisch, den ich zu meiner Arbeitsstätte umfunktioniert habe, um nicht nur mehr auf dem Sofa zu verrotten. Ab und zu erscheint mal ein Kurzauszug oder mittlerweile auch anderes Zeug in dem Magazin, das dieser Alfons verantwortet. Jedenfalls sind Zigaretten und Rotwein gute Freunde, wenn man nachts nicht schlafen kann und allein in der Küche sitzt.

Überhaupt, diese schlaflosen Nächte. Trotz der Sauferei gibt es sie ab und zu immer noch, und irgendwie sind sie Fluch und Segen zugleich. Und sie gehen nicht weg. Diese Stille, dieses Nichts. Kein Lärm, keine Anrufe, keinerlei Ablenkung, theoretisch. Einfach man selbst mit sich vor dem viereckig leuchtenden Kasten, der in der abgedunkelten Stube die Wände anflimmert, an denen in der ganzen Wohnung kein einziges Bild hängt. Nur haben diese Nächte meist eine Vorgeschichte, mindestens als Beifang. Am schlimmsten ist es, wenn man wieder tagelang unterwegs war, Kater mit Kater bekämpft hat. Dann kommt das Herzrasen, kommt die Paranoia. Dann ist man doch nicht mit sich allein, sondern all die Sorgen, die diese Welt für einen mitgebracht hat, die legen sich mit dir ins Bett. Naturkatastrophen, Krankheiten, die Angst davor, dass jemand in die Wohnung einbricht, oder der Gedanke daran, dass irgendwann die Großmutter stirbt. Beängstigend kann auch der Gedanke an die Frage sein, ob das Universum unendlich groß ist oder eine Außenmauer hat. Und wenn ja, was dahinter liegt. Bestimmt könnte man das bei Google nachschlagen, denn irgendwer wird das sicher wissen. Aber auch vor der Antwort hat man Angst in diesen Momenten. Eigentlich hat man da vor allem Angst. All das drängt sich rein in diese wenigen Quadratmeter Bett. Und wenn man doch fast eingeschlafen ist, dann kommen all die peinlichen Dinge, die man mal in der Schule gemacht hat, und all das lässt das Herzrasen nicht vergehen, das auf und ab geht. Manchmal hofft man gar, es möge so schlimm werden, dass es sich lohnt, den Krankenwagen zu rufen. Einfach, damit jemand es überprüft und sagt, dass alles in Ordnung ist. Heiß und kalt wird einem von dieser unerklärlichen Angst. Fast ist es so brutal, dass man einfach aufstehen möchte. Einfach wieder aufstehen, mitten in der Nacht. Einfach so tun, als wäre es schon morgens. Manchmal ziehe ich mich dann an und gehe mit Jeans wieder ins Bett, weil es sich so gut anfühlt, als ginge man morgens statt zur Arbeit einfach wieder ins Bett. Bringt aber oft nichts, und dann fürchtet man sich davor, dass man so etwas wie Produktivität entwickelt. Auch dagegen hilft halt der Schnaps immer mal wieder, aber nicht an den Tagen, an denen man aus irgendeinem Grund mal den Ausstieg in eine kleine Pause versucht. Man will einfach nur, dass es hell wird, dass ein neuer Tag beginnt. Mich in mein Büro flüchten, das war immer was. Aber das gibt es ja auch nicht mehr. Eigentlich mag ich den Winter, aber schön am Sommer ist, dass in seinen Armen die Nächte kurz bleiben. Vielleicht aber sind auch diese Tage des Abpegelns und die meist bürgerlichen Gründe dafür das Problem. Bei den Studenten kracht wieder der Bass, vermutlich Party. Kann denn der Mond nicht einfach heller scheinen oder sich einfach komplett ausknipsen? Rollläden habe ich nicht. Manchmal hilft dafür ein nächtlicher Marathon mit den Wiederholungen von Fernsehkochshows. Aber davon kommen einfach zu wenige. Weil ich immer noch nicht pennen kann, mache ich mir am Handy einen Porno an. Immerhin hat jetzt auch der Bass zu ballern aufgehört. Ich spule die Fickerei gleich vor zu den spannenden Stellen, aber irgendwie kommt kein Ton, deswegen fahre ich die Lautstärke hoch, aber selbst am Anschlag ist nichts zu hören. Bis mir auffällt, dass mein Handy sich in die Soundbox eingeloggt hat. Und die ist noch bei den Studenten, die begeistert jubeln über meine »Playlist«, die sie jetzt auch kennen. Die nächste Zeit über werden die Studenten ihre Pakete wohl bei der Post abholen müssen.

Es ist ein Montagmittag, kurz nach dem Aufwachen gegen vierzehn Uhr, als Marc mir über Threema schreibt, ob wir am Ende der Woche wieder »auf Tour« fahren wollen. Ein paar Tage später sitze ich im Zug nach Dresden, wo ich am nächsten Morgen bei den anderen ins Auto zusteigen soll. Als ich in aller Herrgottsfrühe am Dresdener Hauptbahnhof auf Marc warte, muss ich an eine Choreografie denken, die deutsche Fußballfans bei der Europameisterschaft 2008 aufgeführt hatten:

*Wien ist das Ziel unserer Reise!*

## Die Ostmärker

### 31.

**DIE AUTOFAHRT NACH WIEN** verläuft ereignislos, zieht sich aber, weil wir außerhalb der BRD nur Landstraße fahren. Marc möchte partout die Autobahnmaut nicht zahlen. Armando und ich philosophieren über Speiseeis, als wir schon im Wiener Stadtgebiet unterwegs sind. Wir einigen uns darauf, dass es Eissorten gibt, die man allein essen kann, aber auch andere, die nur als Begleitsorte funktionieren. Zu mehr Zugeständnissen ist Armando nicht bereit, aber er zählt auch nur Fantasiesorten auf, etwa Eis mit Kinder-Bueno-Stückchen und so was, was die ganze Diskussion ad absurdum führt. Während der Fahrt habe ich drei von diesen kalten Milchkaffeegetränken getrunken und mehrere Carazza XXL verdrückt, von deren aggressivem Tomatenmark ich nun eine furchtbar pelzige Zunge habe. Marc lacht nur, als ich bemerke, dass diesmal hoffentlich niemand erschossen oder in die Luft gejagt werde. »Ein normales Wochenende wird das, bei gediegenen Leuten. Alles Akademiker und so ein Zeug. Packt alle einen Anzug und Krawatten ein, habe ich euch doch gesagt, was soll also passieren, wo man im Anzug hingeht?«, versichert Marc und macht eine beschwichtigende Handbewegung, aber er hat auch diese Miene drauf, bei dem man genau weiß, dass er das alles selbst nicht glaubt.

Irgendwo in der Nähe der Innenstadt laufen wir durch ein extrem schäbiges Viertel voller Peepshows, AIDS-Kliniken und Wettbüros. Allerdings biegen wir dann einmal um eine Ecke in eine gassenähnliche Fußgängerzone ab, die wiederum sehr pittoresk bebaut ist. Untypisch viel Grün wächst und steht herum, hier und da schlängeln sich Kletterpflanzen um Holztrapeze, die an den herrschaftlichen Altbauten angebracht sind, die in strahlend hellem Weiß, sonnigem Gelb und festlichem Grau mindestens zehn Meter in die Höhe ragen. In der Mitte der Gasse steht ein großer Baum, der zwar bereits reichlich kahl ist, aber doch den Blick auf die dahinter liegenden Häuser versperrt. Seine kräftigen Wurzeln drücken das Pflaster aus dem Boden. Hinter dem Baum biegen wir in eine Seitennische ab. Ein großes Haus scheint uns förmlich in seine Arme zu nehmen. Deutschlandfahnen hängen aus den oberen Fenstern über die Fassade, die reichlich Graffiti und Farbbeuteleinschläge abbekommen hat. Uns wird geöffnet. Wir begrüßen den Gastgeber, einen jungen Burschenschafter, der uns in das etwas unheimlich anmutende Anwesen bittet. Ob wir ein Bier wollen, fragt er, aber Marc meint, dass wir es etwas eilig hätten. Zumindest er und ich. Mich verstört die Aussage etwas, dass der Wiener meint, er habe uns die Leichenkammer vorbereitet, als er die Seitentür zum Treppenhaus aufsperrt und uns verdeutlicht, ihm die enge Wendeltreppe hinauf zu folgen, ganz hoch bis unters Dach. Eine Neonröhre kämpft sich mühsam ans Leuchten. Wir stehen in besagter Leichenkammer, die sich als ein durchaus geräumiges Gästezimmer entpuppt, in dem mehrere Doppelstockbetten aus Holz stehen und an das ein Badezimmer angeschlossen ist. Vor einigen Jahrzehnten sei das noch ein Studentenzimmer gewesen und bei Sturm ein Baum durch das Gemäuer gekracht. Als die Feuerwehr kam, hätten sie dann einen Bundesbruder gefunden, der volltrunken unter dem Baum lag, der in sein Bett gekracht war. Da habe er aber Glück gehabt, meinte dann der Feuerwehrmann, aber der Student erwiderte wohl, dass das mit dem Baum schon so gewesen sei, als er vom Zechen zurückkam. Wir belegen unsere Betten, dann werfen Marc und ich uns in Anzüge, binden uns Krawatten um und hetzen in die Innenstadt, wo ein Freund von Marc uns zum Mittagessen eingeladen hat.

## 32.

**WIR SIND SO IN EILE,** dass ich gar nichts von der Stadt aufschnappen kann. Eingeladen hat uns Gerd. Gerd ist auch Mitglied in der Burschenschaft, bei der wir unterkommen. Er kennt Marc wohl von irgendeiner dieser vielen komischen Veranstaltungen, die Rechte halt so machen. Er empfängt uns in der Lobby eines unfassbar hässlichen Ministerialgebäudes, in der sich ein kleines Restaurant befindet. An einem Tisch in der Ecke sitzt bereits ein weiterer Kollege von diesem Gerd, der sich als Toni vorstellt. Toni ist schon so um die fünfzig. Mir fällt auf, dass an fast jedem Tisch des Restaurants Bier getrunken wird, nicht selten stehen auch Schnapsgläser neben den leer gegessenen Tellern. Auch Gerd trinkt Bier, Toni trinkt »weißen Spritzer« aus einem großen Glaskrug mit Henkel. Marc stellt mich vor und erklärt den beiden, woran ich arbeite. »Na, da bist du bei uns genau an der richtigen Stelle, mein Lieber«, lächelt Gerd verschlagen und prostet mir zu. »Wirtschaft, Krügerl!«, ruft er freundlich durch das halbe Lokal dem Wirt hinterher, der mir prompt ein großes Bier bringt. »Nirgends ist man besser aufgehoben als an unserer Tafel«, sagt Gerd dann und lässt Marc damit wissen, dass er wohl unbesorgt sein kann, wenn er mich hier erstmal allein zurücklässt. Er habe noch etwas zu erledigen, sagt er, und ich bin mir sehr sicher, dass es was mit einer Frau zu tun hat, so wie er die ganze Zeit schon nervös auf sein Handy gestiert hat. »Immer Single und trotzdem hoffnungsloser Cocooner, der gute Marc. Hoffen wir für ihn, er kommt wenigstens zum Pudern.«

»Wie, Damenbesuch? Dachte, wir saufen jetzt was!«, sage ich zu Marc.

»Marc ist die Armee Wenck in unserem Alkoholkrieg, in unserem Tassengewitter. Nur dass man auf die Armee Wenck noch gehofft hat. Für unseren Sieg brauchen wir die allerdings nicht«, meint dieser Toni, der

Marc ebenfalls gut zu kennen scheint. Beide, Toni und Gerd, arbeiten hier in diesem Ministerium. Sie sind Bundesbrüder bei ihrer Burschenschaft und auch hier im Hause in der gleichen Abteilung tätig. Marc meint, Gerd und Toni seien beide Spritterkreuzträger. Meine Frage, welche Soßen es zum Schnitzel gebe, wird recht brüsk abgewiesen, was mich verwundert, denn dieser Toni isst sein Schnitzel mit Ketchup und Mayo. Man esse doch etwas, das knusprig ausgebacken sei, nicht mit »Tunke«, sonst weiche ja die Panade durch, belehrt er mich trotzdem. Offenbar scheint es die Erfindung der Sauciere hier noch nicht zu geben, aber Preiselbeeren sind ein guter Kompromiss. Den Hinweis, dass die Erfahrung eines Schnitzels mit Sauce Hollandaise das Leben der beiden Österreicher verändern würde, lasse ich mir dennoch nicht nehmen. Allerdings wird er mit ungläubigem Abwinken quittiert. Dann quatschen wir einfach was, und sie erklären mir, wie das in Wien so ist mit den Rechten, mit der Politik und den Burschenschaften.

Toni erspäht zwei Damen und winkt sie heran, sie sollen sich dazusetzen. Die beiden Frauen sind so um die fünfzig und gehüllt in altbackene Hosenanzüge. Eine von ihnen trägt auch einen merkwürdigen rot-grünen Schal, die andere eine Kette mit bunten Holzwürfeln und eine kastenförmige Brille in aggressivem Rot. Ob man um die Zeit schon Bier trinken müsse, stellt die eine in den Raum.

»Wir haben ja kaum Mittagszeit«, schnauft sie weibisch.

Gerd meint, man müsse gar nichts, aber man wolle eben.

»Diese Vier-Uhr-Regeln und all so was, das sind bloß bürgerliche Konstrukte. Die interessieren mich nicht.«

»Aber meinten Sie denn nicht eben noch in der Runde des Wissenschaftlichen Forums, dass die meisten hochrangigen Vertreter der Europäischen Union elende Säufergestalten seien? Das waren doch Ihre Worte, und jetzt sitzen Sie selber da und trinken?!«

»Schauen Sie, kennen Sie denn nicht den Unterschied zwischen Säufern und Trinkern? Der Säufer muss saufen und will aber weg, weil er zu schwach ist. Wir sind aber stark und lustig. Der Säufer geht in Therapie, wir gehen ins Wirtshaus, verstehen Sie das?«

Die beiden Damen sind aus dem Bundeswirtschaftsministerium in Berlin und dienstlich in Wien. Sozusagen die Pendants zu dem Bereich, den Toni auf der österreichischen Seite leitet. Sie bestellen beide einen Salat und eine Suppe und bemühen einen extrem öden Small Talk. Ich stelle mich ihnen dann auch vor, und wir reden über Wasseraufbereitungsanlagen, weil das wohl Teil ihres Dienstgespräches vorhin im Ministerium war.

»Sie sind aber doch auch Deutscher, oder?«, fragt mich die Frau mit der komischen Holzwürfelkette, als ich gerade den ganzen Mund voller Schaum habe, den ich unauffällig von meinem neuen Bier abtrinken wollte.

»Schauen's, wir sind hier alle Deutsche!«, platzt jedoch Toni hinein und setzt ein Schwiegersohngrinsen auf, wie ich es lange nicht gesehen habe. Dann rückt er sich das edle, blau-weiß gestreifte Einstecktuch zurecht, und man sieht ihm an, wie er sich an der inneren Unbehaglichkeit der beiden Frauen erfreut, die diese Aussage überhaupt nicht verdaut kriegen. Die beiden Damen sind auf verängstigte Weise empört, und es entspinnt sich eine Diskussion, wobei Gerd und Toni die ganze Zeit lächeln und von ihren Getränken trinken. Beide sind sehr gut gekleidet. Klassisch, Trachtenanzug, die Frisuren streng pomadig. Bei Gerd aber durchaus keck, bei Toni, dem Älteren der beiden, gesetzter. Beide tragen Schmisse, aber Toni wiederum ganz viele kleinere Kratzer, die ihm von seiner Nase kommend nach links über die Wange gehen. Wie Schnurrhaare bei einer Katze. »Weil's so ist«, lacht Toni, als eine der grauhaarigen Ministerialbeamtinnen fragt, wie er bitte darauf komme, dass Österreicher »Deutsche« seien. Dann wäre David Alaba ja auch Deutscher, sagt die mit dem Schal süffisant, aber Toni meint, das sähe man ja, dass das nicht so sei, immerhin sei der ja auch kein Österreicher. Das geht dann so hin und her, und die Frauen steigern sich regelrecht rein, aber die beiden Männer lassen sich nicht aus der Ruhe bringen. Dann fangen die garstigen bundesdeutschen Frauen mit einer Rassismusdebatte an. Gerd geht dazwischen und erläutert den aggressiven Weibern, dass er es nicht möge, wenn Menschen die Axt an ihre eigenen Wurzeln legen und ihre Identität abstreifen, nur weil es sich fern der Heimat – aus welchen Gründen auch immer – besser leben ließe. Mit Abwertung habe das nichts zu tun, und er finde es doch bedenklich, wenn man gerade als Deutscher der Ansicht sei, es gehe gegen die Menschenwürde, wenn jemand anderes kein Deutscher sei. Es empört sich noch die andere Dame, dass es da gar keine Diskussion gebe, weil ja jeder wisse, dass Österreich und Deutschland zwei verschiedene Staaten seien und schon deshalb offenkundig sei, dass Deutsche und Österreicher nicht dieselbe Staatsangehörigkeit hätten. »Sie haben mich dann offenbar missverstanden«, entgegnet Toni mit freundlichem Wiener Schmäh, »denn ich habe nie von der Staatsangehörigkeit gesprochen. Aber es taugt mir, dass Sie zugeben müssen, wie wichtig doch eine staatliche Grenze sein kann, zumindest dann, wenn das Insistieren auf staatlicher Souveränität und Grenzmarken gegen unser deutsches Volk benutzt werden kann.« Dann lacht er wieder freundlich und steckt sich eine Zigarette an, rote Parisienne. Sein Angebot an die Damen, eine Zigarette mitzurauchen, lehnen diese pikiert ab. Mir ist diese Situation zunehmend unbehaglich. Tonis Zigaretten gefallen mir wirklich außerordentlich gut, und ich versuche, das Gespräch etwas zu entschärfen, indem ich frage, wo es diese Zigarettenmarke zu kaufen gibt, aber das funktioniert nur dahingehend, dass die Damen einen Zwanziger auf den Tisch legen und kopfschüttelnd aufstehen. »Was denn?«, fragt eine der beiden noch schnippisch, als dieser Toni sie fragt, ob sie wüssten, was auf der südlichen Inschriftenplatte steht, die unweit von hier das Reiterstandbild des Erzherzogs Carl ziert, das sich so erhaben vor der

Wiener Hofburg aufbaut. »*Dem beharrlichen Kämpfer für Deutschlands Ehre* steht dort, gehen Sie es nachschauen.« Das ist endgültig zu viel für die Damen, die beleidigt ihre Handtaschen umwerfen. »Gehabt's euch wohl«, ruft Gerd ihnen lachend nach, als die Frauen kopfschüttelnd von dannen ziehen.

Ob seiner Meinung nach Österreicher die besseren Deutschen seien, frage ich Gerd, aber der meint lapidar, dass es doch merkwürdig sei, dass ja heutzutage alle Menschen gleich seien und man daran arbeite, die Partikularität und Vielfalt der Welt und ihrer Völker einzuschmelzen, es aber für die Nomenklatura so abwegig und kriminell sei, wenn man sich vorstelle, dass all diejenigen einen gemeinsamen Staat bewohnen, die gleicher Abstammung sind, die gleiche Sprache sprechen, die gleiche Geschichte teilen, gleich aussehen, gleiche Namen haben und auch sowieso schon mehrfach in einem Staatsgebilde zusammengeschlossen waren. Außerdem beleidige ihn die Unbildung solcher Schnepfen. Dann zahlen auch wir. Toni lädt uns ein, dann zeigt er mir die *Trafik,* wo es diese wundervollen Zigaretten zu erwerben gibt.

## 33.

**AUF DEM WEG ZU EINEM *BEISL*** durchstreifen wir ein paar kleinere Gassen im 1. Bezirk. Obwohl es erst kurz vor zwei ist, haben Gerd und Toni offenbar schon Feierabend. »Kommunistengsindl!«, kommentiert Gerd einen Infostand von Amnesty International, in dessen Umfeld ein paar Studenten die Passanten anquatschen. Danach grüßt er ganz herzlich ein paar andere Leute, die er offenbar kennt. Ein älterer Herr mit dicker roter Nase hebt freundlich den Hut. Gerds Lieblingskneipe in dieser Gegend hat noch geschlossen, und so gehen wir nebenan in ein Gasthaus, eine Art uriger Wirtschaft mit Holzbänken, auf denen lange Sitzkissen liegen, wie es sie in Kirchen manchmal gibt. Wir setzen uns aber in den Raucherbereich, und Gerd bestellt schon beim Hineingehen durch Zuruf zum Kellner drei Krügerl. Der bringt uns gleich das Bier und einen Brotkorb und erklärt dann recht umständlich, dass man um diese Zeit eigentlich auch was zu Essen bestellen müsse, wenn man sich an die Tische setzen wolle. »Hör zu, wir saufen mehr, als alle anderen hier fressen!«, ermahnt Toni den schlaksigen Kellner, der prompt auf dem Absatz kehrtmacht und nervös beginnt, ein paar Servietten zu falten. Im Raucherbereich gibt es so skurrile Sitznischen, in denen man recht eng beieinander und kreisförmig um kleine Tische herumsitzt. Das Interieur in diesem Nachbarraum ist eine Mischung aus

Eiscafé und Nacktbar, aber ungemütlich kann man es nicht nennen. Wir haben unsere Arme auf den Tisch gestützt, trinken und rauchen. Ich rauche meine neue Lieblingsmarke, meine Mitzecher mittlerweile Virginia-Curly-Zigarren. Wir paffen so viel, dass wir uns teilweise kaum noch gegenseitig sehen können, und das ist ein verdammt gemütliches Gefühl.

Toni erzählt von Bordrestaurants in Fernzügen, und wir diskutieren, in welchem Land die Züge dahingehend am besten ausgestattet sind. »Die ÖBB können gar nichts«, poltert Toni, und ich nicke, weil die Bordrestaurants dieser »cityjets« tatsächlich den sterilen Stil einer Krankenhauskantine haben. Wir sind uns dann schnell darüber einig, dass das Restaurant der Deutschen Bahn eigentlich ganz gut ist, allerdings stoßen wir dann alle darauf an, dass nichts über die tschechischen Bordrestaurants geht. Gerd und Toni sind lustige Spießgesellen, aber man merkt, dass sie eine sehr entschiedene politische Ansicht haben, ohne dabei verbissen zu sein. Wir trinken so vor uns hin und plaudern, wobei ich mich jedoch zunehmend bemühen muss, ihrem Wiener Dialekt zu folgen, der mit jedem Bier stärker wird. Über Stunden geht das so. Literweise trinken wir Ottakringer Bier. Und rauchen. Wir rauchen ganz entsetzlich viel. Zwischendurch ruft mich Alfons an, und wir reden fast eine Stunde lang. Den Inhalt des Gespräches pustet mir die verqualmte Luft des Lokals umgehend aus dem Gedächtnis, als ich zurück in die Sitzbank rutsche. Es ist, als sei ich keine fünf Minuten lang weg gewesen. Nur der Aschenbecher ist geleert worden, dafür steht wieder ein neues Bier auf meinem Platz. Toni hat die Krawatte gelockert und pustet eine Rauchsäule über den kleinen runden Tisch. Gefühlt im halbstündigen Takt setzen sich Leute dazu, die Toni und Gerd kennen und die offenbar zufällig vorbeikommen. Ich bin schon ganz durcheinander und kann den Gesprächen kaum folgen. Plötzlich ist Marc im Lokal und lässt sich ausgelaugt auf einen Sitz fallen. Er schiebt sich angestrengt die Haare nach hinten und sieht verwuschelt aus. Gerd und Toni fragen ihn gleich aus, wie es denn mit dem »Hasen« gelaufen sei, aber er ist nur genervt. »Sehr gut ist es gelaufen, eigentlich.« Aber nachdem er mehrfach alles gegeben habe, habe sie ihn einfach aufgefordert, doch bitte ihre Wohnung zu verlassen. Dreist sei das, unverschämt gar, einen noch in die Kälte der nassen Nacht zu entlassen. »Aber wenn du irgendwann mal viele Kinder haben willst, die kommen ja nicht vom Storch«, grummelt Marc. »Na, kuschel dich beim Gerd an, der ist ein guter Löffel«, lacht Toni und meint, da müsse man halt etwas *schnapseln,* um sich aufzuwärmen. »Dein kleines Herz, das kommt jetzt noch in die warmen Arme eines Getränks für starke Männer mit weichem Kern!« Marc besteht aber darauf, dass er unbedingt einen bestimmten österreichischen Schnaps trinken wolle, den er von einem vorherigen Besuch noch kenne, er kommt aber nicht auf den Namen. Nach einigen Beratungen fällt es Marc wieder ein, und der Wirt bringt uns eine Flasche klaren Gurktaler und vier Schnapsgläser. Toni begutachtet die Flasche. »Siebenundzwanzig Prozent, das ist ja wie ein Bier«, grinst er und schenkt randvoll ein. Ganz schön scharfes Zeug für nur siebenundzwanzig Prozent, geht mir unausgesprochen durch den Kopf, aber nach ein paar schnellen Runden geht es eigentlich. Nach einem weiteren großen Bier bin ich reisefertig. Ich verabschiede mich kurz und schmerzlos, immerhin werden wir uns ja schon morgen wiedersehen. Zum Saufen, natürlich. Marc und die anderen bleiben noch, und ich verschwinde in den Nieselregen der Wiener Nacht, schnappe mir ein Taxi und fahre in Richtung der Burschenschaftsbude. Dort angekommen, öffne ich die schwere Tür mit einem Gästeschlüssel, wanke leicht die Wendeltreppe hoch und lege mich nach einer kurzen Abendwäsche in das untere Abteil eines der hinteren Betten. Obwohl die Straßenlaternen der Gassen rund um das Haus hell hereinleuchten, schlafe ich sofort ein.

## 34.

**GANZ PLÖTZLICH FLIEGT DIE TÜR DER STUBE AUF.** Jerome torkelt herein und ist völlig besoffen. Er kann nur noch stöhnend atmen und hat Schluckauf. Beinahe hilflos kämpft er mit seinem zweiten Schuh, gibt diesen Kampf aber bald auf, leert eine herumstehende Flasche Mineralwasser und legt sich wahllos in eines der leer stehenden Betten. Die relative Ruhe währt nur kurz, und ich schrecke auf, als Jerome wieder zu stöhnen beginnt und aus dem Bett krabbelt. Dann tastet er sich durch die Stube, bis er den kleinen Vorraum erreicht, aus dem er offenbar nicht hinausfindet. Ich überlege noch, ob ich ihm helfen soll, aber da ist es schon zu spät, und er pinkelt einfach auf den Parkettboden. Ob er völlig behindert sei, rufe ich ihm zu, aber er hört mich gar nicht und fummelt sich unbeholfen die Hose wieder hoch. Ich sehe mich genötigt, das Malheur aus der Welt zu schaffen, und finde im angrenzenden Bad tatsächlich einen Wischmob und etwas Handseife, sodass ich das Gröbste aufwischen kann. Dann drücke ich Jerome wütend ein paar Papiertücher in die Hand und lege mich zurück in mein Bett. Jerome reibt mit den Papierhandtüchern auf dem feuchten Holzboden herum. Mit den Füßen. Nur aus dem Augenwinkel sehe ich, wie Jerome dann versucht, sich wieder in eines der Betten zu legen. Noch immer schwer stöhnend und mit Schluckauf. Allerdings diesmal in eines der oberen Bettabteile. Ein abstruses Spektakel. Einen Fuß hat er zwar schon auf der oberen Matratze abgelegt, aber er kriegt den Rest seines Körpers nicht hochgewuchtet.

Kurz versuche ich, an meinem Handy die Videofunktion anzuschalten, um ihm morgen zeigen zu können, wie unfassbar dämlich er genervt hat, aber in dem Moment unternimmt er einen letzten Versuch, mit einer schwungvoll eingesprungenen Drehung doch noch auf die obere Matratze zu kommen. Doch er scheitert – und kippt mit dem ganzen Apparat einfach zur Seite um. Das schwere Doppelstockbett aus Holz löst sich von der Wand und kracht mit einem unfassbaren Knall zur Seite und begräbt Jerome unter sich, der plötzlich keinen Mucks mehr macht. Ich springe aus meinem Bett und hieve das schwere Gestell mit Müh und Not wieder in seine Position, wo es mit allerhand Gegenschwung zurück an die Wand knallt. Dann gibt auch Jerome wieder Laute von sich. Ich helfe ihm hoch, dann lege ich ihn in ein unteres Bettabteil und ermahne ihn, doch bitte auf keinen Fall noch einen weiteren Versuch zu unternehmen, in eines der oberen Betten zu klettern. Um ein Haar hätte ich es geschafft, doch noch einmal einzuschlafen. Aber Jerome scheint nun seine Schmerzen zu spüren und gibt ein unerträgliches Fiepen von sich, das klingt wie von einem Reh, das angeschossen im Wald liegt. Ein Jammern, das durch Mark und Bein geht. Das Winseln ist so nervtötend, dass ich Jerome anfahre, er solle sein Maul halten, aber es nützt nichts. Ich nehme mir mein Kissen und meine Decke und streife durch das Treppenhaus, auf der Suche nach einem freien Bett oder zumindest einem Raum mit Teppich. Ich finde nichts dergleichen, aber eine Tür öffnet sich. Direkt links in einem kleineren Zwischenraum steht ein schwerer Holztisch, den ich zu einer Art Schlafhöhle umfunktioniere. Ich rolle mich in meine Decke, genieße die angenehme Dunkelheit und schlafe völlig übermüdet ein.

Es ist nicht einmal die Sonne aufgegangen, da werde ich wieder geweckt. Hinter der Holztür hämmert wer auf irgendetwas ein, wie von Sinnen. Ich krabble unter dem Tisch hervor und taste die Wand nach einem Lichtschalter ab. Sofort geht das gleißend helle Licht einer Halogenlampe an, die ich auf dem Tisch erfühlt habe. Dann haut es mich auf meinen Hintern um. An der Wand hängen Skalpe, ganze Hautlappen voller Haare, unter denen an der Wand, schwarz eingetrocknet, noch das ablaufende Blut klebt. Von meinem erschrockenen Ausruf und dem Sturz gegen eine Werkzeugbank sind zwei der auf dem Haus lebenden Studenten auf den Krach aufmerksam geworden und kommen nach mir sehen. Ob alles gut sei, fragen sie deutlich amüsiert, wie ich da kreidebleich auf dem Boden hocke und mich nur mühsam wieder auf die Beine gekämpft kriege. Um halb acht sei immer Paukstunde, sagen sie, ihr Training für das traditionelle studentische Fechten. In dem Raum, der an das Vorzimmer angrenzt, stehen einige Übungsmännchen, an denen sie ihre Hiebe einstudieren. Ich könne gern zusehen, bieten sie mir an, aber ich muss passen. Ich schnappe mir mein Bettzeug und schlurfe wieder die Treppe rauf in das Gästezimmer, in dem mittlerweile mehrere Leute unerträglich laut schnarchen. Die Luft ist zum Schneiden, und alle Fenster sind komplett beschlagen. Aber das kümmert mich nicht mehr, und es beruhigt mich, dass auch Jerome noch lebt und ebenfalls unerträglich laut schnarcht. Dann krieche ich in mein ursprüngliches Bett und mache die Augen zu.

## 35.

**KEINE AHNUNG,** circa um halb zwölf stehe ich einigermaßen aufgefrischt auf dem kleinen Platz in der Gasse rund um das Haus. Mir ist eiskalt, und ich stelle den Kragen meines Mantels auf, was aber gar nichts bringt. Ich ziehe die massive Tür hinter mir ins Schloss und quetsche mir in meiner dummen Unaufmerksamkeit den kleinen Finger. Es blutet nicht, aber es reicht dafür, dass mir Tränen in die Augen schießen und ich für eine Sekunde all meine Fassung zusammenhalten muss, um nicht einfach drauflos zuheulen.

Die Stadt ist auf den Beinen. Ich wanke auf sie los, auf der Suche nach einem Kaffee und einer Mahlzeit. Möglichst deftig. Ordinäres Frühstück, mit Brötchen und so, das habe ich immer schon gehasst. Auf meinem ziellosen Weg passiere ich allerlei hippe Cafés, in denen gleichförmig gekleidete Endzwanziger dicht gedrängt um kleine Holzbretter herumstehen, sich bei energischen Gesprächen mit gebannten Blicken anstarren durch runde Brillen mit Metallgestell. In durcheinandergewürfelten skandinavischen Sesseln lümmeln sie und schlürfen Cappuccino aus überdimensionierten Tassen, die sie mit beiden Händen halten müssen. Über dem Knauf der Glastür prangt ein Aufkleber in Regenbogenfarben. Zwei Straßen weiter sitzen gut gelaunte Bauarbeiter auf einer Dampfwalze, es riecht noch nach frischem Teer. Einer zaubert eine Plastiktüte hervor, in die seine Kollegen beherzt hineingreifen – mit ihren rußigen Pranken – und blaue Bierdosen und Leberkäsebrötchen herausnehmen. Ich hüpfe über die rote Leine eines Dackels, der mich frech ankläfft.

Eine heranfahrende Straßenbahn gefällt mir spontan so gut, dass ich einsteige, ohne ihr Fahrtziel zu kennen. Es ist eine in die Jahre gekommene *Bim,* deren Charme mich wie instinktiv die kleinen Stufen in den Waggon hinein erklimmen lässt, in dem ich auf einen der Hartschalensitze im hinteren Bereich falle. Klappernd schließen sich die Falttüren, der Schaffner lässt seine altertümliche Klingelsignalanlage aufbimmeln, und rappelnd setzt sich das Gefährt in Bewegung. So fahre ich einige Minuten durch die Gegend, vorbei an der imperialen Kulisse dieser Stadt, der »Perle des Reiches«, wie es die Reklame einer Litfasssäule verkündet, an der eine Architekturausstellung beworben wird. Euphorisiert steige ich an einer größeren Haltestelle aus, wo ich mir an einem Verkaufsstand einen Kaffee im Pappbecher kaufe und dann mit meiner brühheißen Erwerbung den Ring entlangspaziere. Meine Müdigkeit habe ich vergessen. Viel zu fasziniert bin ich von dieser Szenerie, dem Fassadenspiel, den verrückten Leuten, die ihre Pelze wohl noch auftrügen und ihre ulkig frisierten Hunde auch dann noch mit erhobenen Nasen in den aufwendig beblümten Grünanlagen spazieren führten, wenn die ganze Stadt in Flammen stünde. Und immer wieder das Bimmeln, das Rattern dieser Trambahnen, das sich erst hinter den schweren

Gemäuern der Hofburg im Lärm verliert, wo es von Respekt einflößendem Wiehern und dem hölzernen Klappern und Rasseln der *Fiaker* abgelöst wird, die unbeeindruckt zwischen den mit unzähligen Einkaufstüten beladenen Passanten hindurchtraben, denen sie ihre grünbraunen Pferdeäpfel als dampfende Hindernisse stoisch in den Weg plumpsen lassen. Ein Zigeuner reißt mich aus dieser Märchenkulisse, indem er mir seine klimpernde Sammelbüchse unter die Nase hält und mich mit verkniffenem Lächeln um meine Groschen anbettelt. Perplex geht er weiter, als ich ihm im Gegenzug meinen leeren Kaffeebecher vor die Nase halte und ihn frage, wo bitte *mein* Geld sei. Meine Müdigkeit kommt wieder durch, aber ich streife noch etwas weiter, um ein paar Ecken, über das uralte Kopfsteinpflaster, vorbei an sündhaft teuren Geschäften, dann immer wieder vorbei an Konditoreien, vor denen sich lange Schlangen bilden. Das ist nichts für mich, Anstehen finde ich immer noch untermenschlich. Etwas entfernt von den Touristenmagneten steuere ich eine Gaststätte an, erschrecke, als über mir ein Perserteppich an der Balkonfassade ausgeklopft wird, weswegen mir das geschäftige Treiben in diesem Gasthaus als beruhigendes Hintergrundgeräusch erscheint, in dem ich als einzelner Gast in einer der Sitzkabinen niemanden interessiere bis auf den Kellner, der mich regelmäßig – aufmerksam, aber keineswegs aufdringlich – nach meinen Wünschen befragt. Ich komme nicht umhin und bestelle mir ein Glas Champagner. Den zweitgünstigsten auf der Karte, damit es nicht ganz so auffällt, dass ich doch ein wenig auf den Preis schaue. Dazu esse ich ein Stück Sachertorte, deren Marmeladenschicht mir aber einen gehörigen Hauch zu süß schmeckt, sodass ich mir eine Zigarette anstecke, um den pappigen Geschmack auszupusten. Im Hintergrund, man kann es kaum hören ob der vielen Gespräche, läuft ein Wiener Radiosender, der nach den Mittagsnachrichten tatsächlich »20 Zentimeter« von Möhre spielt, was jedoch niemandem in diesem Lokal komisch vorzukommen scheint. Dann zahle ich mit einem stark zerknitterten Zehneuroschein und fahre mit der U-Bahn zurück in den Bereich, wo ich das Haus wähne, irgendwo im 5., 6., 7. oder 8. Bezirk, ich weiß es nicht.

Kurz vor der Gasse, in der das Haus steht, kehre ich noch bei einem Würstelstand ein. »Also«, sage ich – und habe keine Ahnung, was ich essen soll. Klassisch soll es sein, erkläre ich dem grauhaarigen Verkäufer mit weißem Rauschebart, der offenkundig stark alkoholisiert ist. Ich verstehe kein Wort von seinen Ausführungen und zeige einfach auf die erstbeste Wurst, die er versucht, in ein vorgetoastetes Baguette zu stopfen, was ihm nur unter Zuhilfenahme eines Kugelschreibers gelingt. Ich beiße in den Hotdog und habe anscheinend eine Käsekrainer erwischt, die wirklich hervorragend schmeckt. Reines Fett. Mit Käse und Ketchup und allerlei knusprigem Schmodder der Grillplatte, der dem Ganzen jedoch erst den letzten Schliff verpasst. »Bist eh a Piefke, wos?«, schnauft mich einer der älteren Trinker an, die an einem zweiten Verkaufsfenster des Würstelstandes stehen. »Kölner!«, erwidere ich und beiße ein zweites Stück von meiner Wurst ab. Der ältere Herr fummelt eine Art Umhängebeutel aus seinem Jackenkragen hervor und zeigt mir dann ganz stolz und mit freundlichem Lachen eine Autogrammkarte von Toni Polster im Trikot des 1. FC Köln, in diesem unfassbar hässlichen orangefarbenen Trikot aus der Saison 1997/98, das alle in der Stadt nur als das »Wabentrikot« verspotten. Doch die Herrschaften scheint das nicht zu kümmern, sie sind offenbar eingefleischte Fans von diesem Toni Polster, den wir daraufhin mit ein paar Dosen Bier und einem Karton kleiner Jägermeisterflaschen begießen, bis die Polizei wegen einer Drogenrazzia in einem angrenzenden Dönerimbissstand den Platz räumt. Überhaupt fällt mir auf, dass die Dienststellendichte hier sehr hoch ist, und ich frage meinen Nebenmann, ob er sich dadurch sicherer fühle. »Die Bevölkerung ist schon ein bissl aufgewühlt, weil wir sehr viele Polizeikontrollen haben und die Polizei immer wieder vor Ort ist und herumschleicht. Das beunruhigt natürlich sehr viele, die gern trinken«, sagt der, und seine Stimme ist so heftig verraucht, dass er fast nur noch schreien kann und trotzdem dabei flüstert. Zurück in dem Studentenhaus ziehe ich mir wieder Anzug und Krawatte an, dann setze ich mich im Erdgeschoss an den Tresen und warte auf die anderen, mit denen ich gegen Nachmittag hier verabredet bin.

## 36.

**NACH UND NACH** füllt sich der Tresenraum, alle tragen Anzug oder Kombination und die Farben diverser Studentenverbindungen. Auch Gerd ist da, der mir gleich ein Bier bringt und mit mir anstößt. Er stellt mir ein paar seiner Bundesbrüder vor und erläutert, was heute noch so alles ansteht, und dass wir gleich zuerst zu einem Symposium gehen, einer politischen Vortragsveranstaltung, die direkt hier um die Ecke in einem Theater stattfindet. »Also, das läuft folgendermaßen, so ungefähr einhundert rechtsradikale Studentenlümmel in Anzügen treffen sich zum organisierten Alkoholmissbrauch, und zwischendurch politisieren ein paar Rentner oder Parteischranzen.« Gerd lacht, weil ich irritiert bin, was er mir sagen will, aber einer seiner Bundesbrüder maßregelt ihn, dass er nicht so einen zersetzenden Unfug erzählen solle. »Ach, der Hausideologe immer«, kommentiert Gerd den Einwurf und nimmt seine Studentenmütze vom Kopf, als wir das Haus verlassen. Der ganze Tross der bunt bemützten Leute setzt sich in Marsch, und ich frage Gerd, warum er so weit hinter seinen Kameraden laufe und die Mütze nicht trage, aber der zieht nur beide Augenbrauen hoch und steckt sich eine Zigarette an.

Vor dem Gebäude stehen einige Polizeiwagen. Wegen der »Zecken«, meint Gerd, die aber meist nur nachts kämen oder wenn die Polizei auch in der Nähe stünde, um auf die Linken aufzupassen. Der Theatersaal ist gut gefüllt, und Gerd und ich stellen uns deswegen in eine der hinteren Ecken, nicht ohne uns zuvor zwei Flaschen Bier an der Theke zu besorgen. Ein junger Student eröffnet die Veranstaltung, und Gerd hält seine Mütze zwischen unsere Flaschen, damit unser Anstoßen keinen Lärm macht. »Vollmongo!«, kommentiert Gerd leise in meine Richtung, als der erste Redner angekündigt wird, der auch gleich loslegt. Ein etwas verwachsener Typ um die dreißig schreit derart in das Mikro, dass man kaum etwas versteht, aber es sind ziemlich viele Unflätigkeiten und gebrüllte Appelle, die der Redner dem offensichtlich pikierten Publikum serviert. Circa eine Dreiviertelstunde lang krakeelt der Mann auf der Bühne herum, und es kommt mir vor, als sei das hier eine Messe von Scientology oder der Eagle Mountain International Church, nur eben mitten in Wien. Im Publikum kratzen sich einige an ihren Köpfen oder schauen entsetzt an die Decke. Gerd schüttelt lachend den Kopf, erblickt dann aber jemanden im Publikum, den er mir unbedingt zeigen will.

»Da, der hässliche Vogel mit dem Notizblock, der nur ein Ohr hat, siehst du den?«

Tatsächlich, ganz links am Rand sitzt ein grimmig dreinschauender Mann mit furchtbar faulen Zähnen, dessen rechtes Ohr nur walnussgroß ist und der verbissen in seinen Block und sein Handy schreibt. Gerd klärt mich auf, dass das ein antifaschistischer Journalist sei, der notorisch jede Veranstaltung aufsuche, um alles genau zu protokollieren. »Der crowdfundet sogar die zwei Euro achtzig für sein Bimticket, wenn er zu uns kommt, der Wappler!«, lacht Gerd. »Der ist geistesgestört, lebt völlig gefangen in seiner Obsession des Notstandes.« Dann beginnt eine Fragerunde mit dem Publikum, und Gerd meldet sich, nur um dann den Moderator auf der Bühne per Mikrofon zu bitten, er möge etwas lauter sprechen, weil der werte »Herr Journalist« im Publikum sitze und dieser ja nur ein Ohr habe, was der Presseaktivist, wie man mir später zeigen wird, umgehend auf Twitter skandalisiert, wo er sich darüber ausjammert, wie menschenfeindlich diese Studenten wieder zu ihm seien und dass man ihm was spenden solle.

Als nächster Redner spricht ein Parlamentsabgeordneter aus der Bundesrepublik, der einen sehr dicken Kopf und einen stattlichen Bierbauch hat. Er trägt einen Trachtenjanker und eine blaue Jeans, in der sich sein Mobiltelefon recht deutlich abzeichnet, weil die Hose ihm offenbar zu eng wird. Seine abgewetzten Anzugschuhe aus schwarzem Gummi quietschen auf dem glatten Bühnenboden und sind eine Art stilistischer Kreuzung aus Volksnähe und Billigheimerei, Tendenz eher fallend. Man müsse sich nicht wundern, poltert er, dass Deutschland so ein sozialistischer Saustall wäre, bei dieser Kanzlerin. »Ich will den Namen nicht aussprechen, aber er reimt sich auf ›Ferkel‹«, grumpft er ins Mikro. Betretenes Schweigen macht sich breit, aber der Politiker kommt gerade erst in Fahrt. Er holt ganz weit aus und schimpft auf die »Linksfaschisten« und auf die »rote SA«, außerdem seien die Nazis ja links gewesen, und deswegen seien die Grünen eigentlich die neuen Nazis, denn die seien ja internationalsozialistisch. In der ersten Reihe nimmt der Dr. Würstenthaler seine grüne Mütze vom angegrauten Haupt und streicht sich vor Ratlosigkeit und peinlicher Betretenheit über die Stirn. Viele schauen kopfschüttelnd zu Boden. Dann berichtet der Redner von seinem Widerstand und davon, wie er die Mitarbeiter der Parlamentskantine davon überzeugt habe, dass das Schnitzel bedroht sei, wegen der Islamisierung und so.

Mittlerweile hat schon über die Hälfte der Zuhörer den Saal verlassen, aber der Abgeordnete mit der schwitzigen Glatze haut einen Kalauer nach dem anderen raus, bis der junge Moderator ihm verdeutlicht, dass er wegen der fortgeschrittenen Zeit zum Schluss kommen möge. Es folgt eine kleine Pause, in der man Gulasch mit Brötchen essen kann. Statt mich anzustellen, gehe ich mit Gerd und Toni vor die Tür, und wir rauchen eine Zigarette. »Es heißt übrigens *der* Gulasch, und man isst ihn mit Nudeln und Apfelmus«, sage ich, während ich Gerd Feuer gebe. »Halt's Maul«, sagt er, aber was soll man schon groß auf die grammatikalische Expertise von Leuten geben, für die Wörter wie »E-Mail« und »Cola« ernsthaft als Neutrum existieren? Das Programm geht weiter, und Toni meint, die nächsten beiden Redner würden besser, als es die beiden ersten Auftritte waren. Zunächst spricht ein ergrauter Herr um die sechzig, der äußerst elegant gekleidet ist und dem man anhört, dass er nicht nur einen enormen Bildungsstand hat, sondern auch vorzügliche Manieren.

Er spricht über Verfassungsrecht und Zuwanderung in äußerst gut gewählten und gleichwohl radikalen Worten. Das Publikum hängt gebannt an seinen Lippen, nur der Bundestagsabgeordnete wischt abwesend auf seinem Handy herum. Wieder gibt es nach dem Vortrag eine kurze Pause, und dann staune ich nicht schlecht über den letzten Referenten, der nach dem Aufruf des Moderators an das Rednerpult schreitet. Es ist Stefan, den ich aus dem ICE-Bordbistro kenne. Wir begrüßen uns im Anschluss an seinen Vortrag äußerst herzlich und beschließen, am Abend gemeinsam noch ein paar Bier zu trinken. »Machen wir!«, sagt er mit einer so milden und freundlichen Stimme, obwohl er wieder eine so brutale Glatze trägt. Gerd winkt uns alle heran, Marc, Jerome, Armando und mich, weil wir uns ja nicht auskennen würden. Er erklärt uns, dass wir zu Fuß zu dem Hotel gehen, wo am Abend der Kommers stattfinden wird, eine hochoffizielle Feier, ein abendlicher Umtrunk im feierlichen Rahmen. Da sollen wir uns einfach in seiner Nähe aufhalten und eine Gaudi haben. Es gelte »Parole Spaß« und nichts anderes, sagt er mit entschlossenem Lächeln. Danach würden wir irgendwo in ein Lokal einkehren, weil das Haus der Burschenschaft an diesem Abend an eine andere Gesellschaft vermietet sei. »An so Christengesindel«, meint Gerd und meint damit irgendeinen akademischen Historikerverband mit katholischer Ausrichtung. Mit denen wolle man eigentlich nichts zu tun haben, aber die seien nun einmal da eingebucht am Abend, da könne man nichts machen. »Trotzdem, drück dich doch mal etwas passender aus, wenn es um unsere Farbenbrüder geht«, wird Gerd von einem Beistehenden ermahnt.

Wir holen unsere Mäntel und wollen aufbrechen, aber die Polizei will uns nicht gehen lassen. Auf dem Weg zum Hotel würden linke Demonstranten herumlaufen, die den Zuweg blockierten. Wir sollten mit dem Taxi fahren, meint der einsatzführende Polizist. Toni fragt, ob er dann die Rechnung auch beim Innenministerium einreichen könne, aber da lacht der Polizist nur, was Toni merklich in Rage versetzt. »Räumen Sie halt diese Chaoten beiseite«, meint ein älterer Herr, aber die Polizisten beharren darauf, dass wir uns Taxen bestellen sollen.

»Blödsinn! Das ist keine Blockade. Da hocken höchstens ein paar Deppen auf der Straße, das wird erst durch Sie von der Polizei zur Blockade, weil sie sich schützend vor diese Wappler stellen, anstatt hier das Recht durchzusetzen.«

Toni ist außer sich und erklärt den Polizisten, dass diese Taxen dann ja auch blockiert werden würden und hier genug junge Männer seien, die ihr Recht auch selbst durchsetzen könnten, wenn die Exekutive sich weigern würde. »Vorsicht!«, meint der Polizist drohend.

Gerd geht durch die Reihen und sammelt ein paar weitere Studenten, die ihm zunicken und sich dann mit uns in Richtung des Hotels aufmachen. Ich gehe gemeinsam mit einer Handvoll älterer Herren in der Mitte des Trosses. Es sind nur wenige hundert Meter, und schon sehe ich das Hotel, das am Ende der Straße auf der linken Seite liegt, gleich an einem kleinen Platz, auf dem eine Art vorzeitigen Weihnachtsmarktes aufgebaut ist. In der Menge verliert sich der Tross ein wenig, aber ich orientiere mich an den Mützen, da ich nicht weiß, wo der Eingang liegt. Plötzlich packt mich jemand von hinten am Kragen, eine zweite, schwarz gekleidete Gestalt reißt dem älteren Herrn neben mir seine Burschenschaftsmütze vom Kopf und kippt ihm einen Plastikbecher Bier ins Gesicht. Ich versuche, mich loszureißen, aber eine weitere Person hält meinen rechten Arm und beschimpft mich als Nazischwein. Jerome taucht auf einmal aus der Menschenmenge der normalen Passanten auf, die offenbar nicht bemerken, was sich gerade am Rande des Weihnachtsmarktes abspielt. »Verpisst euch, ihr Fotzen!«, faucht er und schubst die beiden Angreifer, die mich festhalten, so kräftig gegen die Brust, dass ich mich von ihnen lösen kann. Dann vertreibt er eine ganze Rotte Vermummter, indem er einfach auf sie zustürmt. Ich kann gar nicht so schnell schauen, da liegt die Person mit der geraubten Burschenschaftsmütze auf dem Rücken. Sie hat Gerd nicht erkannt, weil er seinen roten Verbindungsdeckel gegen eine unauffällige zivile Mütze getauscht hatte. Eine krachende Rechte an die Schläfe schickte die vermummte Gestalt zu Boden, wo sie regungslos liegen geblieben ist. Gerd steckt die Mütze des Seniors ein und geht in Kampfstellung. Von überall vor uns tauchen vermummte Angreifer auf, die auf uns zukommen. Aber auch auf unserer Seite kommen immer mehr Männer hinzu. Es stehen sich vermummte

Angreifer in schwarzen Regenjacken und diverse Burschenschafter samt Anhang in dunklen Mänteln und Anzügen mit erhobenen Fäusten gegenüber. Jerome rennt ganz allein auf eine ganze Gruppe Vermummter zu, verpasst einem der vorderen Angreifer mit einem gekonnten Tritt ein krachendes Pfund in die Rippen und schlägt zwei schmächtig aussehende Typen gleich mit in die Flucht. Aber auch einer der Burschenschafter kassiert einen üblen Schlag und muss von seinen Bundesbrüdern blutend zurück in die zweite Reihe gezogen werden.

Die Situation ist äußerst unübersichtlich, bis plötzlich einer Toni anspuckt, der daraufhin von hinten erst durch die Reihen seiner Bundesbrüder bricht und sich dann tobend auf den kräftigsten Angreifer der Gegenseite stürzt, der ihn angespuckt hat und nun zu langsam reagiert und unter Tonis stattlichem Gewicht zu Boden geht, wo Toni ihn mit beiden Händen derart krass würgt, dass es selbst seinen eigenen Leuten angst und bange wird. Eine kreischende Vermummte sprüht Pfefferspray in Tonis Richtung. Sie trifft nicht richtig, aber nun entbrennt ein offener Schlagabtausch rund um die beiden am Boden liegenden Kontrahenten. Faustschläge und Fußtritte werden ausgeteilt. Mehrere Vermummte reißen an Toni, treten auf ihn ein, werden aber von dessen Bundesbrüdern rasch zurückgeschlagen. Insbesondere Gerd teilt kräftig aus, aber auch Marc und Jerome setzen einige der Antifas außer Gefecht. In der Ferne ist Blaulicht zu sehen, und mehrere der Bundesbrüder greifen Tonis Arme und fixieren ihn am Boden. Der letzte verbliebene Antifa kriegt kaum noch Luft, seine Augen scheinen von dem kräftigen Würgen so herausgequollen zu sein, dass es aussieht, als fielen sie gleich aus dem Kopf heraus. Gerd gibt Toni eine Backpfeife. Ob er deppert sei, fragt er ihn, während er seinem älteren Bundesbruder aufhilft und ihn über eine Absperrung in Richtung des Hoteleinganges hievt. Erschöpft tupft Toni sich mit seiner Dackelkrawatte die Schweißperlen von der Stirn. Währenddessen schleifen zwei andere Burschenschafter den kräftigen Antifakämpfer zur Seite und lehnen ihn aufrecht an einen Baum, sodass er wieder Luft kriegt. Gerd rennt noch einmal zurück, zieht dem Antifa die Sturmhaube vom Kopf, packt ihn fest am Kinn und teilt ihm ein paar Takte mit, dann stöbert er dessen Ausweise aus einer Jackentasche, und wir alle verschwinden im Gewusel der Hotellobby, bevor die anrollende Polizei unserer habhaft werden kann.

## 37.

**DER FESTSAAL DES HOTELS** ist edel eingerichtet und mit vielen Fahnen behangen. Lange Tische stehen in endlosen Reihen aneinander, eingedeckt mit weißen Tafeltüchern und Liederbüchern. »Hast du eigentlich nie Angst?«, frage ich Jerome, dem man ansieht, dass er nicht oft Anzug trägt, als wir an den Pissoirs stehen. Unten aus seiner viel zu kurzen Anzughose schauen die nackten Knöchel raus, weil Jeromes beige Tennissocken runtergerutscht sind. »Naja, hätte auch schiefgehen können … Aber Angst, hm, als meine Mutter ihre Krebsdiagnose bekommen hat, da hatte ich Angst. Aber als es dann dem Ende zuging, da war diese Angst weg, weil, die letzten Wochen, die waren wirklich schön. Einmal noch zusammen in der Nacht stehen, den Regen spüren. Angst ist Zeitverschwendung.« »Was sagt man denn da so, wenn man da so letzte Stunden hat?«, frage ich, obwohl ich weiß, dass es mich gar nichts angeht, aber Jerome ist da offenbar schmerzfrei. »Ich hab gesagt, Mama, du siehst jetzt aus wie ein richtiger Skinhead. Räum mal ordentlich auf, wenn du da oben ankommst. Dann haben wir gelacht und sind irgendwann beim Quatschen auf dem Sofa eingeschlafen, ein letztes Mal.« »Fuck!«, denke ich, aber Jerome macht schon wieder Kinnhaken in die Luft, dann einen angedeuteten High-Kick gegen den Handfön, und meint dann, dass wir jetzt da wieder rausgehen und einen geilen Abend haben würden, mit den Frackträgern. Power machen!

Locker mehrere hundert Menschen sind hier. Eine Kellnerin in klassisch schwarzer Servieruniform bedient uns und fragt, wer ein Bier möchte, aber Toni macht ihr eindringlich klar, dass das hier mit einzelnen Bierbestellungen nicht funktionieren wird. Sie solle einfach immer die Tabletts vollmachen und bei ihm abstellen, es werde kein einziges Bier zurückgehen oder übrig bleiben.

Klaviermusik setzt ein, und zu einem flotten Marsch ziehen einige der Studenten in Paradeuniform in den Saal ein. Im Gleichschritt. Oder wenigstens halbwegs im Gleichschritt. Welch ein Schauspiel. Abwechselnd wird gesungen und frei an den Tischen gesprochen, dann wieder wird irgendjemand angekündigt und begrüßt. Die Stimmung ist ausgelassen, obwohl der Rahmen äußerst festlich wirkt. Alle sind sehr adrett gekleidet, die Damen tragen lange Kleider. Nur der Bundestagsabgeordnete fällt etwas auf mit seiner Jeans. Aber auch er trägt mittlerweile so ein Band und eine Mütze. Er ist deutlich zu spät und rückt umständlich einen Stuhl zurecht, muss dann aber weitersuchen, weil dieser Platz schon besetzt zu sein scheint. Dann findet er einen freien Stuhl und schiebt ihn an eines der hinteren Tischenden. Einige in seinem Umkreis schütteln den Kopf. Er entschuldigt sich laut, er habe noch sehr wichtige Telefonate führen müssen, wegen der Fraktion und der nächsten wichtigen Sitzung. Der ganze Saal nimmt jetzt von ihm Notiz, aber der etwa fünfundzwanzigjährige Student, der vorn auf der Bühne der Versammlung vorsteht, ermahnt ihn über das Saalmikro. »Setz dich hin und halt die Klappe!«, weist er den Abgeordneten zurecht, und der ganze Saal quittiert diese Anweisung mit johlendem Jubel, fast alle klopfen mit ihren Bierkrügen zustimmend auf die Tische. »Parteischranzen, ich sagte es ja!«, zwinkert Gerd mir zu und zieht symbolisch die Schultern hoch. Dann wird wieder gesungen, *Gaudeamus igitur,* aber Gerd singt nicht mit. Er könne kein Spanisch, ruft er.

Wir sitzen vergnügt an unserem Eck der Tafel, ab und an kommt in den Pausen jemand vorbei und begrüßt meine Tischgenossen.

Die Kellnerin stellt alle paar Minuten ein Tablett Bier ab, das jedes Mal rasend schnell unter den Gästen verstoffwechselt wird, die sich jedoch großzügig gegenseitig Bier umfüllen, wenn der Nachschub mal nicht genug Krügerl für alle gebracht hat, die kein Bier mehr haben. Es folgt eine Festrede. Ein rothaariger Bundesdeutscher spricht viel von Deutschland und Europa, von Disziplin und Wandel, ich höre gar nicht hin, aber Gerd ist plötzlich ganz aufmerksam. Erst, als der Redner meint, man solle sich die Freude nicht nehmen lassen und heute kräftig trinken, so als fröhliche deutsche Männer, die hier zusammengekommen seien, da hebe auch ich meinen Krug. Dann erhebt sich der Saal, und alle singen das Deutschlandlied. Ich muss allerdings aussetzen, weil ich die erste und zweite Strophe nicht mitsingen kann, weswegen ich nur die Lippen bewege.

Gerd trommelt seine Bundesbrüder zusammen, und es wird beschlossen, hier noch etwas an der Bar zu bleiben, beim Ausklang. Danach würden wir noch in eine Kneipe fahren, in der Nähe des Hauses, weil das ja noch von den Katholiken besetzt sei. Da ich seit Stunden nicht mehr auf dem Klo war, stelle ich mich in der Schlange vor der Herrentoilette an, wo ein unfassbares Gedränge herrscht. Beim Herausgehen tippt mir jemand auf die Schulter, und ich traue meinen Augen kaum! Klaus nimmt seine weiße Burschenschaftsmütze ab, schüttelt mir freundlich die Hand und klopft mir fest auf die

Schulter. »Komm, wir saufen was!« Klaus, dieser verrückte Hund aus München, scheint sich sehr zu freuen, und auch ich freue mich. Allerdings habe ich ihn gar nicht erkannt in seinem piekfeinen Anzug und so ganz ohne seine Eishockeyfanklamotten. Aber wie kann das sein, dass auch Klaus hier ist?

An der Bar bestelle ich mir eine Weißweinschorle. Stefan, der aus dem Bordbistro, stöbert mich auf, und er und Klaus kennen sich offenbar auch. Verrückt! Stefan trägt wieder eine schwarze Cordhose und dazu auch ein Sakko aus Cord. Dann quatschen wir und quatschen, und ich berichte Klaus von dem restlichen Abend in München und von meinem derzeitigen Projekt. Mehrfach stoßen wir an. Meine Begleiter kommen, und wir bewegen uns an eine große Ecke des Tresens, an der wir mit mehreren Leuten im Kreis stehen können. Auch Marc, Jerome, Gerd und Toni stehen bei uns. Jerome reibt sich gelegentlich die linke Bauchhälfte. Hier kennt offenbar jeder jeden, wir haben enorm viel Spaß, und der Platz ist auch sehr gut, denn die Kellner haben uns die ganze Zeit im Blick, um uns mit Nachschub zu beliefern. Ein Bundesbruder von Gerd und Toni stößt mit seiner Verlobten hinzu. Er stellt sich als Florian Stuhl vor. »Soso, dann muss das Ihre reizende Bestuhlung sein, die Sie da an Ihrer Seite haben«, begrüßt ihn einer von Stefans Bundesbrüdern. Die Verlobte lacht etwas schüchtern, aber dieser Herr Stuhl findet das offenbar überhaupt nicht lustig und überreicht seinem Gegenüber prompt eine Visitenkarte.

»Sie wissens eh, was das ist?«

»Selbstverständlich!«

Beide Männer gehen dann ihrer Wege in unterschiedliche Richtungen des Lokals, und die bemützten Männer an unserer Stehecke prosten einander zu, weil man sich ja dann schon bald im bundesrepublikanischen Rheinland wiedersehe. Marc lässt sich die Visitenkarte zeigen und hält sie mir hin. Sie ist in der Mitte fast komplett eingerissen. Marc meint, das sei jetzt so was wie die Aufforderung zu einer Art Duell, aber er kenne sich da auch nicht so gut aus. Ich stelle mir aber schon vor, wie diese Leute dann an Kronleuchtern durch ihre pompösen Villen schwingen und sich mit Säbeln beharken, vielleicht unter dem Applaus einer Horde wilder Affen mit Augenklappen und roten Hüten. Dann begrüßt Marc den Festredner und einen anderen Typen, der eine schwarze Mütze und einen auffälligen Schnäuzer trägt. Sie reden von »Jungeuropa« und allerlei anderen Dingen, zu denen ich auf Anhieb keinen Einstieg finde. Ich stehe etwas unbeholfen rum und spreche daher den Rothaarigen darauf an, dass er völlig Recht habe bei dem Teil der Rede mit dem kräftigen Trinken. »Ja, dann sauf halt mal«, meint daraufhin der mit dem buschigen schwarzen Schnäuzer und bestellt zwei große Obstler, von denen er mir einen rüberschiebt. Wir ziehen den Obstler weg, und es ist so dermaßen hartes Zeug, dass ich schlagartig fast ohnmächtig werde und mir die Hände vors Gesicht halten muss. Als ich die Hände wieder wegnehme, ist mein riesiges Schnapsglas wieder aufgefüllt. »Du doppelt Action!«, lachen die beiden, und jetzt stoße ich mit dem Rothaarigen an, der mir dankenswerterweise etwas von seinem Bier in mein leeres Weißweinglas hinüberschüttet, damit ich den Obstler runterspülen kann.

Auf freundliches Ersuchen von Klaus hin spielt der Kellner ein Album von Helene Fischer über die Lautsprecher ab, aber nicht allzu aufdringlich. Klaus hebt dazu beide Arme in die Luft, ruft laut »Doppelheil!«, und drückt dann Marc und Gerd, die links und rechts neben ihm stehen, an seine kräftige Brust. Um meinen Puls etwas zu beruhigen, den der Obstler zum Kochen gebracht hat, stecke ich mir eine Zigarette an und lausche dem Text von Helene.

*Bilder zieh'n vorbei, sekundenschnell*
*Und am Horizont leuchtet alles hell*
*Wir teil'n unsre Zeit*
*Das wird uns auch heut keiner nehmen,*
*Wir sind auf dem Weg, für den Flug bereit*
*Für den schönsten Film, den das Leben schreibt*
*Mit aller Macht*
*Das wird unsre längste Nacht*
*So losgelöst frei, frei, frei*
*Wir sind Flieger*
*Mach den Himmel klar*
*Zähl den Countdown, wir sind da*

»Oh oh, oh oh!«, fällt der völlig glückselige Klaus ein und meint, der Text könnte direkt von Oberst Hans-Ulrich Rudel geschrieben sein. »Lausch mal!«, meint Klaus und behauptet, dass, wenn man nach ein paar

Bier mit geschlossenen Augen Helene Fischer hören würde, sich das anhöre, als hätten *wir* den Krieg gewonnen.

## 38.

**MIT DEM TAXI** sind es keine zehn Minuten bis in die Kneipe, die wir etwa gegen ein Uhr erreichen. Sie bildet einen Kontrast zu dem Festsaal des Hotels, wie er größer nicht sein könnte. Rundherum scheint die Drogenszene ansässig zu sein. Es liegen Verbände und Ampullen auf dem Bürgersteig herum, und es stinkt fürchterlich nach Urin und menschlichem Kot. Gerd muss mit seinen Lederhandschuhen einen Junkie aus dem Eingangsbereich drücken, damit wir eintreten können. Der betäubte Giftler mit dem bleichen Gesicht scheint daraufhin wie auf Schienen hinwegzuschweben und bekommt überhaupt nicht mit, dass Gerd ihn aus dem Weg geschoben hat. Auf den ersten Blick ist es eine recht normale Kneipe. An einer Wand ist das Wappen eines Wiener Fußballvereines angemalt. Aber die paar Gäste, die da sind, die sind schon extrem heruntergekommen. Einer, der am Tresen steht und besonders fertig ausschaut, stört sich an uns Anzugträgern und schubst Gerd leicht gegen die Schulter, weil der ein widerlicher Yuppie sei. »I moch di Mayer, heast?«, versucht der Alki Gerd anzusaugen, aber der verdreht dem deutlich angesoffenen Gast gekonnt das Handgelenk und meint nur, dass er die *Goschn* halten oder sich schleichen solle, woraufhin der sich auch brav in Stille übt. Gerd stellt ihm aus Dank für seine Folgsamkeit ein Bier und ein paar Zigaretten hin, was der schwächliche Alkoholiker dankend annimmt. Mehr oder weniger das ganze Lokal ist jetzt mit Burschenschaftern gefüllt. Ich bestelle ein Bier und bin froh, dass der Wirt mir eine Dose in die Hand drückt, die noch geschlossen ist. Ich lege einen Fünfeuroschein auf die Theke, den sich der Wirt wortlos in die Hosentasche steckt, dann bürstet er ein paar überquellende Aschenbecher aus und ignoriert mich. »Ich kriege noch zwei Euro zurück«, sage ich, aber der Wirt schaut einfach runter auf seine Aschenbecher und meint, ich soll meine Fresse halten. Dann saufen wir und hören Musik aus einer elektronischen Jukebox, zu der ich meine Dose immer mitnehme, weil eine völlig verbrauchte Frau, die in der Nähe von uns sitzt, jedes Mal versucht, von unseren Getränken zu trinken, wenn man sie kurz unbeaufsichtigt herumstehen lässt.

So geht das ungefähr zwei Stunden lang. Bahöö, ein Bundesbruder von Toni und Gerd, pennt fast ein, weswegen Gerd ihm Tabasco ins Bier kippt. Dieser Typ heißt eigentlich Harald, aber weil er dauernd für Aufruhr sorgt, hat man ihn kurzerhand umbenannt. Dann hat dieser Bahöö eine völlig verrückte Idee. Er steigt auf den Tisch und bittet alle, erst zurück aufs Haus zu gehen, wenn er wieder da sei. Eine heranfliegende Bierdose verfehlt ihn nur knapp. Bahöö zieht Gerd und mich auf die Straße und winkt uns ein Taxi heran, das er zum Wiener Zoo fahren lässt.

## 39.

**BAHÖÖ MUSS DIE GANZE FAHRT** lang kichern. An einer Mauer des Zoos steigen wir aus. Dort eröffnet er uns, was er vorhat: Er will einen Brillenpinguin stehlen, den er über die letzten Monate systematisch angefüttert habe. »Ich habe sein Vertrauen erobert, heute hole ich ihn heim!« »Du spinnst ja!«, sage ich noch, aber Bahöö und Gerd steigen da schon über einen der äußeren Zäune auf das Zoogelände, sodass ich gezwungenermaßen hinterher muss. Dieser Bahöö hat eine folierte kleine Taschenkarte dabei, auf der er den Weg zum Pinguingehege so eingezeichnet hat, dass man es außerhalb des Sichtbereichs der Überwachungskameras erreichen kann. Nur eine Stelle sei kritisch, da müsse man in unmittelbarer Nähe eines Wachhäuschens vorbeikriechen. »Kriechen?!«, denke ich und sehe schon meinen derzeit einzigen Anzug, wie ich ihn auf den Müll hauen kann. Wir rennen einige Meter an einer Außenmauer entlang, bis diese hinter einem weiteren Zaun nur noch wenige Meter hoch ist. Dann klettern wir umständlich diese Mauer hoch, wobei ich mein rechtes Bein ganz entsetzlich überstrecken muss. Die weißen Kieselsteinchen, auf denen tagsüber die Zoobesucher flanieren, knacken furchtbar laut unter unseren Füßen. Geduckt sprinten wir in eine ungepflegte Wiese hinein und stürzen uns in das hohe Gras. Da vorn, wo die Halme am höchsten stehen, da sollen wir durchrobben, direkt neben ihm, erklärt uns Bahöö mit militärischer Präzision. Wir pirschen uns bis an das Wachhäuschen heran, wo zwei übergewichtige Security-Mitarbeiter schwer atmend ihre Runde gehen, dabei streifen sie mit Taschenlampen die Umgebung ab. »Pssschhht!«, zischt dieser Bahöö, aber ich kriege gerade den brutalsten Oberschenkelkrampf meines Lebens. »Lasst mich zurück, der Pinguin zählt!«, keuche ich, während Bahöö mir schon den Mund zuzuhalten versucht. Dann plötzlich stürmen er und Gerd weg, hinein in die Dunkelheit. Ich kämpfe mit diesem Krampf, allein. Auf dieser eiskalten und feuchten Erde. Keine Banane und kein Schokoriegel der Welt können mir in dieser misslichen Lage helfen. Ich friere. Ab und an streift die Taschenlampe über die oberen Zentimeter der langen Grashalme, derweil ich meine Hände in der Kniekehle falte und versuche, den nicht enden wollenden Krampf aus meinen Muskeln herauszudrücken, ohne dabei schreien zu müssen. Plötzlich irre lautes Geschnatter, aufschlagendes Wasser. Bahöö ist offenbar gerade in das Pinguinbecken eingedrungen und muss dort jegliches Getier aufgeschreckt haben. Mein Krampf ist wie weggeblasen. Eine endlose Minute vergeht, bis Bahöö nur wenige Zentimeter an mir vorbeirennt, ohne mich überhaupt zu sehen, geschweige denn anzuhalten. Jemand packt aus der Dunkelheit meine Füße, Taschenlampenschein erhellt das Gesicht der Person, die ich zum Glück als Gerd ausmache, der mich von jetzt auf gleich rücklings über die feuchte Wiese schleift. »Halt, stehen bleiben!«, hallt es uns aus einiger Entfernung nach, als Gerd mir aufhilft. Dann rennen wir, springen über Zäune und Mauern, laufen ohne Unterlass durch die menschenleeren Straßen, meine Lunge kollabiert fast, der brutale Krampf in mittlerweile beiden Beinen schwebt wie eine Drohung über mir und mein Puls schlägt bis zum Mond, bis ich in etwa fünfzig Metern Entfernung das leuchtende Werbeschild der kleinen Kneipe wiedererkenne, das mir den Weg weist.

Bestimmt mehrere Minuten lang muss ich Luft holen, auf allen Vieren auf dem endversifften Boden dieser AIDS-Kneipe, in der uns immer noch mindestens dreißig Burschenschafter zurückbegrüßen. Völlig erschöpft setze ich mich neben Marc auf eine der Holzbänke. Er legt seinen Arm um mich und drückt mir eine Dose Bier in die Hand. Dann tröpfelt er auch mir Tabasco rein, was mich tatsächlich wieder recht gut aufbaut. Wir sitzen zu einem Dutzend Mann an diesem Holztisch. Bahöö befiehlt, alle sollten sich kurz die Augen zuhalten, was wir auch prompt tun. Als wir wieder hinschauen, steht einfach dieser verdammte Brillenpinguin auf dem Tisch. Bahöö hat ihm eine Sicherheitsleine für Kinder angelegt und eine Miniversion von dem Burschenschaftsband umgehängt, das die meisten Männer hier am Tisch tragen. In der Kneipe bricht ungehemmter Jubel aus, und jeder macht ein Selfie mit dem Pinguin, der brav auf dem Tisch steht und Sprotten aus einer Dose pickt. Ab und zu quakt er. Dann trinken wir aus, zerquetschen die leeren Dosen mit unseren Händen und marschieren geschlossen in Richtung Haus.

## 40.

**WIR KOMMEN DIE GASSE HOCH.** Unsere Gruppe besteht aus etwa fünfundzwanzig Personen. Aus dem Haus dröhnen noch Musik und Stimmengewirr. Einer der jüngeren Burschenschafter schließt die Tür auf, und wir treten der Reihe nach ins Haus. Gerd geht entschlossen voran. Am Tresen stehen einige zerstörte Gestalten, die uns gar nicht wahrnehmen. Gerd greift in eine Schublade und zündet dann einen Chinaböller an, der mitten im Kneipsaal detoniert, in dem sich etwa vierzig Personen aufhalten. »Wer ist hier der Chef?«, ruft Gerd in militärischem Tonfall, und einer der katholischen Studenten kommt langsam auf ihn zu. »Wer will das wissen?«, fragt er und baut sich süffisant grinsend vor Gerd auf.

»Ihr trinkt jetzt aus, ihr mongoloiden Dollfußianer, und in spätestens zehn Minuten hat das letzte von euch Arschlöchern unsere Bude verlassen!«

Der pomadenhengstige Schlaks scheint Gerd nicht ernst zu nehmen, zieht einen Zehneuroschein aus der Hose, steckt ihn Gerd in die Sakkotasche und meint, der solle ihm erstmal einen Sekt holen.

»Das war ein sehr großer Fehler«, meint Gerd, »denn jetzt bringe ich dich um.«

Ansatzlos lässt er dann seine Stirn so hart in das Gesicht des Katholiken krachen, dass dessen Nase sofort quer steht und seine Kruckenkreuzbrosche vollblutet.

Ungebremst schlägt der zwar wesentlich größere, aber ungleich androgynere Schnösel auf dem weißen Fliesenboden auf und bleibt bewusstlos liegen.

Dann bricht die Hölle los.

Gläser, Flaschen und Fäuste fliegen, dann auch Stühle und Menschen. Bis alles in Scherben liegt. Die unwillkommenen Gäste stellen sich besser als erwartet, aber letztlich gewinnen die Hausherren die Oberhand, und die Katholiken fliehen. Zwei äußerst durchtrainierte Bundesbrüder von Gerd halten einen Flüchtenden noch fest und fragen ihn, ob er das Zauberwort kenne.

»Gusch bei da He«, stammelt er und wird von den beiden Gorillas dann relativ zart auf die Straße hinauskomplimentiert.

Nach diesem Zwischenspiel in tausend Splittern steht der Einsatzleiter der WEGA immer noch erbost im Raum und meint, es sei ein letzter Vorschlag zur Güte, dass man ihm jetzt erzählen solle, was hier vorgefallen sei. Aber Gerd meint nur trocken, dass er diese Güte gar nicht nötig habe, was jedoch im Jubel darüber untergeht, dass dieser verdammte Pinguin plötzlich auf den Tischen herumläuft, die Polizisten aggressiv anquakt und dabei wild mit der Flosse wedelt.

»Was spielt sich hier ab, was hat das zu bedeuten?«, schäumt der Einsatzleiter.

Bahöö schiebt sich etwas nervös die Brille auf die Nase zurück und stottert schüchtern, dass er es erklären könne, aber nur, wenn der Polizeiführer versprechen würde, nicht zu eskalieren.

»Na los, sagen's schon! Was macht der Pinguin da?«, brüllt der grauhaarige Knöchrige mit dem weinroten Barett, während der Pinguin immer noch die rechte Flosse abstehen hat.

Bahöö nimmt den Pinguin auf den Arm, als sei er sein Baby. »Herr Wachtmeister, ich glaub, Sie wissen's, was der Pinguin Ihnen sagen will: Sie sollen sich schleichen!«

Der ganze Saal prustet lachend aus, und dann verliert der Einsatzleiter völlig die Fassung, schlägt wild auf alle ein und räumt mit so hassverzerrtem wie verzweifeltem Gesicht die Tische ab, erst mit seinen flachen Händen und dann mit seinem Tonfa, während ihn aber alle besoffenen Studenten nur auslachen und seine Robocops ihn dann wegziehen und beruhigen, weil er wie von Sinnen auf alle Unbeteiligten einprügelt, die sich lachend die Hände schützend über die Köpfe halten.

»Wir sehen uns!«, ruft Gerd einem der anderen maskierten Cops hinterher, der noch meint, dass sie bald wiederkommen würden, um diese Unverschämtheit auszuermitteln.

Kopfschüttelnd steigen die Robocops draußen in ihre Wannen, unter dem verächtlichen Gejohle der ganzen Belegschaft des Kneipsaales, die aus den weit geöffneten Fenstern den Abzug der Einsatzhundertschaft bejubelt.

Dann fliegen wieder leere Flaschen in die Ecke, und im Sonnenaufgang stimmen Gerd, Toni und Marc einen lautstarken Siegesgesang an, bei dem alle ihre Biergläser triumphierend in die Höhe recken:

*Doch was bleibt denn nur von uns, am Ende*
*dieser Nächte?*
*Ohooohooo!*

So sieht das also aus, wenn die geistige Nachwuchselite des anderen Deutschlands, diese Mediziner, Juristen, Lehrer, Verwaltungsbeamten und die offenbar obligatorischen Historiker und Prollitologen an einem Samstagabend mal nicht bei der Madame auf der Couch sein müssen und den Powerregler etwas weiter nach rechts oben drehen. Mit Schlager und allerhand politisierender Musik in diversen Sprachen putscht sich die Meute noch stundenlang auf. Gerd schiebt ständig Schnapsgläser dicht an dicht auf dem Tresen zusammen und kippt einfach Obstbrand drüber, bis alle Gläser voll sind. Jede geleerte Flasche fliegt an die Betonwand in der Ecke, ab und an auch ein Hocker und alles, was nicht niet- und nagelfest ist. Alle schreien nur noch. Brüllsaufen! Noch immer regt Toni sich über diese Katholiken auf. »Liberalkonservative, Bremsklötze an unserem Siegeswagen!«

Irgendwann ist es schon gegen halb eins am Mittag, und Marc und ich stapfen zu dem Würstelstand, wo wir uns mit letzter Kraft eine Käsekrainer reinziehen. Als wir gerade wieder ins Haus gehen wollen, steht dort ein junger Mann im schwarzen Anzug, der die ganze Farbenmontur aus bunter Strippe und Studentenhut trägt. Er drückt uns einen Brief in die Hand, der an »Verbandsbruder Stuhl« adressiert ist. Stuhl steht im Kneipsaal oben ohne auf einem der Tische, und ich drücke ihm den Umschlag in die Hand. Er öffnet ihn und bedankt sich bei mir, dann gehe ich hoch und falle todmüde in das hinterste Bett der Leichenkammer, als meine Uhr genau dreizehn Uhr und siebenundzwanzig Minuten zeigt.

## 41.

**»EINE WOCHE WACH, EINE WOCHE WACH!«**, mit diesen Worten weckt mich Gerd wenige Stunden später. Ich möge aufstehen, es sei Kommersausklang. »Habe ich eine Stunde?«, frage ich ihn, und er ermahnt mich, dass ich dann aber in einer Stunde auch wirklich dort sein solle. Gesagt, getan. Etwa eine Stunde später treffe ich in dem urigen Lokal in der Nähe vom Stephansdom ein. Wir essen Schnitzel, ohne Tunke und ohne Widerrede. Wir trinken. Und irgendwann sind wir wieder in dem Kneipraum in dem Haus der Burschenschaft. Nichts erinnert mehr an die gestrige Randale. Auf dem Fernseher über dem Tresen versinke ich in den Musikvideos zu den Songs, die wir über YouTube und Bitchute abspielen. Mehrere Stunden hintereinander hören wir »Biscaya« von James Last. Das dazugehörige Video wird endlos von vorn abgespielt, als sei es nicht ohnehin unendlich lang. Es zeigt verlassene Strände, leere Inseln, grüne Wellen vor tiefblauem Himmel. Die immer gleichen Klänge der Mundharmonika entführen mich in meinem Zustand förmlich aus diesem holzvertäfelten Raum in der Wiener Innenstadt auf eine verlassene Südseeinsel, von der es kein Entkommen gibt. Ich verliere mich in diesem Video und bekomme regelrechte Angstzustände, aber wir saufen immer weiter Bier, bis mich wirklich jegliche Kraft verlässt und ich mich gegen Mitternacht – ohne ein Wort zu sagen – in mein noch immer warmes Bett im Gästezimmer unter dem Dach verkrieche. Dort liege ich etwa eine Stunde lang mit Herzrasen, bis mich die Müdigkeit fortreißt. Bis hier oben dröhnt es: *Biscaya!*

Als nähme dieser fortwährende Albtraum kein Ende, steht etwa gegen vier Uhr wieder jemand an meinem Bett. »Aufstehen, saufen!« Ich drehe mich zur Wand und will den Nervbolzen ignorieren, aber der zieht mir die Decke weg und schüttet mir dann ein halbes Glas Bier ins Bett. »Aufstehen!«, bellt er, und ich trotte ihm nach, bloß in Unterwäsche und in die spartanische Bettdecke eingewickelt. Noch immer stehen mindestens zehn unverwüstliche Recken in dem Tresenzimmer und klatschen, als ich den Raum betrete. Es läuft Mallorca-Musik, und wir trinken Sekt und Bier. Kaum ein Schluck geht mir runter. Gerd ist da. Er zieht mir einen Pullover über und nimmt mich in den Arm, was mir irgendwie Kraft gibt, die Partymusik doch zu genießen und zu entspannen. Jegliches Zeitgefühl habe ich längst verloren. Ich sage Gerd, dass ich glaube, mir einen brutalen Jetlag angesoffen zu haben, und offenbare ihm, dass es mir überhaupt nicht gut gehe. Er nickt nur und prostet mir zu.

»Ich weiß«, sagt Gerd. »Jeder hier, zumindest einige, wären jetzt gern im warmen Bettchen, würden sich zu ihrem Mädel unter die Decke kuscheln. Aber hier läuft jetzt ein anderer Film.«

»Und das nach all den Tagen und Nächten«, ergänze ich. »Schau, stell dir vor, es ist Krieg. Wenn da in der Nacht die Granaten auf deine Stellung fliegen, gehst du dann hin und sagst: ›Aber Herr Leutnant, schon wieder schießen? Wir haben aber doch gestern und vorgestern erst geschossen!‹? So sind wir doch nicht. Wir sind stärker als diese Welt.« Gerd trägt immer noch Anzug und Krawatte und macht einen gefassten Eindruck. Er fängt noch einen Monolog an und verdeutlicht mir, dass man beim Saufen die Glückshormone der nachfolgenden Tage rauben und verprassen würde. »Schau, wenn du säufst, da leihst du dir das Glück der kommenden Tage und dann nimmst du all diese Glückshormone, schnürst ein brutales Paket, und dann sprengst du das in einer riesigen Explosion in die Luft. *Kaboom!*«, lacht Gerd und verdeutlicht mir seine Theorie gestenreich. Ich trinke einen Schluck Sekt, schmecke aber nur Kohlensäure und das Sodbrennen, doch irgendwie bildet sich in meinem Körper plötzlich ein unerschütterliches Aufbäumen, als wir uns alle im Arm liegen und uns selbst feiern an diesem Montagmorgen. Immer wieder fahre ich mir mit beiden Händen durch mein Gesicht, durch meine zerzausten und filzigen Haare, es läuft mal Ballermann-Musik, mal Rechtsrock, mal linksextremer Punk, mal ein Best-of vom Eurovision Song Contest, alles durcheinander, bis die Sonne auf einmal wieder in das Zimmer scheint und in der Gasse vor den Fenstern die ersten Menschen mit Aktentaschen unter den Armen über das von Hunden einurinierte Pflaster rennen, als koste die Minute einhundert Schilling. Viertel nach acht. Ein Handy klingelt. »Fuck!«, murmelt Gerd und fällt mir in die Arme. »Ich muss auf die Hackn!«, lässt er mich wissen, schlägt die Absätze knallend zusammen und verlässt salutierend den Raum. Sein alkoholgeschwängerter Atem wirft wolkenartige Luft aus, als er unter dem großen Fenster die Gasse entlangläuft und dann hinter dem großen Baum, der kaum noch Blätter trägt, in der anbrechenden Woche verschwindet.

Gerd hat recht. Entweder trinkt man gar nichts oder geht raus auf das Spielfeld, um möglichst hoch zu gewinnen. Und in Wien kann man nicht nur einen Drink hier und einen zweiten da zu sich nehmen. In Wien bleibt man auf dem Gaspedal. Handbremsen braucht man höchstens, um auch mit 188 Stundenkilometern noch um die Kurve fahren zu können.

Was für eine Stadt, was für Menschen. Das war also Wien, denke ich ungläubig und weiß nicht recht, ob ein Dosenbier oder ein Kaffee jetzt das Nahrungsmittel der Wahl ist, das ich brauche, um in die Normalität zurückzufinden. Es hilft ja alles nichts, und die Büchse macht ihr beruhigendes blechernes Schnalzen in meinen Händen, als wir mit quietschenden Reifen den ersten Autobahnrasthof hinter der bundesdeutschen Grenze verlassen. Ich starre mit leerem Blick aus dem Fenster und kann vor Müdigkeit überhaupt nicht einschlafen.

Aber ist es wirklich nur diese Stadt, oder liegt es nicht auch an der Performance, die man selbst hier abzuliefern bereit ist? Machen wir uns nichts vor! Es ist auch unser Verdienst. Unser Rauschverhalten ist vorbildlich. Wir gehen bis an die Grenze und darüber hinaus. Die Kneipen sind unsere Kasernen und unser Krieg. Unsere Herangehensweise an den organisierten Alkoholmissbrauch gleicht einem atomaren Vernichtungskrieg gegen uns selbst. Und wir haben wieder gewonnen. Wir gewinnen immer.

## 42.

**TAGELANG HABE ICH** das Haus nicht verlassen. Wien hat mich durchgekaut und ausgespuckt. Wien hat mich alt gemacht. Noch knapp eine ganze Woche lang habe ich Herzrasen, Angstzustände, leide an fürchterlicher Schlaflosigkeit. Eines Nachts, es ist besonders schlimm, trinke ich eine halbe Dose Whiskey Cola, um in so einen wohligen Schlummerzustand zu kommen. Am nächsten Tag wache ich auf, wieder völlig zerknittert, durch die Mangel genommen. Zahlreiche Benachrichtigungen auf dem Handy, lege es gleich wieder weg. Wie viel Uhr? Vergesse ich sofort wieder. Sowieso egal. Auf dem Nachttisch steht noch die halb volle Dose. Ich richte mich auf, lehne mich sitzend ans Bett. Greife nach der Dose. Fühlt sich gut an, diese runde Form. »A perfect mix«, steht vorn drauf. Recht gekühlt ist sie noch. Ich führe sie an meine Lippen. Draußen zwitschern die

Vögel, und ein paar letzte Blätter hängen noch an dem Baum, der vor meinem Fenster steht. Das Alu schmeckt blechern und kalt, aber der Whiskey Cola hat noch gut Kohlensäure, prickelt gar schön. Und wenn das so sein kann, wenn diese Dose tags darauf noch so frisch ist und auch der uralte Baum im Spätherbst noch Blätter trägt, dann kann ich mich in der Blüte meines Lebens wohl auch mal aus dem Bett schälen.

Irgendwann, müsste ein Samstag sein, jedenfalls keine vierzehn Tage nach unserer Abreise aus Wien, stehe ich vor dem Haus einer anderen Burschenschaft. Diese Vögel in den Bäumen halten mittlerweile wenigstens ihre Schnauze. Ich bin etwas abgehetzt und betrete das umzäunte Grundstück, die Tür ist nur angelehnt. Offenbar komme ich gerade rechtzeitig, denn die anwesenden Anzugträger strömen in den hinter der Haustür liegenden Empfangsraum, der fast eine kleine Halle ist. Meterhohe Stuckdecken. Der Parkettboden ist mit Plastik überklebt. Ich stelle mich einfach zwischen die anderen Leute auf die Treppe, die als eine Art Tribüne fungiert. Stefan ist auch da, eingepellt in ein altertümliches Wams. Neben ihm sitzt sein Bundesbruder auf einem Stuhl. Im Kettenhemd. Tim heißt er. Auf beiden Seiten das gleiche Bild. Ich entdecke Gerd, der auf der Seite von Herrn Stuhl eine Klinge inspiziert. Dann winkt er mir zu und macht mit seinem Daumen und kleinen Finger eine Geste, als würde er saufen. Ich weiß, was er mir sagen will. Heute wieder Power. Hinter Gerd steht ein zarter Mann, der einen Arztkittel und Fliege trägt, darüber eine Schürze vom Universitätsklinikum Heidelberg. Zwei endlos lange Minuten ist es ganz still, dabei zeigt Stefans Konterpart auf seine imaginäre Armbanduhr. Prompt ertönt draußen vor dem Haus eine Art Sirene, ein Jeep mit Akustiksignalhörnern auf dem Dach fährt vor und spielt über diese Lautsprecher die Melodie von »La Cucaracha« ab, dann fliegt die grobe Holztür auf. »Ich bin da, kann losgehen!« Kurz überlege ich, aber wirklich noch nie habe ich eine rote Cordhose gesehen. Oder doch? Ein stattlicher Mann mit weißem Rauschebart schleppt einen blauen Müllsack ins Haus, den er dann auf einem Tisch hinter Stefans Mannschaft ausleert. Medizinisches Gerät, Zigaretten, drei Schuss Jagdmunition, die er kopfschüttelnd in der Tasche seiner grünen Sakkoweste verschwinden lässt. Eine Packung pinkfarbener »Ladyshave«-Einwegrasierer stopft er in seine Hosentasche, dann lädt er einen medizinischen Tacker durch und trinkt einen Schluck aus einer Flasche Korn, die er auf der Sitzbank neben dem Tisch abstellt. Etwas ratlos tastet er seine Taschen ab.

»Scheiße, lass dir heute bloß nicht in die Fresse hauen, ich hab nicht genug Faden dabei!« Gegenüber steht immer noch der Mann in dem Arztkittel aus Heidelberg und hebt die weiß behandschuhten Hände vor seine Brust, als könnte er sofort mit einer Operation anfangen.

Eine erhabene Szenerie, die sich den Spektanten darbietet. Zwei Männer, die kaum ein Meter trennt. Penibel ausgerichtet stehen sie sich gegenüber. Jeweils ein Schlepper reicht ihnen die Waffe. Stille ist angeordnet, die Fenster und Türen sind geschlossen. Nur leises Flüstern ist noch zu vernehmen, letzte Worte, die den Paukanten von ihren Sekundanten zugeflüstert werden, den engsten Vertrauten, die sie in den nächsten Augenblicken haben werden. Es mag ihnen Mut zugesprochen werden, ein letzter Rat, ein makabrer Scherz. Ganz gleich, was es ist, das Kommende ist unausweichlich. Eine gewisse Schwere liegt in der Luft in jenem Augenblick. Sie mischt sich mit dem Geruch von Desinfektionsmittel und den letzten Rauchschwaden, die manch einer vom jäh unterbrochenen Tresengespräch mit ins Pauklokal hinübergezogen hat. Nochmal fest an der Zigarette ziehen, dann auspusten. Ich stehe zwischen all diesen bunt Bemützten auf der Treppe. Man spürt, wie die Luft im Raum weniger wird. Es steht der Schweiß zuvor ausgefochtener Mensuren in den Nasen, oft kann man die Luft gar schmecken, ihren Eisengehalt, sie zehrt ihn aus den Blutlachen, die am Vormittag bereits vergossen wurden. Von anderen Waffenstudenten. Die stehen mit wüsten Verbänden und Pflastern zwischen den anderen Anzugträgern, lassen sich zuprosten, während sie auf das soeben ärztlich erteilte Alkoholverbot mit großen Schlucken aus Bierkrügen anstoßen, bis der Unparteiische sie zur Ruhe mahnt. Die Paukanten stehen derweil still. Die Mensur ist abgemessen, ausgesteckt oder genommen, mit den Korbschlägern oder den Glocken, je nachdem, aus welchen deutschen Landen die Beteiligten hier zusammengekommen sind. Die Männer, die sich dieser Prozedur hingeben, sie entstammen allen Himmelsrichtungen. Sie kommen von den Küsten Pommerns und aus den Alpenlandschaften Tirols, den Buchten des Rheinlandes und dem weiten Sachsen. Gefochten wird auf diese unbegreifliche Art in allen Landen, die man den Söhnen dieses eigenartigen Volkes nach den Völkerringen und Weltverträgen des vergangenen Jahrhunderts noch gelassen hat. Nun stehen wieder welche dort. Haben die behandschuhten Finger um die Griffe ihrer Hiebwaffen gelegt. Starren sich an durch die kleinen Sichtgitter metallener Schutzbrillen. Manch einer steht wie auf Appell, manch einer lockert noch einmal die Beine. Manch einer grinst, mach einer stiert ernst in die Augen seines Gegenübers. Manch einer schaut frei geradeaus oder auch weg, bisweilen schaut einer gar ängstlich zu Boden, als habe man ihn zur Schlachtbank geführt. Doch einen Ausweg gibt es nicht. Kein Ausweichen, keine Ringecke, in die man sich flüchten könnte. Nur eine Haltung ist erlaubt: geradestehen. Durchziehen. Nicht wanken, nicht ächzen und nicht weichen. Auch dann nicht, wenn das scharfe Eisen des Gegenübers satt ins Ziel kracht. Haltung bis zum bitteren Ende, im Schmerz wie im eigenen Glück. Es ist ein Teil der inneren Dimension dieses Schauspieles, die jeden Paukanten durchzieht. Wer weicht, wer jammert oder die Regeln zu arg bricht, für den endet dieses Abenteuer in Gram und Schmach. Abfuhr auf Moral, die schlimmstmögliche Form der Disqualifizierung. Zu reinigen ist sie nur durch einen weiteren Waffengang, zumindest in dieser Welt.

Die Sekundanten gehen in Stellung. Ab sofort zieht ihr Kommando scharf. »Hoch bitte!«, bellen sie. Auf ihr Wort schnellen die Klingen in Auslage, die Ausgangsstellung, aus der gefochten wird. Ein letztes Einatmen, eine letzte Überlegung, mit welcher Hiebfolge man die unmittelbar bevorstehende Partie beginnen soll. Dann wieder bellender Ruf:

»Auf Mensur!«

»Fertig!«

»Los!«

Wie ein düster anrollendes Gewitter entladen sich die Kräfte der Kontrahenten. Es wird aufgezogen und wieder in Deckung gegangen. Hiebe prasseln auf Stulpen und Waffen nieder, mal ist es der geschützte Arm, der deckt, mal pariert gekonnt die Klinge. Oder auch nicht. Es gibt ein charakteristisches blechernes Scheppern, wenn das rasende Bestreben beider Paukanten aufeinandertrifft, sei es grob oder filigran, dominiert von Kraft und Gewalt oder doch geführt mit technischer Raffinesse. Funken fliegen, wenn die Klingen in der Luft aneinanderprallen, mal zerfetzt es ein Stück der Schutzkleidung oder auch den Haarschnitt, meist akkurat gekämmt und mit besonders frischen Seiten, die dem Paukarzt sein Wirken genauso erleichtern sollen wie dem hauseigenen Mensurfotografen.

Fünf Hiebe lässt jeder Paukant pro regulärem Gang auf sein Gegenüber niederregnen. Ich komme kaum mit, so schnell rasseln die Schläger aneinander. Kurze Pause. Dann wieder hoch und los. Immer weiter, weiter und weiter. Schwer, aber kontrolliert atmen die

Fechter, man hört, wie sie Luft ziehen unter ihren Metallbrillen. Unweigerlich müssen sie einander anstarren, bewegen sich keinen Zentimeter. Es ist, als liege Pulverdampf zwischen ihnen. Und dann immer wieder dieses Scheppern. »Paukarzt!«, ruft Stefan. Erst ganz langsam, dann immer schneller tröpfelt Blut auf den Boden, das aus einer kleinen Wunde auf der Stirn seines Bundesbruders stammt. »Stehe ich nicht für auf!«, ruft der beleibte Doktor aus der Sitzecke durch das Lokal. Stefan zieht sich den Helm wieder auf. Dann scheppert es weiter. Die Griffe werden nachgestellt, mal etwas am Kettenhemd geklebt. Plötzlich ein Raunen. Stefans Bundesbruder hat es wieder erwischt. Diesmal richtig. Fast über die gesamte Schläfe ist er aufgemacht worden. Blut schießt ihm aus dem Kopf, und rasch bildet sich eine veritable Pfütze unter seinen Bundeswehrstiefeln. Um wieder etwas sehen zu können, beugt er sich nach vorn und lässt Blut aus der Brille ablaufen, das aus den kleinen Metalllöchern regnet wie aus einem Duschkopf. Stefan flüstert seinem Fechter etwas zu, wie ein Turm in der Schlacht steht er vor ihm, verdeckt ihn dabei vor den Blicken der gegnerischen Mannschaft. Und wieder stehen die Klingen in der Luft. Weiter geht's. Wie von der Tarantel gestochen wütet der blutende Student mit seinem Schläger, und tatsächlich, da blutet nun auch die Gegenseite. Das freche Grinsen ist dem Herrn Stuhl vergangen, und es dauert nur mehr einen weiteren Gang, bis seine ganze Stirn in Stücken liegt.

»Wir führen ab!«

Gerd ist sichtlich geknickt darüber, das verkünden zu müssen, aber seinen Bundesbruder hat es völlig zerlegt. Um mich herum nehmen die Leute ihre bunten Hüte ab. Ehrengang. Dann umarmen sich die blutenden Kämpfer, und auch Stefan und Gerd klatschen sich ab. Ein Hund leckt vergnügt das Blut auf, das sich reichlich im ganzen Raum verteilt hat.

Dieser Tim steht blutüberströmt da, von seinem Kettenhemd mittlerweile befreit. Drückt ein Taschentuch auf die Wunde. In der anderen Hand einen rot verschmierten Bierkrug, im Mundwinkel eine Zigarette. »Setz dich hin und halt die Schnauze!«, kommandiert ihn der Arzt auf einen Hocker. Dann rasiert er ihm mit dem pinken Ladyshave die letzten Millimeter Haare von der Schläfe. »Was eine Sauerei!«, pöbelt er herum. »Soll ich dir deine Handschuhe bringen?«, fragt einer den Doktor, der die klaffende Wunde begutachtet, aber der wiegelt energisch ab. »AIDS kriegen nur Schwule und Neger, bring mir lieber mal meinen Korn!« Dann schießt er Tim fünfzehn Hautklammern in den Kopf, um die Wunde zu verschließen.

»Ohne Betäubung?«, frage ich Stefan, der verschwitzt neben Tim steht. Der Doc quittiert diese Frage mit Beschimpfungen. Wer ich überhaupt sei, ob ich schwul sei, und ob ich nicht mal aus dem Licht gehen wolle. Dann fordert er mich auf, mal zwei Gläser zu holen, für den Korn. Ich stapfe sprachlos weg und komme mit ein paar kleinen Schnapsgläsern wieder. Ob ich ihn verarschen wolle mit den Fingerhüten, keift mich der Doktor an, und ich hole wortlos zwei große Willybecher, um mich über die Schnapswut des Doktors lustig zu machen. Natürlich habe ich nicht geahnt, dass der das ernst meint. Zwar ist der Korn schon leer, aber der Doc hat noch etwas anderes dabei. Er greift in seinen Beutel und zaubert eine weitere Flasche hervor. Ein Etikett trägt auch diese Flasche nicht. Nur einen Klebestreifen, auf dem »Rostow« steht. Ein Skorpion schwimmt in der klaren Flüssigkeit.

»Wodkaschen, herrlich! Von meinen Jagdfreunden in Russland. Alles hausgemacht.«

In mir zieht sich alles zusammen. In dem Zeug muss unglaublich brutaler Fusel sein, denn es riecht um die Flasche herum sofort nach Penner, als der Doc sie aufdreht. Der Herr Dr. med. strahlt vor Freude. Er riecht einmal kräftig am Flaschenhals, nimmt einen guten Schluck direkt aus der Pulle. Dann schenkt er mir und dem blutverkrusteten Tim diesen Wodka ein. Reichlich. Sehr reichlich. Es brennt fürchterlich und schmeckt, als würde man in die Hose eines Obdachlosen beißen. Ich bekomme fast einen Herzstillstand. Nur dank äußerster Konzentration und eines großen Zuges Bier kann ich es unterdrücken, meinen gesamten Mageninhalt samt Innereien auf dem alten Parkettboden auszuleeren. Jetzt bloß keinen Fehlschluck. Meine bewährte kontrollierte Atmung hält mich auf unserer Seite der Linie zwischen dem Hier und dem delirierenden Jenseits. Vergeblich taste ich mich selbst nach meinen Zigaretten ab. »Hier, nimm eine.« Der Doktor bietet mir eine von seinen an. Gitanes. Ohne Filter. »Der Filter ist reines Gift«, sagt er, und als Arzt wird er es wohl wissen. Ich mag filterlose Zigaretten gelegentlich, aber diese Tabakkrümel im Mund erinnern mich jedes Mal aufs Neue daran, warum ich doch nie umgestiegen bin.

»Du lispelst! Stotterst du auch?«, fährt mich der Doktor an und lässt sich auf einen der Hocker plumpsen, die gleich am Tresen stehen. Ein jüngerer Burschenschafter hat Thekendienst und fragt, ob er uns Bier zapfen solle. Der Doktor bekommt einen großen Pott Filterkaffee hingestellt, in den er sich reichlich Fernet Branca eingießt. »Sehe ich aus wie ein Arschloch?! Ihr mit eurem Bier ... Das trinken doch nur Alkoholiker! Nennt mir einen Alkoholiker, der Schnaps trinkt. Einen!«

»Alle, Wolfgang. Alle Alkoholiker trinken Schnaps«, sagt dieser Tim mit einem milden Lächeln, und ich nicke, während mir das Bier den Rachen kühlt, der immer noch nach U-Bahn-Polster schmeckt. »Kokolores schwaade, das könnt ihr, ihr Alkoholiker!« Dann lacht auch der Doktor, und wir stoßen an, mit Bierkrügen und Kaffeebechern so voll mit Fernet, dass es um uns herum riecht, als würden wir unter einem Weihnachtsbaum liegen.

»Bist du die Frau von dem Bekloppten?«, begrüßt der Arzt eine junge Studentin, die sich plötzlich dazustellt und den blutigen Turban von Tim halb entsetzt und halb stolz begutachtet. »Männer ... Kann man keine paar Stunden alleinlassen, schon schlagen sie sich gegenseitig blutig für irgendwas«, meint sie nur, mit deutlicher Ironie. »Wenn der so einen Quatsch hier für diesen Verein macht, dann überleg doch mal, was der für dich alles tun würde, wenn er dich liebt!«, entgegnet der Doktor mit lauter Stimme. »Apropos Liebe ... Die nächsten zwei Wochen sitzt du mal schön oben, sonst kriegt dein Tüppes hier zu viel Druck auf die Birne, das ist nicht gut für die Wundheilung.« Dann folgen noch einige ärztliche Weisheiten über Schuheinlagen und renitente Patienten, die sich beschweren würden, nur weil man als Arzt in seiner eigenen Praxis raucht. Unerhört sei das! Das seien aber meist Vegetarier, denen ihr Gemüse nicht bekommen sei. Auch eine andere junge Frau steht mittlerweile in dem Schankraum, in einem Hausanzug aus rotem Frottee.

So geht das noch etwa eine Stunde. Oder auch zwei, keine Ahnung. Es ist jedenfalls noch früh am Abend, und ich muss schon in regelmäßigen Abständen zu einem der Waschbecken, mir kaltes Wasser ins Gesicht schlagen und die Augen krampfhaft zudrücken, um mich zu sammeln. Gerd und noch einige andere fiese Scheitel schleppen mich mit. Wir fahren mit der S-Bahn in die Kölner Innenstadt.

## 43.

**VOM GLEIS 11 AUS** sieht man das ganze Elend, die Kartonbauten und Businesshotels, deren Fassaden aussehen wie Wellblechhütten für viel pendelnde Außendienstverkäufer mit grauen Kombis von Volvo. Im

Bahnhof läuft der übliche Film. Vor dem McDonald's stehen die Schwarzen und machen Lärm, haben wenig zu tun, aber immer viel Spaß. Bundespolizisten mit Undercut schieben einen Säufer auf den Vorplatz, der sich kurz aufwärmen wollte. Im Watschelgang, denn seine zerschlissene, gürtellose Jeans ist ihm zwischen die Knöchel gerutscht. Sein Pimmel hängt raus, und mit keiner Faser müht er sich darum, irgendeine Form von Widerstand zu leisten. Eine Kornflasche schirmt er mit starker Hand, die netten Worte der weißblonden Polizeipraktikantin ohne Dienstgradabzeichen reißt das Donnern schwerer Eisenräder ihm aus dem haarigen Ohr. Dann torkelt er ums Eck, verschwindet im kalten Dunkel der Unterführung der Johannisstraße, eine Taubenkotallee, Boulevard der Nadelkönige, auf dem es riecht wie unter einer Vorhaut, deren Innenseite seit Jahren kein Licht mehr sah. Gnade dem, der all das nicht mehr wahrnimmt. Weil er, aus dem Schneidersitz gekippt, rücklings auf dem kaugummiübersäten Asphalt liegt. Fremdkörper sind wir, in unseren Anzügen und Mänteln, die anderen mit ihren strengen Haarschnitten, den tief ausrasierten Scheiteln und den harten Übergängen, die sich einzureihen scheinen, im Gleichschritt marschieren, durch diesen Bahnhof und auf den Köpfen dieser Halbgruppe Männer aus allen Teilen des Landes, in deren Gehirnen sich nur mehr Projektionen davon abspielen dürften, wie dieser Ort einst aussah, wie er aussehen könnte und auch aussehen würde, so man sie nur ließe, ihn nach ihrem Empfinden zu gestalten.

Gerd trägt eine Zigarette im Mund spazieren. Trocken, nicht angesteckt. Ein strenger Blick der Nachwuchspolizistin, ein ernstes Zeigefingerwedeln des Kollegen in der blauen Mütze, eine stramme Ansprache an den Studenten aus Wien, der sie mit einer beherzten Geste quittiert, die teuer hätte werden können. Ob diese Frisuren eigentlich nach dem Dritten Reich aussehen sollen, frage ich Gerd. »Nein. Nach dem Vierten.« Dann lacht er, und wir steuern hinaus, zurück in die Kälte auf dem Bahnhofsvorplatz. Eines der großen traditionellen Brauhäuser erwartet uns mit seiner brutalen Wärme und betriebsamen Gemütlichkeit. Eine Gulaschsuppe gibt mir die Kraft zurück, die zweite Luft setzt ein. »Was ist denn das?«, spottet Gerd, als er die kleine Stange sieht. 0,2 Liter. Mehr braucht es nicht, aber es ist insbesondere süddeutsche Unsitte, ein Bier anhand der Gemäßgröße zu bewerten. Hier ist all das weit weg, was sich rund um den Bahnhof abspielt. Völlige Gegenwelt. Ein lokaler Barde trällert zur Gitarre und lädt zum Mitsingen ein. Kölsche Lieder, viel Pathos, viel heimatlicher Slang, dazwischen immer wieder kübelweise Fremdentümelei. Cäsars Legionen aus Rom, Napoleons Franzosen, immer ist man in Ankara oder Istanbul. Keine Militär- oder Zivilbesatzung, die man nicht noch feiern könnte. Alle sind alles in dieser Stadt, *Grieche, Türke, Jude, Moslem und Buddhist,* singen die betrunkenen Grauköpfe vor der kleinen Bühne mit nassem Auge, zu Tränen gerührt von der eigenen Barmherzigkeit. *So sind sie alle hierhergekommen,* schluchzen sie, nur hier ist noch niemand hergekommen. Bis auf die

Almans, die sich spätestens auf dem Heimweg wieder fürchten, schnelle Schritte machen und sich bei jedem Geräusch zuckend umdrehen oder ängstlich zu Boden schauen, wenn all die um sie herum so ihrem Treiben nachgehen, die sie in ihre gemütliche Metropole einmarschieren lassen haben. Nur hier setzen diese Leute keinen Fuß hinein. In dieses Brauhaus. Hier sind alle nur blöd deutsch, langweilig weiß, außer den paar Japanern, die auf den Tischen stehen, um ihr Essen aus allen Winkeln fotografieren zu können, oder den amerikanischen Touristen im gesetzten Alter, die weiße Turnschuhe und Basecaps zum beigefarbenen Anzug tragen, sich an den üppigen Sauerkrautgerichten erfreuen und mehrere schwarze Freunde am Tisch sitzen haben, in professoralen Tweedsakkos und mit breitem *Maryland Accent*. An unserem Stehtisch geht das Gesinge und Geklampfe unter im Gläserklingen, in Gerds lauten Geschichten und freiem Lachen. »Das Kölsch macht mich nicht fett!«, feixt er, muss aber immer wieder eilig nachexen, weil der Köbes, stilecht in blauer Leinenschürze, Runde um Runde, Kranz um Kranz auf uns abfeuert. »Rondell«, wienert Gerd, wenn er die nächste Fuhre heranfliegen sieht. »Fijuur!«, schnauft der Köbes rau durch seinen immensen Schnauzbart, steckt sich den Bleistift wieder unter seine Armbanduhr und lässt Gerd wissen, dass er gefälligst mehr trinken und weniger erzählen soll.

Das sei hier schließlich ein Brauhaus und kein Callcenter.

Köbes sind keine klassischen Kellner, sondern Brauereihelfer, die zu nicht geringen Teilen vom Trinkgeld leben. Deswegen hat der Mann auch keine Zeit für Gerds Geschichten. Der Köbes ist Unternehmer und will, dass wir ihm sein Bier abnehmen. Und wir wollen das ja auch, treffen uns also in der Mitte, wie man so sagt. Immer von unten wird angestoßen, ab und zu ein kleiner Kabänes, und alles ist gut. Schlag auf Schlag. Hier wird das Bier nicht bestellt, es wird einfach gebracht. Umso schneller und erbarmungsloser, desto glücklicher sind Gast und Köbes. Je voller die Gäste, desto voller die um den kräftig-runden und prallen Bauch geschnallte Geldtasche aus tiefschwarzem Leder. Ein einfaches Gesetz, ein gutes Gesetz. Und eines, das hier überall gilt. In jedem Brauhaus, die wir alle abklappern, es zumindest versuchen. Manchmal sind es nur wenige Meter vom einen zum anderen, manchmal dauert es länger.

Wir haben uns in den Armen, holen tief Luft, um die Kraft für die nächste Aufgabe zu mobilisieren. Wir marschieren weiter, lassen die holzvertäfelten Hallen der großbürgerlichen Brauereien hinter uns. Es zieht uns dahin, wo das Volk sitzt, das so hart ist wie die Frikadellen, die in vergilbten Tupperdosen auf Kundschaft warten. Kneipengang, letztes Gefecht. Wir müssen raus aus der Altstadt, einige Straßenzüge weiter. Stefan geht voran, er geht immer voran. Vorbei an Kiosken mit vielen Blinklichtern, vorbei an Sexshop-Kinos, aus deren engen Gängen die AIDS-Wärme bis auf die Straße schwirrt, vorbei an all den Eckenstehern, den Nachteulen, die gerade erst aus dem Haus gehen und noch nach frischem Aftershave riechen statt nach Kümmelschnaps und getrocknetem Erbrochenen auf der Lackschuhwichse. Penner sitzen auf Pappkartons, trinken Wein aus Tetra Paks und lachen, rufen uns mit kratzigen Stimmen fröhlich zu, wir seien bestimmt dummstudierte Arschlöcher in unseren Anzügen. Arme Hunde, wie sie recht haben und sich freuen, als ich ihnen einen Zehner hinstrecke, den sie aber bloß nicht für Essen ausgeben sollen. Eine junge Frau, vielleicht um die dreißig, enge Jeans und Kapuzenjacke, stapft auf uns zu, in den Händen Geldscheine im Bündel. Glasige Augen, die aus ihrem schwarzen Hoodie hervorschauen, wie Murmeln den Schein der Straßenlaternen aufsaugen und zu einem leeren Nichts verrühren. »Hilfe« brauche sie, aber wobei denn nur, fragt Stefan, der aussieht, als könnte er bei allem helfen. Männer brauche sie, starke Männer, so wie die, die vor ihr stehen. »Ihr braucht auch Hilfe!«, zischt sie und zeigt auf Herrn Stuhls Stirnpflaster, aus dem heraus etwas Blut auf die Straße läuft. »Wir brauchen keine Hilfe, und Sie brauchen keine Männer mehr heute Abend. Gehen Sie nach Hause, schlafen Sie sich mal aus«, antwortet Stefan freundlich, aber in aller Bestimmtheit. »Doch, einen muss ich, einen muss ich ...«, die Frau grinst und zeigt uns nochmal ihr Geldbündel, bestimmt tausend Euro, »einen muss ich umbringen ...« und verschwindet hastig in der Nacht, als hätte sie Angst, wir würden ihr nachstellen.

Hier, in dieser Gegend, stehen keine prächtigen Bierhallen, hier stehen geflieste Häuser. Mit Fassaden, die aussehen wie modrige Urinale, und diese Wohntoiletten haben den Eingang meist auf der Ecke und kurze, prägnante Namen. Irgendwas mit *Klause, Eck* oder *Schänke*. Kaum ist man durch die schwere Holztür, hat sich durch die speckigen, rauen Thermovorhänge aus Filz gekämpft, die abfrierenden Finger kämpfen sich noch aus den verkrunkelten Ärmeln der schweren Mäntel, da rauscht schon das nächste Blechvehikel mit Bier an, bringt goldfarbene Stangen mit festen Schaumkronen, an denen Perltropfen stehen. Ob wir uns geschlagen hätten draußen, fragt die resolute Wirtin, weil dann sollen wir uns gleich wieder verpissen. Haben wir aber nicht. Gerd ist auf der Zielgeraden, bekommt schon Kaffee aufs Haus. Völlig endgelöst, der gute Gerd. Uns anderen geht die zweite Luft nicht aus. Gleichwohl wir so verschieden sind, stehen wir wie eine Macht um die Holztische, die nach viel altem Bier riechen, das man hier, wenn mal ein Glas umkippt, mit Bierdeckeln aus festem Karton oder gleich mit der blanken Hand in alte Plastikeimer wischt. Tagein und tagaus, seit Jahrzehnten. Wir lachen, wir reden Unfug, wir reden ernstes Zeug und klopfen dann wieder dumme Sprüche, ziehen Anekdoten aus den längst hochgekrempelten Ärmeln, bei denen man so laut lachen muss, dass man sie gleich wieder vergisst. Diese Männer eint eine Anschauung, die mich von ihnen trennt, und die meisten kenne ich kaum, erst seit einigen Monaten, manche erst seit heute Abend. Aber wir lachen über die gleichen Dinge, wir saufen einfach, wir sind brutal zu uns selbst, und keiner kann uns aufhalten, manchmal nicht einmal das Ende der Nacht. Nirgendwo sind wir lieber als hier, in der Kneipe mit einem kühlen Bier. Besoffen mit der Welt im Reinen. Stefan fährt sich über seine mittlerweile rotglühende Glatze, Krawatten verschwinden in den Taschen der aufgehängten Mäntel. Hier ist man zu Hause.

Wir ziehen noch weiter in eine der Kneipen im Viertel, in denen ich oft verkehre. *Gaststätte Zur harten Faust*. Wir nehmen einen der Tische in Beschlag, gleich am Eck des Tresens. Der Wirt, der hier nach Mitternacht Dienst tut, ist ein resoluter Palästinenser und trägt immer Torero-Outfit und Pferdeschwanz. Am anderen Ende der Theke stehen verbrauchte Weiber mittleren Alters, längst wird auch in der Kneipe geraucht. Sie haben sich zurechtgemacht, nochmal rausgeholt aus den schlaffen Körpern, was geht. Ledertaschengesichter mit viel Lippenstift, Dauerwelle, Parfümvergasung. Sie ziehen die Sektgläser gierig weg, leeren Piccolöchen mit ihrer Augen Glanz. Damenkegelverein. Paul Valentine lässt grüßen. Außer mir schaut niemand mehr hin, hören alle weg. Stehen woanders. Nur ein kleiner Afrikaner in Baggyhose und Jeansjacke steht mittendrin und feiert mit, hat längst eine Federboa um den Hals und zwei der Omis im Arm, deren Augen mittlerweile weiter auseinanderstehen als die Zähne des jungen Kerls aus Kenia. Zwei enorm dicke Frauen, Mutter und Tochter, stehen zwischen uns und kriegen Ärger. »Ist Menschenkneipe, keine Hundekneipe, pfui!« Dieser

Film läuft hier täglich so, denn diese Frauen verbringen die ganze Woche in der *Harten Faust* und bringen auch immer ihre Töle mit. Einen Malteser. Riesenvieh. Ganz hinten an der Kante des Tresens sitzt Hans, ein weißhaariger Kauz, der lustlos seine Boulevardzeitung studiert, die in einen Zeitungshalter aus blauem Holz geklemmt ist. Ihm gehört die Bude. »Mach kein Ärger, ich sag es dir!«, ruft er dem Kenianer zu. »Und bettelst du nicht, immer dasselbe!«, ermahnt ihn auch noch der Torero aus Ramallah, als sich der Afrikaner eine Zigarette bei den Dicken schnorrt, die aber großzügig teilen. Mutti ist mit Stange ausgerüstet, Tochter schmilzt dahin. Ein Berg von knapp einhundertfünfzig Kilogramm reinsten Diabetes karamellisiert auf dem Fliesenboden, den diese charakteristische Melange aus Zigarettenasche und verschüttetem Bier ziert. »Jetzt reicht's!« Hans stürmt auf den Kenianer zu und packt ihn am Schlafittchen. Der hat sich erdreistet, zu den Klängen von Carlos Santanas »Maria Maria« das berühmte Riff auf der Luftgitarre mitzuzupfen. Aber gute Laune ist hier unerwünscht. Im hohen Bogen fliegt der Kenianer vor die Tür. Außerdem hat er mit Bierdeckeln geworfen, und wer in dieser Kneipe mit Bierdeckeln wirft, der kann froh sein, wenn er überhaupt seine Zähne behalten darf. Kurze Beschwerde der Damenschaft, aber die Hausregeln sind klar. Nicht betteln, nicht nerven, nicht laut sein. Keine Bierdeckel werfen oder zerbröseln. Und, ganz wichtig, die Rechnung zahlen. Das muss auch ein gut gekleideter Geschäftsreisender feststellen, der schon ein Bier bestellt hat und nach der Möglichkeit einer Kartenzahlung fragt. George, der Torero, greift gleich nach dessen Sakko und schimpft: »Hast du kein Geld? Zahlst du dein Bier, oder gibst du Jacke!« Der verdutzte Mann kennt offenbar weder die Haussitte noch das Gastwirtpfandrecht. Er zahlt seinen Euro zehn brav in bar, aber zum Geldautomaten gehen und wiederkommen wird er wohl nicht. All das Treiben, die Wogen und Wellen, die an dieses Schiff der Glückseligkeit prallen, die fechten die anderen Stammgäste nicht an. Sie schauen nur mäßig begeistert ab und zu hin, wenden sich dann meist kopfschüttelnd wieder ihren Bieren zu.

Manni hat am Kopf nur noch ein paar Haarbüschel hängen und krankheitsbedingt lauter gerötete kahle Stellen, dass es einen schüttelt. Und ihm fehlt die linke Hand. Neben ihm sitzt Pitter. Sechzig, Witwer. Er kommt jeden Tag um Mitternacht, sonntags schon um neun, da macht die Bowlingbahn früher zu, bei der er arbeitet. Er trägt einen ausgedünnten Pferdeschwanz. Den kämmt er sich ab und zu mit einem Kamm zurecht und fängt ein Gespräch mit Stefan an. »Bist du Elektriker?«, fragt der Zecher. »Nee, Soziologe!«, entgegnet Stefan. »Ich war auch mal auf der Uni, ganz früher, aber Soziologie ist doch nur Realität durch Wollen.« Bleibt ein kurzes Gespräch. Zuprosten. Blauer Qualm dampft unter den tief hängenden Deckenlampen. Weitermachen.

»Hier stehen die, die immer schon hier stehen«, so weist es ein altes Holzschild in Kölner Mundart aus, das über unseren Köpfen angebracht ist. Und selbst

Gerd steht. Noch. Wenngleich nur aus dem Grund, dass wir ihn mit seinem Gürtel an der Griffstange des Tresens angeschnallt haben. Das Kölsch hat ihn doch noch fettgekriegt. Er steht schnarchend am Tresen und wird von seinem robusten Ledergürtel gehalten. Gerd kann saufen wie ein Gulli, aber wenn am Rhein schnell geschossen wird, dann haben auch die trinkfesten Österreicher ein Auswärtsspiel, und man muss sie an den Hosenträgern ihrer Trachtenbotze von den kalten Bodenfliesen unserer Schankwirtschaften wieder in die Vertikale zuppeln, damit Bärbel kurz durchwischen kann. Oder Annemie, oder Rosie, wie sie alle heißen. Plötzlich wieder Radau. »Ich hab dir doch schon vor einer halben Stunde gesagt, dass du dich für heute verpissen sollst!« Hans hat schon wieder die Hände am Kragen eines Schwarzen. Der trägt jetzt Anzug mit Fliege und Melone, weiß gar nicht, wie ihm geschieht, und ergreift verdutzt die Flucht. »Hans, das war doch ein ganz anderer Neger, glaube ich.« Pitter lacht, winkt ab und kämmt sich die Haare. Achselzucken.

*Su simmer all he hinjekumme.*

Unser Bierdeckel ist irgendwann so voll, wie wir es sind. Kaum noch ein Strich oder ein weiteres X passt drauf, aber wir sind ohnehin am Ende unserer Kräfte. Heute kein Absacker mehr. Dafür kurz zu McDonald's. »Keine Ahnung, kann aber sein«, meint Marc nur auf die Frage, ob er auf dem Dach dieser McDonald's-Filiale nicht mal irgendwann demonstriert habe. »Ich warte draußen«, meint Stefan. Wir setzen uns zu einem fremden Typen, der einen großen Tisch allein in Beschlag nimmt. Er hängt auf dem Eckplatz am Fenster und schläft mit dem Kopf auf dem Tisch, sabbert seinen ganzen Ärmel voll und schnarcht. Seine McNuggets dampfen noch, und ich nehme mir zwei, während Gerd unerschrocken den Fanta-Becher plündert, bevor wir uns mit unserem eigenen fettigen Fraß – McRib, unterschätzter Burger – die Wänste vollhauen und wieder in der Nacht verschwinden. Stefan hatte tatsächlich draußen auf uns gewartet. Zum Abschied geben wir uns eine freundliche Umarmung. Dass es die letzte sein würde, das weiß ich nicht. Heimweg. Straßenbahn. Nicht hinsetzen, um nicht einzuschlafen. Geht immer schief, und wieder zieht eine Stunde dahin, in der ich bewusstlos und mit offenem Mund durch die nächtliche Stadt gondele. Als ich meinen Schlüssel in das Schloss meiner Wohnung kämpfe, muss ich kurz an Mara denken. Wie so oft in letzter Zeit. Bei Frau Felsfluss läuft noch der Fernseher auf Anschlag.

## Die Italiener

### 44.

**ES IST FRÜHJAHR,** und ich stehe wieder früher auf, wenigstens gelegentlich. Klaus hat mir einen Job auf einer Baustelle vermittelt, wo ich ab und zu mal aushelfe. Deswegen legen Patrick und ich unsere Treffen, die dann schon mittags losgehen, oft auf Samstage, in einer unserer Stammkneipen. Meist in einer, in der am Samstag Fußball läuft, da ist dann schön was los, wobei die meisten Leute den Eindruck machen, als hätten sie diese Fußballschals und Fanklamotten nur an, damit es aussieht, als hätten sie einen Grund, um schon um halb elf Bier und Schnaps zu trinken. Wir brauchen so was nicht, wir trinken um des Trinkens willen, und peinlich kann etwas ohnehin nur dann sein, wenn man die Peinlichkeit zulässt. »Kommt, die sind betrunken!«, ziehen besorgte Väter dann ihre Kinder von uns weg, die interessiert fragen, was denn »betrunken« überhaupt heißt, wenn wir rauchend und mit Bier in der Hand vor der Kneipe stehen, während Familie von Brinkwitz ihre Dinkelcroissants kaufen geht. »Denen scheiß ich noch irgendwann in den Briefkasten!« Patrick wird immer ungehalten, wenn er mit dieser Art von Bürgerlichkeit konfrontiert wird, die an die Ehre seines Lebensstils geht. Solche Zwänge, diese Samstage in einen akzeptierten Rahmen pressen zu müssen, die kennen wir immer noch nicht. Allerdings führt das frühe Anfangen mitunter zu Merkwürdigkeiten wie der, dass ich sonntags viel zu früh aufwache und beim Blick auf die Uhranzeige eines Parkautomaten feststellen muss, dass ich ungefähr dreißig Jahre alt bin, Akademiker und Architekt, der sonntags um acht Uhr im Jogginganzug völlig fertig auf der Straße steht und Süßigkeiten vom Kiosk frühstückt.

Unser nächster Ausflug steht in wenigen Tagen bevor, aber ich habe noch einige Termine abzuklappern. Unter anderem habe ich mich zu einem Aufbauseminar angemeldet, aber das ist dummerweise nicht nur in Bonn, sondern auch noch an mehreren Tagen und zudem immer ganztägig. Vor der letzten Sitzung plagt mich seit Tagen eine brutale Erkältung. Ich telefoniere lange mit Gerd, wobei unsere Telefonate auch deswegen immer so lange dauern, weil er fast jeden Satz mehrfach wiederholt, da er immer über sich selbst lachen muss. Er empfiehlt mir ein Rezept, das er detailliert erläutert und alle Zutaten aufzählt. Ganz penibel müsse das Rezept eingehalten werden, sonst wirke er nicht: *Dr. Gerds Geheimgrog*. Man braucht für den Grog einen wärmeresistenten Krug, da man ihn ganz heiß trinken soll, sofort ab dem Zeitpunkt, wo man sich nicht mehr verbrennt, da muss man ihn gleich trinken, sich danach gut in die Decke einrollen und dann umgehend schlafen. Die Erkältung würde man dann einfach ausschwitzen. »Trinken, so schnell es nur geht!«, hängt mir Gerds Ermahnung noch im Ohr, als ich mich in die Küche schleppe. Ich nehme den Stroh-Rum, den mit den achtzig Umdrehungen, und gieße ihn in einen Krug, den mir Stefan bei der Burschenschaft geschenkt hat. Ziemlich genau 0,3 Liter Rum. Sportlerportion. Dann vollführe ich eine Reduktion, die eigentlich nur aus Wasser besteht, das man leicht salzt, mit Nelken, Orangenscheiben und etwas braunem Zucker ansetzt und zum Kochen bringt. Das Ganze schütte ich dann auf den Rum und rühre noch einen Löffel Honig unter. Wie befohlen setze ich mich dann auf mein Bett und warte, bis das brühheiße Gesöff soweit abgekühlt ist, dass man es ohne Verletzung trinken kann. Einige hastige Schlucke, dann knalle ich den Krug mit verzerrtem Gesicht auf den Nachttisch, schüttle mich einmal und drehe mich in die Decke ein. Schwitzen muss ich nicht, aber ich bin einfach innerhalb von fünf Sekunden hageldicht, völlig besoffen. Am nächsten Morgen bin ich noch genauso schlimm erkältet wie am Abend, aber dafür habe ich nun zusätzlich einen unglaublich heftigen Kater. Ganz hervorragende Kombination! Gerd antwortet nur mit Lachsmileys und netten Worten: »Zu schwach!«

## 45.

**DIESES VERDAMMTE AUFBAUSEMINAR.** Wie kann man sich so etwas nur antun? Aber ich muss zurück in die Spur. Dieser Trott geht mir an die Substanz. Und irgendwie ist es auch so, dass Mara mich motiviert, wieder irgendwas Ordentliches anzufangen. Also nicht aktiv, aber ich spüre es. Irgendwie. Jedenfalls sitze ich jetzt in diesem aalglatten kleinen Bürokomplex in der Bonner Südstadt und höre mir viermal zwei Stunden lang diese Auffrischung an. Vergaberecht, Projektkram, Softwareanwendung. Auf einem Tisch vor dem Seminarraum gibt es kalten Kaffee aus silbernen Metallkannen und trockenen Blechkuchen. Hier sieht jeder aus, als brauche er eigentlich ganz andere Hilfe. In den Pausen stehen wir beim Rauchen vor der Tür zusammen.

»Frisch heute!«

»Ja, morgen wohl auch kühler«

»Hast du nochmal Feuer?«

Dann hektisches Austreten der Zigaretten, wenn es weitergeht. In meinem Kopf fährt eine Planierraupe die Membranen kaputt, mein Magen ist der Punchingsack der anderen Organe, und ich stelle mir schon vor, wie die hier alle gucken werden, wenn ich gleich einfach mit dem Kopf auf den Tisch knalle und bewusstlos liegen bleibe. Vor allem der Typ mit dem *lazy eye* und dem Pferdeschwanz, der zwei Meter groß ist und ein Achselshirt trägt. Dann kriege ich das Seminar doch noch gerade so herum, und kurz, bevor mir schwarz vor Augen wird, gibt uns der kleine Mann mit der Glasbodenbrille unsere Zeugnisse. Irgendwas stimmte offenbar auch mit den Nudeln nicht, die ich mir zu Mittag bei so einer kleinen Bude geholt habe. »Alles in Ordnung?«, fragt noch der Zeugnismensch, und ich merke, wie mir schon sämtliche Farbe aus dem

Gesicht entschwindet. Flucht! Ich muss einfach raus hier, renne ins Treppenhaus und schiebe mich an allen hektisch vorbei. Gerade noch rechtzeitig erreiche ich den Ausgang, frische Luft, die aber auch nicht hilft. Geistesgegenwärtig renne ich los, in Richtung Hauptbahnhof. Bei einem SB-Bäcker greife ich mir ein paar Papiertüten, damit ich wenigstens nicht auf die Straße brechen muss. Und es kommt, es wird brutal kommen. Ich wanke in Richtung Bahnhofsvorplatz, den man liebevoll das Bonner Loch nennt. Unmengen von Erbrochenem platzen mir fontänenartig aus dem Magen, hinein in die Papiertüte, die in jeder Hinsicht zu klein ist. Die Ränder sind im Nu völlig durchgeweicht, und die erste Tüte fällt platschend auf den Boden. Eine zweite Tüte kriege ich nicht schnell genug aus der Tasche, und ich ergebe mich meinem Schicksal, dieser Lebensmittelvergiftung, die ich mir offenbar auch noch eingefangen habe. Mitten in der Bonner Innenstadt hänge ich da nun, und es hört gar nicht mehr auf, schmerzt mittlerweile so sehr, dass mir die Tränen in den Augen stehen. Sehr würdig, aber zum Glück ist es schon dunkel, und die Passanten nehmen mich nicht wahr, dafür geht hier schon wieder zu viel ab an diesem bundesweit berüchtigten Säufertreff. Mehrere Penner bewerfen sich laut schreiend mit Bierflaschen und ziehen die Aufmerksamkeit der Pendler auf sich, die kopfschüttelnd einen Zahn zulegen. Das Bonner Loch hat mich immer schon fasziniert. Einmal hatte ich die Idee, alle diese Trinker unter einer Flagge zu vereinen und sie zu einer Privatmiliz auszubauen. Dazu hätte ich allen ein einheitliches Shirt geschenkt und ihnen versprochen, dass jeden Monat mindestens einmal eine große Lieferung Mixery-Dosen an ihrem Lieblingstreffpunkt am Busbahnhof angeliefert würde, an der sich jeder hätte bedienen dürfen. Aber nur, wenn er auch das Shirt trägt und dann den Anweisungen folgt. Vermutlich wäre das aber gleich an den resoluten Omis vom Ordnungsamt gescheitert. Die haben uns auch mal aus dem Bahnhof geschmissen, als wir vor einigen Jahren an einem Sonntagmorgen auf die Straßenbahn nach Köln gewartet und uns ein Konterbier gegönnt haben. »Ja, Frau Wachtmeister, wir kennen das Alkoholverbot im Gleisbereich, aber wir sind ja keine von der Säuferszene, wir sind nur Studenten, die nach Hause fahren.« »Klar, das kann ja jeder sagen. Raus mit dem Bier, oder wir rufen die Bundespolizei!« Das war's damals mit Konterbier. *Aus der Traum!*

## 46.

**WIE EIN HÄUFCHEN ELEND,** cremig besudelt und mit Tränen des Schmerzes in den Augen, besteige ich den Regional-Express. Ich steuere direkt die einzige Toilette an, weil ich in diesem Zustand den anderen Passagieren nicht zu nahekommen möchte. Diese komische Schiebetür fährt auf, aber da sitzt schon einer auf dem Behindertenklo, mit heruntergelassener Hose und einer Nussecke im Mund, der wild fuchtelt, ich solle ja die Tür wieder schließen. Würdelos. Platz auf der Treppe, magendliche Entladung am Bahnhof Süd. Gutes Aufbauseminar.

Mehrere Tage verbringe ich nur im Bett und auf dem Klo. Einmal telefoniere ich mit Mara, fast eine Stunde lang. Oder zwei? Ich weiß es nicht genau. Dann schickt sie mir einen YouTube-Link, der zu einem Konzertausschnitt von Helene Fischer führt: *Nur mit dir!*

Ich weiß nicht, wie ich damit umgehen soll, und liege schweißgebadet auf dem Bett, schaue wieder an die Decke. Keine Figuren mehr, nur Tapetenmuster. Fieber. Einmal träume ich von Mara, dann träume ich von wilden Verfolgungsjagden, die in Kämpfe auf Leben und Tod münden, weil ich nicht wegrennen kann. Zwar renne und renne ich, aber komme nicht von der Stelle. Meine Messer sind stumpf; wenn mir Schusswaffen in die Hände fallen, ist der Druckpunkt des Abzuges so hoch, dass ich nicht auslösen kann. Zum Glück werde ich regelmäßig von Gallensaft, der aus mir raus möchte, aus diesen Situationen gerettet. Das Kotzen, der gute Kamerad. Draußen wird es grün.

Zu unserer vorerst letzten Auslandsstation fliegen wir wieder von Berlin aus. Für etwa zwei Wochen habe ich mich in der Hauptstadt einquartiert, in einem ziemlich abgeranzten Hostel in Moabit. Das war natürlich von vornherein eine dumme Idee, denn die Bude ist wirklich schäbig, und außerdem brauche ich eine Stunde, um zu Marcs Treffzentrum zu fahren. Bei meiner Ankunft steht in meinem Zimmer ein jugoslawisch sprechender Mann oben ohne und mit sehr haarigem Rücken am Fenster und telefoniert, geht aber gleich raus, als ich eintrete, und lässt mich wissen, dass es ihm unangenehm ist. Beste Adresse also. Aber ich muss sparen, also kam das Angebot in Moabit nicht ganz ungelegen. Marc und seine Jungs bauen schon wieder an irgendwas, und ich helfe ihnen. Erst bringen wir die Gesellschaftsetage auf Vordermann – Tische lackieren, Tapete glatt ziehen, all solche Heimwerkereien halt. Und dann planen sie einen kleinen Anbau im Garten, den entwerfe ich nun für die Jungs, weil sie keinen kennen, der sich mit so was auskennt. Planung, Statik für das Dach des Schuppens, Genehmigung beim Amt klarmachen, Einteilung von Bauaufgaben, das ging für die schwachsinnigen Wohngefängnisse am Stadtrand, also geht es auch hier. Mir taugt es, immerhin habe ich jetzt wieder so etwas wie einen Tagesablauf, aber natürlich mache ich all das unentgeltlich. Zum Glück steht aber ja wieder eine Fahrt an. Und das bringt immer einen ordentlichen Vorschuss, natürlich *cash*. Diesmal wird alles ganz locker, meinte Marc am Telefon. Keine Anzüge, keine Politiker, auch keine Professoren. Einfach ein wenig *dolce vita,* gute Getränke und so was. »Ah ja«, antwortete ich ihm, »also wie immer.« Ich schmeiße ein paar Klamotten in die leichte Sporttasche. Für ein paar »lockere« Tage muss das reichen, zumal im April. Die Bude ist so billig, dass ich sie für die wenigen Tage einfach behalte. Nach meiner Rückkehr werde ich sie noch für eine gewisse Zeit brauchen. Fehlen wird sie mir aber nicht. Sie besteht eigentlich nur aus einem alten Minifernseher, Röhre, und einem durchgelegenen kleinen Bett, das mit so einer DDR-Bettwäsche überzogen ist, die sich anfühlt wie eine Plastiktüte oder diese alten Fußballshorts aus den Achtzigern, die wir einige Jahre später im Kinderfußballverein immer als Alditüten bezeichnet haben, wenn wir an Spieltagen auf diese merkwürdigen Relikte zurückgreifen mussten. Auf dem schiefen Nachttisch aus Pressholz stehen drei Aschenbecher, wie es sie früher bei McDonald's gab. Die jugoslawischen Handwerker, die sich hier auf Montage einquartiert haben und bei denen man gegen ordentliche deutsche Zigaretten Wurst und selbst gemachtes Gebäck aus Leskovac bekommt, grüßen mittlerweile freundschaftlich, wenn wir uns auf dem Flur oder in den Gemeinschaftsduschen antreffen. »Dobar dan, Alemanski!« Manchmal trinken wir auch was zusammen. Mit Vorliebe Dosenbier und weißen Sliwowitz aus Volvic-Flaschen, die wir reihum gehen lassen. Ich verteile Erdnüsse und Bonnekamp.

## 47.

**AM HAUPTBAHNHOF** habe ich noch etwas Zeit und spaziere in Richtung Spree. Während ich über die Brücke in Richtung Kanzleramt gehe, passieren die Kreuzung gleich mehrere solcher Joggergruppen, die ich immer schon total bescheuert fand. Noch weniger Verständnis habe ich aber für Menschen, die mit Liegefahrrädern unterwegs sind. Die haben meistens viel zu enge und zu kurze schwarze Jeans an, bei denen man die Ringelsocken sehen kann. Von dieser Sorte Mensch scheint es hier relativ viele zu geben, aber die Liegefahrradfahrer sind offenbar keine so verschworene Gemeinschaft, denn sie grüßen sich untereinander gar nicht, wenn sie an einer Ampel nebeneinander warten müssen. Busfahrer machen das immer, dass sie so winken, wenn ein anderer Bus vorbeifährt, und ich finde, dass das eine sehr schöne Sache ist, weil Busfahrer oft so gemütliche dickere Männer mit Stoffwesten sind, bei denen man sich irgendwie immer wohlfühlt, wenn sie so gekonnt an dem großen Lenkrad drehen und die schweren Busse mit den Mittelgangschläuchen durch die engen Innenstadtstraßen gleiten lassen. Am anderen Ende der Brücke drehe ich um und lehne mich an das Gitter über dem Spreeufer. Unten auf dem Fußweg dehnen sich Hobbysportler, haben Getränkeflaschen aus Kunststoff in den Gürtel integriert und große Kopfhörer auf. Sie machen Motivationsgesten, als würden sie gleich gemeinsam ins All fliegen.

Bis auf den Reichstag und ein paar andere Gebäude in der Nähe ist das Viertel auf dieser Seite des Bahnhofes fast ausschließlich mit moderner Massenarchitektur vollgestellt. Alles ist so dermaßen uniform formlos, dass es mich ärgert. Le Corbusier sagte einmal, dass die Architektur und ihre Erschaffer die zentrale Aufgabe hätten, die Voraussetzungen zur kosmischen Reintegration von Mensch und Werk zu schaffen, den evolutionären Entwicklungsweg der Menschheit anzuregen und zu fördern. Allein der Architekt sei nämlich dazu imstande, den Einklang zwischen dem Menschen und seiner Umgebung herzustellen. Urbane Architektur als Mittel der Volkserziehung. Irgendwie glaubt man immer, das sei ein Werkzeug vergangener Regime, irgendwas, das es »drüben« gab oder in der Sowjetunion. Oder bei Hitler und so. Aber ich glaube, das täuscht. Niemand baut ein Regierungsviertel zufällig, und ich habe die ganzen Phrasen noch im Kopf, die man im Studium lesen musste, wenn es darum ging, die andauernde Monotonie dieser modernen Welteinheitsarchitektur euphorisch zur demokratischen Superendstufe zu verklären. Ich habe mich darüber oft mit Marc unterhalten, und er hat schon irgendwo recht, wenn er behauptet, dass diese politisch aufgeladenen Glas- und Betonpaläste die perfekte Kulisse für eine Nicht-Gemeinschaft vieler Einzelner darstellen, auf die er dann immer schimpft. Und die Begleittexte zu diesen Glasbunkern sind immer gleich. Es geht um Transparenz, um Gleichwertigkeit und Sachlichkeit. Irgendwelche superhässlichen runden Betonklötze werden dann zum »Motor der Demokratie«, verzogene Ecken, für die man gläserne Fronten in Altbauten reinhaut, stellen in dieser Wahnvorstellung »Schiffe« dar oder »Erweiterungen überkommener Traditionselemente«. So war das auch bei Thorsten in der Firma. Ich habe das immer als etwas betrachtet, das kommerzielle Gründe hat. Viel Geld für wenig Aufwand, keine Raumverschwendung für Schnickschnack, und wo sollen die ganzen Leitungen hin, wenn man drei Meter hohe Decken hat? Marc meint, diese Durchideologisierung passe ideologisch zu der Leere staatlicher Repräsentanz und der politischen Ödnis der Bundespolitik. Man wolle ja überall ein strikter Gegenentwurf zu allem Alten sein, was in Deutschland mal so war, und wegen der daraus resultierenden Skepsis gegenüber überindividualistischen Kollektiverzählungen sei das gegenwärtige Deutschland nur ein bildloser Staat, alles abstrakt, Repräsentation nur auf Sparflamme und Minimalstufe. Das ganze Regierungsviertel hier ist ein Stein gewordener Mangel an Willen und Kraft, überzeitliche und organische Räume zu schaffen. Ausdruck dieser gegenwärtigen Marotte, alles pseudopluralistisch aufladen zu müssen, was dann zum gewollten widersprüchlichen und unharmonischen Nebeneinander disparater Elemente führt. Altbauten oder traditionelle Repräsentativbauten, die stehen gelassen wurden, müssen zwanghaft »eingeordnet« werden oder bekommen irgendwelche Glaskuppeln und Scherben aufgepfropft, um bloß jede Überzeitlichkeit zu tilgen und den Leuten einzureden, all das, die Fassaden und die Ornamente, seien delinquente Relikte aus finsterer Zeit, die man überwinden müsse. Dabei verschmolz die traditionelle Architektur mit der Umgebung und steigerte deren Eigenheit, während Menschen und Gebäude der Neuzeit zueinander nun ebenso fremd stehen wie zu ihrer eigenen Überlieferung.

Genau das erstreckt sich hier entlang des ganzen Ufers, dem ich meinen Rauch entgegenpuste. Egal, warum es so ist, es ist halt so. Und irgendwie sind auch die ganzen Leute hier so, die Jogger in ihren Funktionsklamotten, die Liegefahrradfahrer mit ihren Lockenfrisuren, den runden Brillen und den Ringelsocken. Sie passen haargenau zu der Architektur der politischen Funktionsbauten. Rund um das Kanzleramt stehen fast nur solche erziehungspolitischen Vorzeigeprojekte. Kann kein Zufall sein, dass ausgerechnet der eine Biergarten positiv auffällt, dessen Hauptgebäude, eine Art altes Landgasthaus im Grünen, wie ein ruhiger Pol aus besseren Tagen dasteht. Alles drum herum aber ist vollgestellt mit diesen Allerweltskisten. Selbst intakte, prachtvolle Gebäude und ganze Straßenzüge hat man abgerissen, so besessen war man vom modernistischen Furor. Ist man bis heute. Und keineswegs ist diese ideenlose und qualitätslose Nachkriegsarchitektur nur mit der kriegsbedingten Wohnungsnot erklärbar, die zweifellos herrschte. Das alles hier ist doch auch Teil einer Geisteshaltung geworden. Nicht nur im Osten, in der DDR. Auch bei den Thorstens und seinen Consultants in den hautengen schwarzen T-Shirts mit V-Ausschnitt und den Nickelbrillen, die ihre eigene Wertlosigkeit überall in Beton und Glas gießen. Und alle Bundesbürger fügen sich diesem Rausch der Moderne. Früher habe ich da nie drüber nachgedacht, über Bundesbürger. Das war für mich einfach ein technischer Begriff. Aber für Marc waren »Bundesbürger« stets eine eigene politische Kategorie. Bundesbürger sein, das beschreibt er immer als eine passive geistige Haltung von Menschen, die einer Art nicht technischer Gedankenkontrolle unterliegen. Langsam kriege ich eine Vorstellung davon, was Marc damit meint. Und überhaupt ist das doppelt lustig, denn Marc hat so einen leichten rheinischen Touch in seiner Sprache und kann »ch« und »sch« nicht aussprechen, wenn es in einem Wort mehrfach vorkommt. Jedenfalls würden sich diese Menschen in die geistige Leere flüchten, predigt Marc immer, weil sie Angst vor sozialer Sanktionierung hätten, deswegen sei ihnen alles egal, solange sie nur ihre Ruhe hätten. Die vollen Regale und Bäuche füllten die Leere dann schon. Hauptsache, der schöne, neue Deutsche kann seine prall gefüllten Einkaufswagen durch die modernen Betonwüsten des hellen Deutschlands schieben, in denen sich diese Arschloch-Architekten des Fortschritts mit immer absurderen Schwachsinnsbauten austoben. Wegwerfkultur ist das, aber sie passt perfekt dazu, dass auch die Mode-, Musik- und Stiltrends sich immer rascher überholen und immer sonderbarer werden. Kaum jemand kann noch ein fünf Jahre altes Foto von sich anschauen, ohne sich für seinen damaligen *style* zu schämen, von dem man kaum mehr weiß, dass man ihn überhaupt bewusst getragen hat. Meist war er einfach da. Und dann glaubt man gar nicht, dass er wirklich da war, und man ist froh, dass er weg ist und hoffentlich nie wiederkommt. Irgendwie muss ich dabei an die Familie Fußbroich denken, aber Marc würde sicher einwenden, dass die Fußbroichs ja ehrliche Arbeiter seien. Verortet, gebunden ans Eigene, »Somewheres«, so was halt.

Hier in Berlin-Mitte sind die Fußbroichs nicht nur geografisch meilenweit weg. Hier ist es trendig, abgehoben, zeitgeistig. Wie bei den Klamotten und

Frisuren bietet man sich auch architektonisch einen Wettlauf des baulichen Nonsens. Buffalos-Plateauschuhe und Helly-Hansen-Jacken aus Beton, klebrige Mittelscheitel aus Glas. So was stellt man sich hier in seine Innenstadt, mitten ins politische Zentrum der Republik. Baukastenwelt, Baukastenmenschen.

Überall bloß noch gestyltes Chaos und progressiver Gigantismus. Beides hat weder Herkunft noch Zukunft. Aber wieder schaue ich mir die Leute an, die an mir vorbeischlurfen oder mit komischen Stöcken in der Hand vorbeiwalken an dieser Architektur der raumlosen Innenstadt. Es ist tatsächlich die richtige Umgebung für diesen Menschenhaufen. Für die Liegefahrräder und diese Einheitsmenschen in grauen Sparkassenanzügen. Selbst die Eckensteher können hier nun besonders gut ihre lächerlichen Frisuren aus den *barbershops*, die an jeder Ecke aus dem Boden sprießen, in den Glaswänden bewundern und nachschauen, ob das in die Haare einrasierte Nike- oder Gucci-Logo noch erkennbar ist.

All das hier passt wirklich haargenau zu dem Menschentypus, der hier herumrennt. Wie die ihn umgebenden Gebäude ist auch er wahllos platzierbar. Er ist überall zu Hause – und damit nirgendwo. All diese Gestalten merken gar nicht, dass sich um sie herum im rasanten Stilwechsel der Wegwerfgesellschaft auch die bauliche Landschaft der Metropolen zu einem unidentifizierbaren Nichts verflüchtigt. Gepanscht aus einem schwallartig über die Städte entleerten Fortschrittsbrei lassen die Fassaden neuzeitlicher Gebäude ebenso wenig erkennen, ob sie in Berlin, Singapur oder Kapstadt stehen, wie man auch in zunehmendem Maße nicht mehr erkennen kann, woher die Menschen stammen, die an ihnen vorbeistromern. Architektur des Abrisses. Nichts weiter. Und der Lack ist überwiegend auch ab. Denn anders als die Fassaden historischer Gebäude vermögen die Bauten der Moderne und Postmoderne nicht in Würde zu altern. Geht die Zeit, geht auch ihr künstlicher Glanz. Wo sie abgerissen werden, erinnert sich niemand ihres meist billig-pompösen Anfangs. Sie bilden höchstens die diffuse Erinnerung an eine schreckliche Verunstaltung der Landschaft, die von der nächsten Marotte abgelöst wurde. Einheitsmenschenstadt, bevölkert von Brei, von dem niemand weiß, wo er herkommt und wo er hingehört. Und exakt aus diesem Grund lässt auch die umgebende Architektur keine Rückschlüsse darauf zu, wo man eigentlich ist und wo man selbst herkommt oder hinwill. Vor lauter Nachdenken habe ich schon ein gutes Stück Filter mitgeraucht, und eigentlich will ich mich nicht aufregen.

## 48.

**IM FLUGZEUG** ist die Goldkettchendichte merklich höher, als sie im bundesdeutschen Durchschnitt sein dürfte. Jerome, Marc und ich sitzen in einer Reihe in der Mitte des Billigfliegers. Jerome kriegt einen Lachanfall und zeigt uns sein Handy, kriegt aber kaum genug Luft, um uns zu erläutern, was denn überhaupt so witzig sein soll. »Ein Affenjunge! Die Mutter hatte eine Affäre, mit einem Schimpansen! Guckt euch das an!« Die Leute in den Nachbarreihen drehen sich schon kopfschüttelnd um. Von Jeromes Display schaut uns ein afrikanischer Junge schüchtern an, der eine Brille und ein gelbes Leibchen trägt. »Das ist ein Angolaner, die sehen halt so aus«, sage ich und schaue prüfend auf dem Bildschirm nach, ob ich erkennen kann, welcher Satire-Website Jerome da jetzt schon wieder auf den Leim gegangen sein muss. »Nein, das ist eine Kreuzung. Frau und Schimpanse, die Behörden dort prüfen das jetzt, steht doch da!« Auch Marc schüttelt den Kopf und lacht. »Selbst wenn der Vater wirklich ein Schimpanse war ... Wenn dieser Junge die BRD-Plastikkarte im Portemonnaie hätte, dann wäre er Deutscher, so wie ihr und ich. Verfassungsfeind, wer das anders sieht. Guckt doch bitte ein einziges Mal ins Grundgesetz!« Ich ziehe die Augenbraue hoch und frage Marc, ob er einen Knall hätte, aber der lacht nur und tut so, als würde er den Verfassungsschutz anrufen und dort melden, dass er mit Leuten unterwegs ist, die die Menschenwürde infrage stellen. Ich schüttle den Kopf und stecke mir meine Kopfhörer ins Ohr. Schimpansen mit Staatsbürgerschaft, so ein Blödsinn. Knapp zwei Stunden später landet das Flugzeug mit einem harten Aufsetzer, die Italiener an Bord applaudieren. *Aeroporto di Roma-Fiumicino »Leonardo da Vinci«*. Welch ein Name. Armando holt uns ab. Er studiert seit einiger Zeit wieder in Italien, und er begrüßt uns mit einem festen Griff an den Unterarm. Er hat sich die Haare wieder wachsen lassen, und seine Frisur sieht jetzt aus wie die Haartracht eines Schmierlappens erster Güte. Ich rauche mir eine. »Armando, hast du etwa aufgehört? Wie hast du das gemacht?« »Keine Ahnung, ich rauche einfach nicht mehr. Basta!« Dann brettern wir mit seinem Kleinwagen los, mitten rein in die italienische Hauptstadt. »Hinten ist scheiße«, sagt er, aber man sitzt auf den umgedrehten Bierkisten mit angeklebten Sitzkissen besser, als man auf den ersten Blick glauben könnte. Wir beziehen unsere kleine Ferienwohnung in der Nähe des Bahnhofes Termini. Ein Freund von Marc, der hier an einer der Universitäten studiert, hat uns eingeladen, mit ihm den Nachmittag zu verbringen. »Den Nachmittag verbringen, klar. Wir wissen ja, wo das wieder enden wird«, sage ich noch. Aber keiner hört mich, weil Armando so schnell fährt und deswegen der Fahrtwind so laut ist. Marc und Armando wollen noch ein paar Dinge erledigen, deswegen bleibt mir etwas Zeit, diese Stadt ein wenig zu erkunden. Armando empfiehlt mir was, wo man entspannt ein paar Stunden verbringen könne, bis wir uns am Nachmittag alle wieder treffen wollen. Ohnehin hätten wir sehr gut geplant, meint Armando, denn diese Jahreszeit sei die beste Zeit, um Rom zu bereisen. Tatsächlich: Über den Palazzi, den charakteristischen Häusern in der Ewigen Stadt, steht eine wärmende Sonne, deren Licht die Stadt in eine Art goldenen Schein hüllt. Hier, auf diesem Stück der *Via Merulana,* flanieren vor einladenden Pasticcerien und Möbelgeschäften gut gekleidete Damen und Herren mit großen Sonnenbrillen. Viele reden energisch und gestenreich in ihre Mobiltelefone, ein Anzugträger telefoniert mit zwei Handys gleichzeitig. Beide Telefone sind solche Modelle zum Aufklappen, die noch eine ausziehbare Antenne haben. Mit einem Bus fahre ich einige Zeit lang durch die Stadt, westwärts, bis zur Haltestelle *Palazzo Sport*.

Vor mir baut sich eine mächtige Mehrzweckhalle auf, ein runder Glasbau, den ich aber ignoriere. Hier oben steht man auf einem kleinen Hügel. Es ist der Abschluss des Stadtteils *EUR*, geschaffen als Austragungsort für die *Esposizione Universale di Roma*, die Weltausstellung, die 1942 in Rom hätte stattfinden sollen. Heute ist dieser Teil der Stadt der Standort zahlreicher Unternehmen, von Ausstellungshallen, Museen und Bundesbehörden, zudem ein beliebter und entsprechend teurer Wohnort. Ich gehe die kerzengerade Hauptstraße hinunter, atme die warme Luft, die sich auf meine bleiche Haut legt. Alles blüht. Eine erfrischende Brise zieht über die grüne Wiese an dem wunderschönen See, dem *Lago dell'EUR*, Ruhepol dieses sagenhaften Stadtteils. Der leichte Wind lässt die vielen Kirschblütenblätter, die in dieser Jahreszeit so charakteristisch die begrünten Hügel säumen, über den Rasen tanzen. In der Luft steht dieser Duft, den man kaum beschreiben kann. Man spürt ihn an den ersten sonnigen Tagen des neuen Jahres, wenn die Milde des Frühlings den langen Winter zurückdrängt. In dem kleinen Biergarten am See bin ich der einzige Gast. Mit einer Flasche naturtrüben Bieres setze ich mich in einen der Plastikstühle, direkt ans Wasser. Hier möchte man nie wieder weg. Immerhin wäre der Kühlschrank neben dem kleinen Verkaufshäuschen gefüllt genug, um die ganze Nacht hier zu sitzen. Der *Kirschblütensee* ist tatsächlich ein Ruhepol, kein Vergleich zu der hektischen Innenstadt. Auch Touristen verirren sich kaum hierher. Hier entspannen die Römer, lassen die Seele baumeln. Einige Pärchen fahren Tretboot, elitär daherkommende Ruderklubs trainieren für die nächste Regatta, Kerle in weißen Sporttrikots und mit faserigen Armen reißen im Takt an ihren Rudern. Über dem See kreisen Möwen. Bis zum Meer, bis zum *Lido di Ostia* wären es nur wenige Stationen mit der Stadtbahn. Aber ich muss in die andere Richtung.

Auf der *Viale Europa,* in der Sichtachse der Basilika St. Peter und Paul, bummeln die Kinder reicher Eltern an stylischen Geschäften vorbei, tummeln sich aufgeweckte Gören der höheren Schulklassen in den flotten Bars und machen Hausaufgaben. Das *Quartiere,* ich durchstreife es staunend, flaniere bis zu einer Haltestelle der Metro, die direkt hinter dem quadratischen Kolosseum liegt, dem Herzstück des *EUR*. Ich schaue durch das Weinglas, in dem ein orangeleuchtender Aperol Spritz sprudelt, den ich mir für einen glatten Zehner in der schicken Bar hier um die Ecke gegönnt habe. Der Platz davor ist tatsächlich nach Konrad Adenauer benannt. Wie fancy. Vor mir baut er sich auf, dieser unwirkliche Bau, der *Palazzo della Civilta Italiana*. Das Fundament ist von einer majestätischen Treppe umfasst. Knapp fünfzig Meter ragt das Gebäude von seinem Fundament aus in die Höhe. Der Blick verliert sich in den mehr als zweihundert Rundbögen, in den mächtigen Marmorfiguren, in der Inschrift, die eine ganze Kultur, die gesamte *Italianità* an ihr inneres Wesen erinnert: *Ein Volk der Dichter, der Künstler, der Helden, der Heiligen, der Denker, der Wissenschaftler, der Seeleute, der Wandernden.* Das *Quartiere EUR*, das ist ein Fenster in eine andere Welt, hier verbindet sich der in Marmor, in Römischen Travertin und in Sandstein gehauene Neoklassizismus mit der Antike, der schlichte *Razionalismo* mit prachtvollen Fresken und mächtigen, Ehrfurcht erregenden Statuen, entschlossen in den hellblauen Himmel ragenden Obelisken, alles wiederum eingerahmt von Wasserspielen, vom Grün der Palmen und Pinien. In einer der kleinen und großen Parkanlagen stehen junge Leute in weiten Jeanshosen und spielen Gitarre. Freunde des Windes. Beamte in schnieken Zwischenmänteln und Sonnenbrillen schlürfen derweil Espresso. Lebenselixier.

Mit der Linie B der Metro sind es zwei Stationen bis zur *Basilika San Paolo*, die im gleichnamigen Stadtteil liegt. Die Fakultäten einer der großen Universitäten der Stadt verteilen sich über das ganze Viertel. Hier sind wir zum *Aperitivo* verabredet. Eine kulturelle Angewohnheit insbesondere der Römer, nach Feierabend ein, zwei Getränke in einer Bar zu sich zu nehmen und allerlei Zeug von weißem Plastikgeschirr zu naschen. Wir treffen uns unweit der Haltestelle an einem kleinen *Café*, doch ich bin offenbar zu spät. Marcs Kumpel Theodor und seine Kommilitonen verabschieden sich schon voneinander. »Alles Luschen, haben Schiss wegen der mündlichen Prüfung morgen«, sagt Theo zur Begrüßung. »Aber komm, ich weiß, wo wir jetzt hinfahren!« Theodor ist ein ganz zarter Typ und trägt auch so eine Metallbrille mit ganz kleinen, runden Gläsern. Früher, sagt er, da wollte er Militärmusiker werden. Aber ihm wurde vom Wehrdienstberater mit dem Hinweis, von »diesen Exoten« keine Ahnung zu haben, stattdessen ein Einsatz bei den Fallschirmjägern oder beim Kommando Spezialkräfte empfohlen, und jetzt studiert er Cello und Gesang.

Wir gehen zurück zur Metrostation. Nach einigen wenigen Stationen erreichen wir die Haltestelle *Cavour*. »Noch ein paar Minuten die Straße rauf, dann sind wir da.« Während wir den leichten Anstieg entlang der viel befahrenen Straße hochgehen, erzählt uns Theo von diesem Ort, an den er uns bringen will. Verabredet sei er dort mit niemandem, aber es seien immer Leute dort, die man kenne. Den ganzen Tag lang gingen Freunde und Bekannte ein und aus, viele gehörten zu einer der größten rechtsgerichteten politischen Bewegungen des Landes, sagt er, aber viele seien auch nur Freunde von Freunden, andere Leute dort wiederum immer auch normale Gäste, Touristen und so was.

## 49.

**DIE BAR LIEGT AN EINER HAUPTSTRASSE** im Stadtteil Monti, direkt auf einem Eck. Daher auch der Name: *Carré Monti*. Auf den ersten Blick scheint es eine normale Bar zu sein, wie es sie hier an jeder Ecke gibt. Doch etwas ist anders. Theo winkt einigen Leuten auf den Stühlen vor dem Eingang zu. Es ist einiges los. *Aperitivo* eben. Das Interieur ist schlicht, aber unglaublich stilvoll. Es hat einen starken französischen Einschlag, die Details sind liebevoll. Die Speise- und Getränkeanschläge sind verspielt verschnörkelt und handgemalt, ohne es an Stringenz missen zu lassen. Das gesamte Arrangement ist eine organische Kombination aus Jugendstil und dem romanischen Europa der Zwanzigerjahre. Ästhetische Bilder und Fotografien zieren die Wände, ein alter Militärdolch thront eingerahmt auf einem roten Samtkissen. In einer Ecke hängen Postkarten aus aller Welt. Eine sticht hervor – in den deutschen Farben: *Burschentag 2015*. In den Regalen stehen Weinflaschen neben einer Bücherwand. Auf den kleinen Marmortischplatten stehen Chips und Oliven, das bunt gemischte Publikum versprüht internationales Flair und die Gelassenheit eines Feierabends an einem sonnigen Frühlingstag. Viele hier scheinen einander zu kennen. Auch Armando ist da. Er und Theo stellen uns vor. Einigen Stammgästen, die an der Theke stehen und Campari trinken. Und den Inhabern. Chiara und Sébastien sind ein Ehepaar und beide in ihren Vierzigern. Sie trägt blondes Haar, strahlt, als sie Theo und Marc erkennt, und begrüßt uns dann in aller Wärme. Sie wirkt unglaublich jugendlich. Ihr Mann, den alle Seb nennen, begrüßt uns mit einigen Wortfetzen auf Deutsch. Im Gegensatz zu seiner stets aufgedreht heiteren Frau wirkt er etwas knochig und trocken. Aber das täuscht. Hinter der Schale des ehemaligen Offiziers liegt das Gemüt eines wahren Gastgebers. Wie Seb stammt auch Pierre eigentlich aus Frankreich. Pierre ist die gute Seele des Betriebes. Und ein begnadeter Koch. Zu dritt betreiben sie diese Bar. Geöffnet wird früh, zum Berufsverkehr. Meist schon vor sieben. Geschlossen wird, wenn der letzte Gast geht. Je nachdem, wie viele befreundete Aktivisten und gut aufgelegte Gäste gerade vor Ort sind, kann das spät werden. Sehr spät. Chiara zapft uns Bier.

Auf dem Zapfhahn steht Beck's, aber tatsächlich am Faß hängt Forst. Aus Südtirol. Aus dem Rucksack hole ich eine Flasche Pfeffi. Den guten natürlich, für unter vier Euro. Marc sagte mir, dieser sei hier sehr beliebt, seitdem Theo den Italienern erläutert hätte, dass der giftgrüne Pfefferminzlikör in Deutschland auch als »Skinheadzahnbürste« bezeichnet werde. Schnell stehen wir in einer kleinen Gruppe um den Pfeffi und stoßen an, kommen ins Gespräch.

Ein weiterer Franzose kommt dazu. Er ist um die dreißig, arbeitet als Grafikdesigner. Neben mir ein Italiener mit handfestem und beneidenswertem Schnäuzer, der gerade seine Schicht im »Testa di ferro« beendet hat, einer nonkonformen Buchhandlung, die nur eine Straße weiter täglich geöffnet hat. Es ist wie im Taubenschlag. Ständig kommen und gehen Leute. Mindestens die Hälfte scheint irgendwie dazuzugehören, begrüßt andere Gäste mit den typisch italienischen Wangenküsschen oder einem beherzten gegenseitigen Unterarmgriff. Vor der Bar braust der Feierabendverkehr vorbei. Es wird gehupt und geschimpft, Leute rufen sich Grüße zu. Mit einem Bier in der Hand schaue ich die Straße runter. Die *Via Giovanni Lanza* kreuzt einige Hundert Meter weiter unten die *Via Cavour*, die wiederum direkt auf die *Via dei Fori Imperiali* zuläuft, die das Kolosseum mit der *Piazza Venezia* und der römischen Altstadt verbindet. Direkt vor der Bar liegt eine kleine Kirche, durch die letzten Sonnenstrahlen in gleißend gelbes Licht getaucht. Seb bringt eine Runde Sambuca raus. Wir sind heute seine Gäste, sagt er. Überhaupt spürt man das Herzblut und die Leidenschaft aller, die hier mitwirken. »Beeindruckend, dass ein solcher Ort sich hält«, sage ich. Und Theo erklärt mir, dass das auch daran liege, dass ständig befreundete Leute sich extra, aber freilich auch von Herzen gern aufmachen, um hier einen Espresso, einen Aperitif oder ein Bier zu trinken. Einen Plausch zu halten, fast täglich. Klar, die Betreiber müssen von diesem Betrieb leben. Aber man spürt, dass das hier mehr ist als eine normale Bar. Allein schon die Preise sind ungewöhnlich niedrig für diese Gegend. Und ständig kredenzen Chiara und Pierre ihren Gästen kleine Snacks, toasten die handbelegten Focaccias und verteilen sie auf den Tischen. Ohne Aufpreis. Praktisch, denn so brauchen wir nirgendwo zum Essen hin und können uns weiter den Drinks widmen. Erst scheint es, als würde der Abend auslaufen, aber dann wird es dunkel, und plötzlich strömen unzählige Leute herbei, alle in Feierlaune, und so steigt im *Carré* an diesem Abend die Stimmung. Wir machen uns einen Spaß daraus, laut die ulkigsten Schlager aus Italien und Frankreich aufzudrehen, insbesondere aber läuft deutscher Schlager. »Schlager ist Deutschlands Auferstehung«, meint Marc zu Seb, und dass der Ballermann so etwas wie eine alkoholbedingte Volksgemeinschaft schaffe, in der alle Gegensätze überwunden seien. Wir ziehen etwas die Augenbrauen hoch, aber Marc ist heiß gelaufen und stellt diverse Lieder ein, um seinen Standpunkt zu erläutern.

*Aus dem Osten; aus dem Westen*
*Bauarbeiter und Juristen*
*Junge Hüpfer, alte Hasen*
*Alle feiern hier zusammen*
*Ganz egal, ob arm oder reich*
*Heute Nacht sind wir alle gleich*

»Denn wir sind nuuuuuuur besoffene Deutsche, olé olé!«, und Marc hat fast Tränen in den Augen. »Außerdem«, fügt er hinzu, sei Schlager total romantisch, denn da werde immer von einer großen Sache gesungen, »und wenn die nicht sein kann, dann soll auch nichts anderes mehr sein auf dieser Welt.« Er schaltet ein neues Lied an, in dem eine Pornodarstellerin singt:

*Du bist der geilste Ort der Welt*
*Bist unser Leben und alles, was zählt*
*Hier an der Playa sind wir nie allein*
*Mallorca, da bin ich daheim*

»Hört ihr das? Du bist das Leben und alles was zählt. Also wenn das nicht sein soll, dann soll auch nichts anderes auf der Welt sein. Das ist Gemeinschaft, das ist Heimat, das ist Romantik, ihr Banausen! Und in fast jedem Lied gibt es dieses Feuerwerk, diese ganz kurze Pause, nach der dann der Knaller gezündet wird. Achtung … jetzt! Klick, wuuusch!«, erklärt uns Marc und macht dabei eine Bewegung, als würde er eine Silvesterrakete anzünden und in den Himmel jagen. »Das ist Action, das ist Power, meine Kerle!« Mich deucht, er spricht im Fieber, zumal er uns dann noch Konzertausschnitte von Wolfgang Petry auf seinem Handy zeigt und auf den Deutschenanteil im Publikum aufmerksam macht. Fanatische Deutsche mit wilden Bürstenschnitten und Schnauzbärten klatschen fanatisch im Takt. Greifen nach ihrem Idol mit Oberlippenbart, alle Arme werden ihm entgegengestreckt. Kinder, so blond, als wären sie in einem Goldstaubregen geboren worden, werden ihm hingehalten, auf dass er sie berühren, tätscheln, ja segnen möge. Diese Deutschenmasse eint ein Ziel, sie wird auf dem eisernen Amboss des Schlagers zum Volk geschmiedet, und ein Wille hat dieses Volk dort nun zusammengebracht in den Gregor-Melches- und Parkstadien des deutschen Ruhrgebietes. Sie sind seine Soldaten. Ihre Uniform ist der Jeansanzug. Sie beten nicht *für* Wolfgang, sie beten *zu* ihm. Da jubeln sie ihm zu und wissen womöglich gar nicht, dass dieser Ruhrpottkracher in Wahrheit gebürtiger Kölner ist. Egal, hier sind alle gleich. Deutsch. Und immer wieder dieser Rhythmus, das Klatschen über den Köpfen, geschmeidig wie eine unaufhaltsame Panzerkette. »Hardcore-Alman-Deutschheit ist das, zu dieser Musik könnte man im Stechschritt über den Roten Platz marschieren!« Dann lacht auch Marc über seine Blödelei, und wir lachen alle, und wir ziehen uns noch weiter Pfeffi aus Espressotassen rein.

Etwa kurz vor Mitternacht betreten zwei Mädel den Laden, vom Typ her eine nicht unattraktive Mischung aus Perlenpaula und typischem Studentenlook. Sie wissen nicht, dass wir sie verstehen, während sie sich fragen, ob sie hier wohl noch etwas zu trinken bekommen. Die meisten anderen Bars in der Gegend sind längst geschlossen. Die eine bestellt auf Englisch zwei Weißwein. Theo hat Chiara ein Zeichen gegeben, dass die beiden aus Deutschland seien, vermutlich eher etwas links angehauchte Erasmus-Studentinnen. Chiara legt Helene Fischer auf, und ich frage die Blonde der beiden etwas plump und auf Deutsch, woher sie seien. »Ist mein Englisch so schlecht? Oder wie kommst du drauf, dass wir aus Deutschland sind?«, fragt sie etwas angesäuert. »Ich habe es an deinen Birkenstocks erkannt«, erwidere ich, und wir schauen uns schweigend an. Die Situation ist so absurd, dass wir beide schmunzeln müssen, wobei nicht ganz klar ist, ob sie es lustig findet oder angecreept ist. Natürlich trägt sie gar keine Sandalen, aber irgendwie scheint das Eis doch zu brechen. Weil Theo und Marc sich in einer mehrsprachigen Stehrunde mit einigen Gesichtstätowierten verquasseln, hocke ich mich zu den beiden Mädeln, die tatsächlich hier in Rom studieren, aber kein Italienisch sprechen. Chiara wechselt die Musik und spielt eine Playlist mit italienischer Musik auf, die einige Gäste zum Tanzen animiert. Es ist weit nach Mitternacht, aber noch immer ist der Gastraum gut gefüllt, und eine unvergleichliche Atmosphäre euphorisiert mich geradezu. Wir trinken mittlerweile Wein aus Flaschen, aber ich halte mir als Hauptgetränk Bier. Auf dem Tresen wird Absinth zubereitet, in einer uralten Fontäne, aus der jetzt dieser giftgrüne Saft herausläuft und sich über einige Stücke Zucker seinen Weg in edle Pontarlier-Gläser kämpft. Das Gespräch mit der Erasmus-Studentin vertieft sich etwas, während wir noch zu zweit in der kleinen Sitzecke auf der Holzbank sitzen. Die andere Erasmus-Deutsche hat sich derweil die Hoheit über die Musik erkämpft. Dieser Theo kommt an unseren Tisch und klopft zum Abschied auf den Marmor.

»Ossiangewohnheit«, denke ich, während mir auffällt, dass er ganz schön ramponiert zu sein scheint von dem vielen Sambuca. Aber er reißt sich zusammen und winkt mir zu, als wolle er mir etwas sagen. Ich gehe kurz zu ihm, und er erklärt mir lallend den Weg zu einer kleinen Brücke, von der aus man einen freien Blick auf das beleuchtete Kolosseum habe. »Da küsst dich jede!«, meint er und legt dabei die Hand auf meine Schulter, auch, um sich etwas zu stützen. Mit dem Hinweis auf seine Prüfung um neun in der Früh verabschiedet er sich in die Nacht. Den Namen von dem Mädel habe ich schon nach wenigen Sekunden vergessen, aber ich stelle ihr die Idee mit dem Kolosseum vor. Also, wegen der Kultur und der Aussicht, versteht sich. Zwar sitzt ihre Freundin wieder mit am Tisch, aber die macht glücklicherweise die Biege. Zu zweit gehen wir die paar Meter die Straße runter, über einen malerischen Treppenaufgang und noch einmal um ein paar Ecken. Tatsächlich. Die Brücke mit den kleinen Sitzbänken. Von hier sieht es aus, als schwebe man auf halber Höhe vor dem Kolosseum, das spektakulär beleuchtet in der Nacht liegt. Chiara hat uns eine Flasche Weißwein und Plastikbecher mitgegeben, aus denen wir nun weiter den Chardonnay trinken. Es ist kühl geworden, aber wir verlieren uns im magischen Anblick, in der Sogkraft dieses fast zweitausend Jahre alten Monumentalbaus der Menschheit. Wir starren einfach so drauf, bis mein Gehirn aussetzt und ich etwas näher an sie heranrücke, meinen Arm um sie lege und sage: »Das ist so romantisch, da müsste man eigentlich rummachen.« Sie dreht sich zu mir und lacht. »Boah, ist das stumpf. Aber ja, eigentlich schon.« Sie ist ganz warm an ihren Hüften, und ihre Haut ist wachsweich. Es ist ein komisches Küssen, weil es sich nicht so anfühlt, als hätten wir uns gerade erst kennengelernt. Allerdings bin ich in Gedanken auch woanders. Bei *wem* anders. Vielleicht liegt diese scheinbare Vertrautheit auch daran. Fremder Atem auf dem Hals, manchmal halten wir inne, umarmen uns, als seien wir die beiden letzten Menschen auf dem Planeten, die nach Jahren des einsamen Streifens durch die Trümmerwüste der Erde zueinandergefunden haben. Über dem Kolosseum ist der Mond so nah. Meine Augen sind weit aufgerissen. Sie müssen offenbleiben, weil mir sonst viel zu schwindlig wird und ich überdies so unauffällig wie möglich versuche, das Gleichgewicht zu halten. Außerdem muss ich so dringend aufs Klo, dass ich nicht weiß, wie lange ich es weiter unfallfrei werde halten können. Beides gelingt mir mäßig. *Ultimi romantici.*

Nach einer gefühlten Ewigkeit schauen wir uns an. Sie verabschiedet sich, ihr Nachtbus kommt. Zufälligerweise müsse ich in denselben Bus, sage ich, obwohl es gar nicht wahr ist, und wir fahren noch einige Stationen, bevor ich aussteige. Als ich ausgestiegen bin, merke ich, wie megabetrunken ich bin und dass auch der Kater schon einsetzt, weil ich wegen der ganzen Knutscherei nicht mehr genug Wein nachgefüllt habe. Und ich merke, dass wir nicht einmal Nummern oder so was ausgetauscht haben. Irgendwie ist das zwar wieder symptomatisch, aber wirklich länger ärgere ich mich darüber auch wieder nicht. Als ich so auf den menschenleeren *Circus Maximus* schaue und zwischen den Gedanken schwanke, ob ich vielleicht der dümmste Mensch der Welt bin und wie ich nun überhaupt zu unserer Bude zurückfinde, bemerke ich, dass ich *wirklich* der dümmste Mensch der Welt bin. Mein Rucksack ist weg. Offenbar gestohlen worden, während wir in unserer flüchtigen Romantik, dieser schnellen Nummer ohne Anschluss, versunken waren. Ich winke ein Taxi heran und fahre zurück zu der Brücke. Aber: nichts. Alles weg, keine Spur von meinem Rucksack. Nur ein paar illegale Händler stehen noch rum, die ich verdächtige, die Gelegenheit genutzt zu haben. Kurz überlege ich, einen von ihnen zur Rede zu stellen, der mich blöd anglotzt. Überlege, ob ich einen Kampf anfangen oder ihn ausquetschen soll. Aber ich erkenne die Sinnlosigkeit und sinke auf die Sitzbank, wo wir zuvor schon gesessen haben. Die Uhr zeigt mittlerweile halb sieben. Morgengrauen. Mir kommt ein Geistesblitz, und ich stapfe zurück. An einem Imbiss kaufe ich mir ein *Suppli*, eine Art Nugget aus Reis, der meist in Bolognesesauce gemischt und dann paniert und frittiert wird, natürlich mit Mozzarellakern. Theo meint, wer das nicht gegessen habe, der brauche gar nicht zu behaupten, mal nach Rom gekommen zu sein. Zurück um die hübschen Ecken entlang des *Parco del Colle Oppio*, vorbei an der prächtigen Ingenieurswissenschaftlichen Fakultät der Universität *La Sapienza* und mitten durch den malerischen Treppenaufgang, dann schleppe ich mich wieder die *Via Giovanni Lanza* hoch.

An der Ecke sehe ich das *Carré Monti* wieder, während die aufgehende Sonne mir wärmend in den Rücken scheint. Es hat geöffnet. Pierre lächelt mich an. »Tough night?« Ich nicke und bestelle einen doppelten Espresso. Während Pierre den frischen Kaffee aufbrüht, schaue ich in die gleißende Morgensonne, die über der kleinen Kirche in den Himmel steigt. Das Lokal ist gut gefüllt, allerlei Büromenschen stehen rund um den Tresen, verdrücken in Windeseile ihre Cornettos, eine Art Croissant, und schlürfen Kaffee wie die Zombies, nur dass Zombies keine so große Auswahl brauchen. *Espresso, Ristretto, Caffè doppio, Caffè lungo, Cappuccino, Cappuccino con panna, Macchiato, Caffè latte, Caffè d'orzo, Granita di Caffè,* die Untertassen, Becher, Gläser und Löffel wirbeln nur so über den Tresen. Wildes Geschnatter in Vokalharmonie. Pierre serviert mir meinen Kaffee und fragt in akzentgeschwängertem Deutsch, ob ich dazu noch etwas haben wolle. »Ja!«, sage ich. »Ein Bier. Ein Bier und einen Sambuca.« Über uns die Möwen und ihr infernalisches Geschnatter.

## 50.

**»SAG MAL, DAS MIT DER FAMILIE** und den vielen Kindern, meinst du das eigentlich ernst? Das ist doch irgendwie alles noch so weit weg?«, frage ich Marc, der mich mit seiner Musik geweckt hat. »Voglio ballare con te«, Italo-Pop von Baby K. Es ist Nachmittag, und ich liege auf dem Minisofa in der Wohnküche unserer Bude. »Siehst du, du kennst doch deinen Opa, und der hatte ja auch einen Opa. Und schon vor zweitausend Jahren, da hat sich jemand eine Feuerstelle in seine Behausung gebaut, um seine Sippe zu wärmen, mit bloßen Händen gejagt, um diese Sippe zu ernähren. Und vor eintausend Jahren, da stand irgendwo jemand an einem Mühlstein oder einem Amboss, hat sich auf Feldern abgemüht, allen Unterdrückern und Krankheiten getrotzt. In so vielen Kriegen haben sich Männer behauptet, nicht verzagt oder sich aufgegeben. Und die alle hatten einen Sohn oder eine Tochter, und die hatten wieder Nachkommen, und diese Nachkommen hatten auch Kinder. Durch alle Generationen und Zeiten gibt es jemanden, von dem du unmittelbar abstammst, dessen Fleisch und Blut du bist. Und wenn du oder ich keine Nachkommen mehr haben, dann ist dieses Werk der Jahrtausende einfach zerstört, stirbt diese unglaubliche Linie aus. Ist das denn nicht fürchterlich, dieser Gedanke?« Marc stellt mir eine Tasse Espresso auf den Couchtisch.

»Hm, aber wenn es nicht funktioniert oder nicht sein soll, ich meine, wer weiß schon, was mal sein wird?«, entgegne ich, irgendwie nicht ganz bereit für so einen Bezug auf die Jahrtausende. »Und du mit deinem politischen Getue und diesen Aktionen immer, ist das nicht auch, um eine Leere zu füllen, wo du nicht einmal weißt wohin mit dir? Wie soll das denn mit Kindern sein?«

»Sieh mal, dieses Auflehnen, diese Aktionen, die werden ja von Ideen und Überzeugungen gemacht, und die erwachsen aus Gefühlen, aus diesem Bewusstsein der Überzeitlichkeit unseres Volkes und all dem, was daraus folgt. Und ich weiß, dass die einfach richtig sind. Ich weiß auch, wo ich hin will, aber die Welt bei uns in Europa ist derzeit halt völlig irre und läuft gegen uns, beraubt uns unserer Potenziale und Träume, nur, weil wir noch Deutsche sein wollen. Aber deswegen springe ich doch nicht aus diesem Weltenlauf einfach raus mit meiner ganzen Linie, verstehst du?« Ich weiß es nicht.

»Kannst du echt nur mit Ketchup fressen, die Scheiße!«, schimpft Marc lauthals, während er eine Brühwurst kaut, die er im Discounter nebenan gekauft hat. »Schnauze, ich telefoniere«, schreit Jerome aus dem Nebenzimmer. »Wenn wir wenigstens Hela-Gewürzketchup hätten!« Ja, das wäre gut.

»Keinen Tag im Leben Hunger gehabt, und trotzdem grübeln wir so über alles und finden keine Ruhe, ist das nicht komisch?«, frage ich so vor mich hin. »Das ist, weil wir Deutsche sind, auch wenn du vielleicht glaubst, das existiere alles gar nicht mehr, weil dir irgendwelche Clowns in Talkshows erzählen wollen, dass es uns ja gar nicht gäbe und am besten gar nicht mehr geben sollte. Dieses Hinterfragen und Grübeln, das ist so, weil auch du ein Deutscher bist. Mach was draus, du musst das in gesunde Bahnen lenken, dir eine Aufgabe suchen. Sei aktiv, gestalte etwas, dann geht es immer weiter.« »Du meinst so was wie italienische Gummiwürstchen in der Pfanne zu gestalten?«, bemerke ich scherzhaft-süffisant, und Marc sagt mit ketchupverschmiertem Mund, dass ich einfach die Fresse halten soll, und dann lachen wir beide.

Ich schiebe mir auch so eine Wurst rein und muss fast kotzen. »Was sind denn diese Ideen, wie soll ich das verstehen«, frage ich, während ich diese widerliche Wurst kaue. »Naja, wir wollen einfach unser Land zurück, so doof das klingt. Sozialen Frieden, unser Recht auf Heimat«, meint Marc und starrt in die Pfanne. »Der Staat soll dafür sorgen, dass wir nicht zu Fremden im eigenen Land werden, aber das ist ja längst der Fall. Und sozialer Friede bedeutet halt auch, als Einheimischer überwiegend vertraute Gesichter zu sehen und vertraute Sprache zu hören. Unser Staat soll einfach wieder seiner ureigensten Aufgabe nachkommen, nämlich der Staat der Deutschen zu sein. Ich will einfach, dass der Staat dafür sorgt, dass es unser Volk in unserem Deutschland auch in fünfzig, hundert und in zweihundert Jahren noch gibt. Stattdessen fördern diese Pimmelköpfe von der CDU diese Zivilbesatzung … und ich fresse jetzt diese Wurst, weil ich nichts wegwerfen kann, Mann ey!« Marcs Stimme bebt, und er schaufelt sich auch noch die letzte Wurst rein. »Junge, was keift ihr da rum, und wieso stinkt die ganze Bude?«, fragt Jerome und geht in Richtung des einen Bades, das an die Wohnküche angrenzt. »Ist das so das, was ihr auch bei diesen Seminaren immer bequatscht mit euren Professoren und Publizisten, und so was?«, frage ich, aber Jerome lacht nur, dass er da nicht hingehe. »Die tun sich da immer mit Sachen bespaßen, die doch eh klar sind. Die Opas da sollen mich nicht volltheoretisieren, die sollen einfach sagen, was man anzünden soll!« »Okay«, sage ich, aber dann lacht Jerome und meint, er verarsche mich nur. »Klar verarscht der dich, der sitzt jedes Mal in der ersten Reihe und schreibt sogar mit, der Affe. Als ob er sich das dann jemals nochmal angucken würde«, lacht Marc, und Jerome winkt nur grinsend ab.

Unter der Dusche denke ich darüber nach, über meine Vorfahren, die neben irgendwelchen Ritterburgen gelebt haben könnten. Was würden die wohl sagen? Ich glaube, die würden mir in die Eier treten.

## 51.

**NACH EINEM SO AUSGIEBIGEN** wie ziellosen Spaziergang durch die Altstadt stehen wir am nächsten Morgen relativ erholt auf der *Terrazza del Pincio* oberhalb der *Piazza del Popolo* und genießen die Aussicht. Marc isst einen Apfel vom Markt, Jerome ein Brötchen mit *Porchetta*, also Schweinebraten. Traditionell mit Barbecuesoße aus der Tube. Ich rauche eine Parisienne und trinke Cappuccino aus einem Pappbecher, den mir der Verkäufer noch aufwendig in Alufolie eingewickelt hat, damit er nicht auskühlt. Dann laufen wir zum Treffpunkt, dem Aufstellungsort einer Demonstration, zu der man uns eingeladen hat, sie zu begleiten, bevor am Abend das große Festival steigt. Von der *Piazza della Repubblica* kommend biegen wir in Richtung Bahnhof Termini ein. Kurz vor dem Busbahnhof liegt ein barfüßiger Afrikaner bäuchlings in einem großen Blumenbeet und schaufelt sich mit einer Gabel Erde in seinen Mund. Er bildet einen merkwürdigen Kontrast zu der wunderschönen Wasserfontäne des Springbrunnens, um den herum sich laut hupend kleine Autos und unzählige Motorroller schieben. Direkt vor dem Eingang zum Hauptbahnhof lungern ebenfalls unzählige Afrikaner herum, sitzen auf einem Marmorquader, den man nur den »Pavianfelsen« nennt, Drogenpäckchen wechseln den Besitzer, während die *Carabinieri* gelangweilt auf ihre Handys starren. Obwohl das hier der Ort ist, der fast alle Besucher der Stadt zuallererst empfängt, ist hier alles unfassbar versifft. Nur die neue Filiale von Kentucky Fried Chicken genügt noch so halbwegs wenigstens nordamerikanischen Standards. Standortanalyse können sie offenbar. Einige Blocks weiter streifen wir durch die eigentlich altehrwürdigen Kolonnaden der *Piazza Vittorio*. Überall hängen beschäftigungslose junge Männer aus den gottverlassensten Gossen der Erde herum, liegen in den Eingängen und den Treppenaufgängen der uralten Gebäude, hier und in der ganzen Stadt. Quatschen einen an, wollen einen festhalten, um einen so lange vollzulabern, bis man ihnen ihre komischen Armbändchen in Jamaica-Farben abkauft. Drum herum stehen illegale Verkaufsstände, an denen billige Gürtel und Schuhe und so was feilgeboten werden. Leute aus Bangladesch verticken Regenschirme und Souvenirs. Gammlige *Halal-Chicken*-Buden bestimmen die Szenerie, die Fassaden und Säulen aus der Zeit des *Risorgimento* sind weithin mit Graffiti verunstaltet. Immer wieder starrt man in die leeren Augen des unendlichen Heeres der hier gestrandeten Afronauten. »Hier sieht es aus wie auf dem Planeten der Affen!«, meint Jerome und schüttelt den

Kopf. »Warum tragen diese Afghanen eigentlich immer diese komischen Cargohosen, die an den Waden so eng zusammenlaufen?«, fragt Marc, aber Jerome meint, er wisse es nicht. Es möge vielleicht daran liegen, dass die alle behindert seien. An einer Straßenecke haben sich schon einige Horden an Bereitschaftspolizisten verschiedenster Behörden positioniert. Sie stehen lässig auf dem Bürgersteig, lehnen sich auf ihre Schutzschilde, telefonieren, die meisten tragen Sonnenbrillen und haben viel Gel in den Haaren.

## 52.

**EIN PAAR SEITENSTRASSEN WEITER** laufen wir mitten rein in die Aufstellung. Armando lotst uns per Handy zu seinem Standort, quer durch die Menschenmassen. Auf einem kleinen Plätzchen und in den angrenzenden Straßen ist alles voller Demonstranten. Viele gut gelaunte, sportliche junge Männer, die meisten in Hüftjacken und Turnschuhe gekleidet, daneben eine Abteilung Griechen in zornigen T-Shirts, die aussehen wie die Olympiamannschaft im Kugelstoßen. Sie tragen graue Jogginghosen und ganz merkwürdige Bauchtaschen, die wie ein Tiefziehholster auch am Oberschenkel befestigt sind. Zahlreiche ältere Herrschaften und solche mittleren Alters unterhalten sich angeregt im Schatten der Oleandersträucher, die mit ihren rosafarbenen Blüten die kleinen

Sträßchen säumen. Junge Mädchen in figurbetonten Klamotten stecken für Selfies die Köpfe zusammen, haben sich die italienische Trikolore auf die Wangen gemalt, zeigen das Victoryzeichen in ihre Handykameras. Armando wartet an der Ecke bei einer kleinen Backsteinmauer auf uns, wo er an einem knallgelben Fiat 500 Topolino lehnt. Er trägt eine grüne Cargohose und eine schwarze Jacke von Barbour. In den Fenstern des dahinterliegenden Gebäudes hängen italienische Fahnen, einige Senioren lehnen sich auf ihre Fensterbänke und applaudieren. *»Bravi! Bravissimi!«*, rufen sie, ein paar andere Anwohner recken den Mittelfinger heraus, schließen dann kopfschüttelnd die alten Fenster. Armando begrüßt uns herzlich und stellt uns noch ein paar Leuten vor. »Fünftausend Leute werden erwartet, nicht schlecht, oder?« Einige Männer in roten Warnwesten gehen durch die Reihen. Sie mahnen, man solle sich langsam aufstellen, andere geben Fahnen und Doppelhalter aus. »Einreihen, Fahnen nehmen, auf die Ordner hören«, rufen sie stoisch, bis das erste Drittel des Aufzuges in ordentlichen Abständen steht. Dann geht es los, die Demonstration setzt sich in Bewegung. »Also, folgende Ansage. Ich erzähle euch die Kurzfassung der Geschichte, weil: Die lange Story werdet ihr heute noch oft genug hören«, fängt Armando an, uns die Zusammenhänge der Demo zu erläutern. Sprechchöre unterbrechen unsere Unterhaltung. Der Zug biegt um eine Ecke, und der Weg führt von einer kleinen Erhöhung direkt auf eine Hauptstraße zu, hinter der sich vor dem Panorama des strahlend blauen

Himmels, der heute über die Ewige Stadt wacht, das Kolosseum aufbaut. Glänzend hell, fast funkelnd steht es in der prallen Sonne, dann verschwimmt es. Die Demonstranten lassen jetzt ihre Fahnen flattern, am Straßenrand haben sich zahlreiche Aktivisten positioniert, die bengalische Lichter und Rauchfackeln zünden und gleichmäßig in der Luft schwenken, wodurch das Kolosseum und die gesamte nun sichtbare Blickachse auf das Viktor-Emanuels-Denkmal in die italienischen Nationalfarben getaucht werden. »Heute wird ein alter Veteran beerdigt, der noch bei der Armee der RSI, also der Republik von Salò, gedient hat und in der politischen Rechten noch lange Jahre ein angesehener Politiker und Schriftsteller war. Aber die Behörden haben die Kirche gesperrt und keine Anteilnahme erlaubt, deswegen findet diese Demonstration statt, mit Leuten aus ganz Italien«, erklärt Armando uns, nachdem wir kurz vor den Kaiserforen auf die *Via Cavour* abgebogen sind. »Mal sehen, was passiert, aber viele sind sauer, der Veteran war wirklich sehr beliebt. Und eine Trauerfeier verbieten, das macht man nicht! *Vergogna!*« »So eine stabile Demo, das alles für einen Veteranen, ziemlich basiert!«, meint Jerome. »Bitte grundordne dich doch mal freiheitlich-demokratisch, okay?«, antwortet ihm Marc, aber Jerome erwidert, da müsse man sich gar keine Sorgen machen. »Ich knie mit allen Vieren auf dem Boden des Grundgesetzes, das weißt du doch!« Mir entziehen sich irgendwie die Pointen dieser ständigen Blödelgespräche, deswegen schließe ich die Augen und genieße den Sonnenschein.

Wir stoßen weiter die Straße hoch und nähern uns einer Kreuzung, bei der wir nach links abbiegen, und da sieht man sie schon emporragen: die Papstbasilika von *Santa Maria Maggiore* und ihr beeindruckendes Hauptportal. Genau am Rande des Vorplatzes der Basilika hat die Bereitschaftspolizei alles hermetisch abgeriegelt. Behelmte Polizisten haben Schutzschilde in Stellung gebracht, stehen in mehreren Reihen in Kampfbereitschaft. Auch zu beiden Seiten stehen Polizeiposten, dahinter ein Wasserwerfer. Die höheren Gebäude werfen Schatten, sodass die Rundumkennleuchten der zahlreichen Einsatzfahrzeuge den ganzen Straßenzug in bedrohliches, hektisch flackerndes Blau tauchen. Auf den Dächern: Scharfschützen. Der Zug kommt unmittelbar vor einer Polizeikette zum Stehen. In den ersten Reihen wehen wieder italienische Flaggen, Gigantografien zeigen diverse Bilder des Verstorbenen, als jungen Mann in Weltkriegsuniform, im Anzug hinter einer Schreibmaschine oder mit hochgekrempelten Ärmeln umringt von Menschen auf der Straße. »Jetzt wird es spannend. Keine Ahnung, was passieren wird«, meint Armando und zieht die Augenbrauen hoch. Er stellt uns noch jemanden vor, Francesco, einen Mann um die fünfzig, der zuvor noch einigen jüngeren Aktivisten Zettel zusteckt. Francesco trägt eine Leinenhose und ein soldatisch aussehendes Hemd, das zwei Brusttaschen und Schulterklappen hat. Seine tiefschwarzen Haare sind streng zurückgekämmt, und mit seiner kaum durchsichtigen Fliegersonnenbrille und dem Bart im Maulfotzenformat sieht er aus wie Oberst al-Gaddafi. »*Salve!* Danke, dass ihr hier seid. Ich bin etwas in Eile, aber eines ist klar, wir werden dem *Comandante* heute die letzte Ehre erweisen«, sagt er mit einer tiefen, sonoren Stimme, die im Gedächtnis bleibt. Dann zieht er sich eine schwarze Schiebermütze auf und verschwindet entgegen der Marschrichtung in der Menge der Demonstration. In der ersten Reihe diskutiert einer der Anführer der Demonstranten mit einem Beamten. Der trägt zivile Kleidung. Eine Jeans, weißes Hemd und einen Mantel, zudem einen Einsatzhelm in Himmelblau und mit einem kleinen Plexiglasvisier, wie ihn auch die meisten anderen Polizisten tragen. Der Mann in schwarzem Anzug und Krawatte redet gestenreich auf den Polizisten ein, der wiegelt aber ab und schiebt den Mann weg. Dann nimmt er sein Megafon in die Hand, lässt die Sirenenfunktion ein paarmal aufheulen und führt die Flüstertüte vor den Mund. Eine Rückkopplung lässt ihn kurz zusammenzucken, aber dann spricht er mit grimmiger Miene seine Botschaft an die unendlich scheinende Menschenmasse, die sich über die gesamte Breite der Straße staut. Das Ende des Zuges ist von hier, aus den vorderen Reihen, gar nicht mehr zu sehen.

## 53.

»*ATTENZIONE! ATTENZIONE!* Hier spricht die Polizei«, ruft der kleine Mann mit dem Helm in sein Megafon. »Auf Anordnung der zuständigen Sicherheitsbehörde sind sämtliche Versammlungen und Aufzüge, die in Zusammenhang mit dem Begräbnis des Fregattenkapitäns Marcantonio Cadice stehen, verboten und werden polizeilich aufgelöst. Notfalls unter Einsatz unmittelbaren Zwanges. Räumen Sie die Straße, sofort!« Doch die Menge denkt offenbar nicht daran, sich der Anweisung zu beugen, und bleibt trotzig stehen. In der vorderen Reihe sammeln sich jetzt nur noch Männer, die sich demonstrativ mit festem Stand und auf dem Rücken verschränkten Armen vor der Polizeikette aufbauen. Derweil fährt der Wasserwerfer in Position, hupend und mit lautem Martinshorn. Dann streicht die Wasserkanone einige Fontänen über die Köpfe und beregnet die Demonstration, so weit der Strahl reicht. Die Menge reagiert mit Spottgesängen.

*Vecchio partigiano non potrai cancellare*
*Seicento giorni di Repubblica Sociale!*

Der behelmte Polizist in Zivil winkt seine Truppen heran. Eine ganze Gruppe von Polizisten rückt vor, dabei schlagen sie martialisch mit Schlagstöcken auf ihre Schilde. Bis auf wenige Meter sind sie an die erste

Reihe der Demonstration herangerückt. Wieder ruft der Einsatzleiter in sein Megafon, aber seine Drohungen bezüglich Auflösung verhallen, gehen unter in den Gesängen der Menge. Dann wird es ihm zu bunt. Demonstrativ hebt er seinen Schlagstock in die Luft und schaut seine Beamten an. »Via!« Ein kurzes Kommando, und die Situation eskaliert. Einige der Polizisten schlagen und treten wie von Sinnen auf die Menge ein. Erst, als der Wasserwerfer erneut in die Menge schießt, lassen die Beamten ab. Doch die Demonstranten lassen sich davon immer noch nicht beeindrucken. Nur wenige Meter zurückgedrängt, formieren sie sich neu. Nun ebenfalls mit einem Megafon ausgerüstet, tritt einer ihrer Anführer vor die Polizeikette. Neben ihm schwenken andere Aktivisten die Trikolore, Motorradhelme werden bereitgehalten. »Wir gehen hier und heute auf die Straße, denn dies ist ein Kampf um eine Grundsätzlichkeit, um unsere Geschichte, um unser Erbe und die Ehre unserer Nation und ihrer Helden!«, skandiert der Mann im schwarzen Anzug.

Wieder wird es der Polizei zu bunt. Wieder schlagen die Polizisten im Furor auf die Menge ein, während der Schütze des Wasserwerfers versucht, das Großbanner mit der Aufschrift *Camerata Cadice: Onore, Fedeltà, Eternità* kaputtzuschießen. Doch wieder gelingt es den Polizisten kaum, die Menge zurückzudrängen. Trotz wilder Stockschläge der Beamten bleiben die vorderen Reihen stehen. Wieder versucht der Anführer der Demonstranten, sich zwischen die knüppelnden Cops und die erste Reihe zu schieben. Doch als er sich mit erhobenen Armen mit dem Rücken zu den Beamten stellt, knüppeln diese auch noch von hinten auf ihn ein. Mehrere seiner Kameraden halten schützend die Hände über seinen Kopf, werfen sich vor ihren Anführer, bis erneut der Wasserwerfer für ein Ablassen der Beamten sorgt.

Wie zuvor stehen sich die aggressiven Polizeiposten und die durchnässten Demonstranten gegenüber, nur wenige Meter trennen beide Seiten. Einige jüngere Aktivisten nutzen die Zeit, um vor den Polizisten mit Kreide die Worte auf den Boden zu malen, die zuvor auf dem Großbanner zu sehen waren: *Kamerad Cadice: Ehre, Treue, Ewigkeit.* Einige Polizisten zerreiben den Schriftzug mit ihren Stiefeln, andere spucken auf den Boden oder treten ihre Zigarettenkippen darauf aus. Dann knallen Feuerwerkskörper, so laut, dass es durch Mark und Bein geht. Aus den hinteren Reihen skandieren tausende Kehlen Schlachtrufe: *Italia! Italia! Italia!*

Wieder bricht eine Keilerei aus, jetzt lassen auch die Demonstranten die Fäuste fliegen, treten gegen die Einsatzschilde. Man schenkt sich nichts. Pfefferspray liegt in der Luft, und manche Demonstranten müssen blutüberströmt aus der Kampfzone gebracht werden. Auch einige Polizisten werden niedergeschlagen oder zu Boden gerissen und versuchen hektisch, wieder hinter die Reihen ihrer Kollegen zu krabbeln.

Plötzlich greifen mich zwei kräftige Hände am Kragen und drücken mich an die Mauer. »Du willst was berichten? Dann komm jetzt mit und mach, was wir dir sagen, dann kannst du berichten!« Ich weiß gar nicht, was geschieht, und zittere vor Angst, aber Armando nickt mir zu und bedeutet mir mit einer Kopfbewegung, dass ich den Männern folgen solle. »Wir sehen uns später«, ruft er noch, während mich ein Mann im langen schwarzen Mantel am Arm packt und mit sich zieht. Wir biegen in eine kleine Seitenstraße ab, betreten ein Restaurant durch die Hintertür und verlassen es ganz unauffällig wieder – durch den Vordereingang, der direkt an der Basilika liegt, deren unbewachte Seitentür nur angelehnt ist.

## 54.

**ZUSAMMEN MIT SECHS ANDEREN MÄNNERN** steigen wir zur Krypta hinab. Wo bin ich da jetzt schon wieder hineingeraten? Und warum konnte Armando denn nicht einmal seine Schnauze halten? Der Kleinste unter den Männern erreicht als Erster den kleinen Kreuzgang, von dem aus eine weitere Treppe zu dem Raum führt, in dem der Sarg des *Comandante* aufgestellt ist. Draußen hört man die laute Menge toben, die Unruhe und der Ärger nehmen zu. Die Männer haben keine Zeit zu verlieren, denn die Wachen, Küster in schwarzen Gewändern, die den Abstieg kontrollieren, versuchen noch, vor unseren Nasen die Krypta zu verbarrikadieren. Wir stehen vor einem Eisentor. Die Wachen drücken gegen die Durchgangstür, aber die Männer halten stark dagegen. Einer von ihnen steckt sein ganzes Bein zwischen Eisentor und Schloss, drückt mit beiden Händen auf den Türpfosten und erwehrt sich der Schläge und Tritte, sogar der Bisse der Küster, die immer noch versuchen, die Männer aus der Krypta herauszuhalten. Doch die Gegenwehr ist zu stark, und die Küster fliehen. Ich erkenne Francesco wieder. Er schließt das Tor und holt einen Stoffbeutel aus seinem Mantel, nimmt eine italienische Flagge, diverse Wimpel und Orden heraus und nagelt sie auf den Sarg.

Plötzlich geht das Licht aus. Jetzt stehen wir im Dunkeln, und diese gespenstische Kühle macht sich bemerkbar, wie sie charakteristisch ist für die Katakomben alter Kirchen. Zu siebt stehen wir da. Mein Herz schlägt bis zum Hals. Die Männer besprechen irgendwas auf Italienisch, aber ich verstehe kein Wort. Nur ein paar Votivkerzen sorgen für fahles Licht, sodass man überhaupt etwas sieht. Zwischen uns steht der Sarg, abgestellt auf einem kahlen Sockel aus Granit. Offenbar muss es noch einen anderen Weg geben, der hier rausführt, denn der, über den wir hier eingedrungen sind, dürfte nun versperrt sein. Schon bald wird eine ganze Hundertschaft der Polizei auf dem Weg sein. Oder noch ein ganzer Sturm dieser unnormal trainierten Küster, die uns dann gewiss in irgendein Kirchenverlies stecken und mit altertümlichem Foltergerät bearbeiten werden, weil man sie in ihrer eigenen Krypta verkloppt hat. Mitgefangen, mitgehangen, das werden sie mir dann sagen und mir flüssiges Blei in den Hals schütten, um meine Sünden auszutreiben. Nicht mal eine letzte Henkerszigarette werden sie mir gönnen.

Die sechs Männer scheinen sich solche Gedanken nicht zu machen. Sie arbeiten offenbar einen Plan ab. Einer winkt mich heran und lässt den Schein einer kleinen Taschenlampe auf einen engen und dunklen Tunnel fallen, der sich auf der rechten Seite hinter einem Regal voller alter Bücher und Gebeine verbirgt. Dann heben wir den Sarg an und versuchen, ihn durch dieses Nadelöhr von Tunnel zu tragen. Allerdings ist das Gewicht beträchtlich und der Durchgang so eng, dass wir den Sarg nicht auf den Schultern halten können, weil allein unsere Köpfe, die schon voller Spinnweben hängen, gar nicht durchpassen. An manchen Stellen sind es sogar die Hände, die Gefahr laufen, abgequetscht zu werden. Nach diversen Verrenkungen und akrobatischen Manövern schaffen wir es aber doch und erreichen eine weitere kleine Tür. Dieser Francesco hebelt sie unter lautem Knarzen auf. Licht.

Wir heben den Sarg wieder an und treten hinein in dieses gleißende Licht, das durch den Rahmen der Tür scheint. Der Kontrast zwischen dem Tageslicht und dem Dunkel in dem kleinen Tunnelende ist so krass, dass man nichts sieht außer einer weißen, brutal scheinenden Wand, die so grell leuchtet, dass man sie nur als undurchsichtiges Rechteck wahrnehmen kann. Wir treten hindurch. Langsames Blinzeln, dann schwindet der stechende Schmerz in den Augen, und man kann sich wieder orientieren. Wir befinden uns auf dem Plateau, stehen direkt an den oberen Stufen der großen Treppe an der Hinterseite der Basilika, die auf die *Piazza Esquilino* führt. In der Mitte der *Piazza* ragt ein mächtiger Obelisk in den römischen Himmel. Wir atmen schwer vor Erschöpfung, meine Arme zittern schon unter dem Gewicht des enormen Sarges. Auch die Männer vor mir, die den Sarg an seinen seitlich angebrachten goldenen Griffen halten, wirken beunruhigt: Denn der Platz hier ist menschenleer. All die anderen Leute sind woanders. Entweder in der Basilika, wie die handverlesenen Trauergäste der Familie, oder vor der Hauptpforte, zurückgedrängt hinter die Polizeiabsperrungen auf der anderen Seite. »Merda, es braucht jetzt nur einen übereifrigen Beamten, dann verhaften sie uns und der Sarg mit dem Kommandanten fällt uns auf den Boden!«, meint einer der Männer, in dessen Stimme man hören kann, wie auch er unter dem Gewicht mittlerweile ächzt. »Daje, wir ziehen das jetzt durch!« Dieser Francesco gibt ein Kommando, und wir steigen mit dem Sarg die Stufen hinab, biegen dann einmal rechts um das Kirchenschiff, um den Vorplatz von *Santa Maria Maggiore* doch noch zu erreichen, bevor die Sicherheitskräfte uns abfangen. Offenbar stehen auch hier, auf der rechten Seitenflanke der Basilika, schon einige Demonstranten, denn man hört plötzlich Applaus aufbranden. Sogar Busse stehen dort, aus denen immer weiter Menschen aussteigen. Trotz des schweren Atmens und des schweren Sarges, der nun auf unseren müden Schultern hin und her schwankt, stellt sich Gewissheit ein: Die lauter werdenden Sprechchöre sind Unterstützungsrufe.

Wir biegen schwitzend und stöhnend auf den Vorplatz ein. Noch immer riecht man den Gestank von

Feuerwerkskörpern. Francesco gibt einem der Männer eine Anweisung, und der sprintet gleich los und stürmt seitlich durch die Polizeikette durch, zurück zu dem Teil der Demonstration, wo es zuvor die Ausschreitungen gab. Als wir das Plateau vor der Hauptpforte erreichen, bricht die Menge endgültig in Jubel aus. Sprechchöre sind über den ganzen Platz zu vernehmen. *Italia, Nazione, Rivoluzione!* schallt es, und die hohen Mauern der Basilika und der angrenzenden Palazzi hallen es wider.

Jetzt stimmen einige die italienische Hymne an, und immer mehr steigen ein, die Menge winkt und jubelt. Die Aufregung ist riesengroß. Und dann brechen die Demonstranten auch an der Stirnseite des Aufzuges durch die Polizeiketten und strömen auf den Vorplatz der Basilika. Verzweifelt versucht die Polizei, die Menge mit Stockschlägen und Pfefferspray auseinanderzutreiben, aber die Löcher in den Absperrungen sind zu groß. Auch der Strahl des Wasserwerfers vermag nichts mehr auszurichten, er wirft vor der am Himmel stehenden Mittagssonne nur mehr einen großen Regenbogen, der jetzt über den Köpfen der Demonstranten steht.

Die Polizei und die *Carabinieri* sind mit ihrem Latein offenbar am Ende und wissen nicht, was sie jetzt tun sollen. Die Menge mit Gewalt wieder auseinandertreiben? Naja, es ist immer noch ein Trauerzug. Aber einfach zuschauen? Es gilt doch die Verbotsverfügung der Präfektur, die kann man doch nicht ignorieren. Einige Polizeiführer hantieren mit Papierkram, tippen hektisch auf ihren Telefonen, diskutieren mit uniformierten Hundertschaftsführern, die aber nur diese typisch italienische Geste machen, bei der man die Finger und den Daumen zusammenführt, schieben die Lippen raus und die Schultern hoch. »Da kann man nichts machen«, hört man es beinahe bis hier oben, so verzweifelt kratzt sich der Einsatzleiter am halb kahlen Beamtenschädel. *Non puoi farci niente.*

Endlich kann ich den Sarg an jemand anderen abdrücken. Die Polizeiführung ist wie paralysiert, und diese Unentschlossenheit nutzen Francesco und seine Aktivisten, um den Sarg hinunter in die Menge zu tragen, wo sich gleich so viele Menschen drum herum scharen, dass die Polizei ihn endgültig nicht mehr erreichen kann. Eine regelrechte Prozession formiert sich. Ganze drei Runden drehen sie mit dem Sarg um die Basilika, dann stellen sich die Sargträger wieder oben vor die Hauptpforte, während die Menschenmenge sich nochmals auf dem Vorplatz sammelt. »Mützen ab, Telefone aus!«, mahnen wieder die Aktivisten in den roten Westen.

Dann tritt der Anführer im schwarzen Anzug neben den Sarg. Hier unter dem Vordach braucht er kein Megafon, um zu der Menge zu sprechen.

»Brüder Italiens, *attenti!* Stillgestanden!«, ruft er, und Tausende gehen ins *Habacht*. Alles schweigt, nur ein paar Möwen sind zu hören. Noch immer ist die Szenerie in das Blau der Signalleuchten der Einsatzfahrzeuge getaucht, aber selbst die Sirenen der Polizeiautos sind nun abgestellt. Es scheint, als sei die gesamte Stadt zum Erliegen gekommen. Gespenstische Ruhe liegt über dem ganzen Platz, über dem ganzen Stadtviertel *Esquilino.*

Dann gibt der Anführer wieder sein Kommando an die Menge.

»*Comandante Marcantonio Cadice!*«, ruft er entschlossen, und die Menge antwortet ihm mit einem Ruf aus tausenden Kehlen: »*Presente!*«

*Comandante Marcantonio Cadice!*
*Presente!*

*Comandante Marcantonio Cadice!*
*Presente!*

»*Riposo!*«, befiehlt der Wortführer neben dem Sarg.

Wie mit einem Ruck gehen die Menschenmassen wieder ins *Rührt euch.*

Francesco rüttelt an der Hauptpforte, aber sie ist geschlossen. Ein Pfaffe wird herbeizitiert, aber der meint, der Sarg solle durch eine Seitentür hineingetragen werden. Die Anführer der Demonstranten wiegeln ab, halten das für ihres *Comandante* nicht würdig. Man bekniet den Pfarrer, der sich erst ein wenig sträubt, aber dann doch den Schlüssel rausrückt. Francesco schließt die Hauptpforte auf und gibt ihm den Schlüssel zurück.

Die Menschenmenge, die sich noch in der großen Basilika drängt, schaut verdutzt. Wohl haben sie den

Krach gehört, aber nicht verstanden, was da vor der Basilika von stattengeht. Die Hauptpforte öffnet sich zu beiden Seiten. Der Mann im schwarzen Mantel und Francesco rücken ein, hinter ihnen tragen sechs Männer den Sarg in die Kirche, gefolgt von einer schweigenden Menge, die sich geordnet in Viererlinien hinter dem Sarg einordnet. Getöse macht sich breit in dem prächtigen Gewölbe der großen Kirche. Jeder hier weiß jetzt, was los ist, und man spürt, wie Emotionen und Erregung auch den letzten der Kirchenbesucher überkommen.

Die Gebeine des *Comandante* sind jetzt im Mittelschiff aufgebahrt, unmittelbar vor dem Hauptaltar. Noch immer ist der Sarg eingehüllt in die italienische Reichsflagge, noch immer hängen die Orden und Ornamente ordentlich aufgereiht, als hätte es all die Aufregung da draußen nie gegeben. Ein junger Mann tritt vor, hält mit ergriffener, aber fester Stimme eine leidenschaftliche Gedenkrede an seinen Großvater. Dann tragen die sechs Männer den Sarg in eine der Kapellen. Gewaltig dröhnend setzt die Orgel ein. Ehrfürchtig schaue ich die meterhohen Pfeifenarme hinauf. In der Kapelle stehen kräftige Männer mit verschränkten Armen, aufgereiht wie eine Ehrenformation. Um sie herum stehen die Söhne und Enkel und daneben die Witwe, in schwarzem Kleid und an den Rollstuhl gefesselt. Gefasst nehmen die jungen Männer die Beileidsbekundungen der vielen Freunde und Verwandten, aber vor allem der vielen Anhänger und Bewunderer ihres Vaters und Großvaters entgegen. Sie rufen diesen Francesco an ihre Seite, bitten ihn, sich neben sie zu stellen, sodass auch er von allen Dank dafür entgegennehmen kann, dass er diese Ehrung erst möglich gemacht hat. Trotz aller behördlichen Auflagen.

»Scheiße, siehst du das?«, fragt mich Armando und reißt hektisch an meinem Arm. Er zeigt auf die Polizei, die offenbar mit Fotos nach den Aktivisten sucht, die in die Krypta eingebrochen sind und die Polizeikette angegriffen haben. Jetzt, wo sich der Trauerzug wieder auflöst, greifen sie gezielt Leute aus der Menge heraus. Armando informiert auch Francesco. Der meint, dass das in Ordnung gehe und er ein *Soldato dell'asfalto* sei, der nicht wegrenne oder sich ergebe, aber Armando solle mich und die Deutschen wegschaffen, wir hätten damit nichts zu tun. Dann macht er einen kurzen Anruf und gibt Armando Anweisungen. Der nickt und zieht mich hinter sich her. »Schnell, an der Ecke, da nimmt dich wer mit!« Wir rennen einmal um die Kirche. An einer Straßenecke wartet ein verbeulter Fiat, dessen Fahrer uns hektisch heranwinkt. *»Ehi, fermi!«* Eine Handvoll Polizisten stürmt hinter uns her. »Stehen bleiben!«, rufen sie und pusten aufgeregt in ihre Trillerpfeifen, aber wir hechten in die Schrottkarre und fahren mit quietschenden Reifen davon, sodass die Beamten nur noch hinterherschauen können und sich dabei keuchend auf den Knien abstützen.

*»Eja, eja, alalà!«*, ruft der Fahrer euphorisch. Das ganze Auto knarzt und ächzt, dann bimmelt es ganz furchtbar

laut, und Armando, der hinten sitzt, pöbelt uns an, wir sollten uns gefälligst anschnallen, damit das Geklingel endlich aufhört. Was für ein Spießer!

An einer Tankstelle schmeißt uns der Fiat-Fahrer raus. Er zeigt auf eine junge Frau, die auf einem Motorroller sitzt und uns offenbar erwartet. »Ah, das ist Maria, die kenn ich!«, sagt Armando und meint, ich solle bei ihr aufsteigen. Diese Maria trägt eine unverschämt eng anliegende Hose und ein bauchfreies Oberteil. Unter ihrem Helm hängen lange blonde Haare raus. »*Hold on*«, sagt sie lächelnd und mit starkem italienischen Akzent. Dann drückt sie mir auch einen Helm in die Hand und legt meine Arme um ihre freiliegende Hüfte, startet gekonnt den Roller und braust los. Ich spüre ihre zarte, sonnenverwöhnte Haut. Für eine gefühlte Ewigkeit rasen wir direkt am Tiber entlang, immer gen Norden der Stadt, vorbei an der Engelsburg und mitten durch das herrliche Viertel *Prati*. Der Fahrtwind bläst mir entgegen, und mir wird fast schlecht von all dem Gefühlschaos. Neben uns leuchtet der Tiber türkis in der Sonne. Die Sonne selbst glüht von mir aus gesehen halblinks über der Ewigen Stadt, versinkt langsam hinter den groben Streben des *Stadio Olimpico*. Wir fahren durch eine Art Schleichweg und biegen mitten im Wald auf einen Parkplatz ein, auf dem schon enorm geschäftiges Treiben herrscht. Maria hält an, ich steige ab und gebe ihr ihren Helm zurück, den sie in dem kleinen Fach unter dem Sitz verstaut. Dann steigt sie mit einer flotten Bewegung wieder auf ihr Gefährt, winkt und zwinkert mir kurz zu, bevor sie mit lärmendem Motor aufs Neue die Straße entlangbraust. Wie ein Erstklässler, den die Eltern am ersten Schultag einfach aus dem Auto werfen, stehe ich im warmen Staub und kann ihr vor lauter Husten und Sand in den Augen nicht mal mehr hinterherschauen.

## 55.

**NACH EINER U-BAHN-STATION** sieht hier gar nichts aus. Wir stehen eigentlich nur auf einer kleinen Lichtung im Wald, die an einer Seite mit Hamburger Gittern für Arme und ein paar zufolierten Baustellenzäunen abgetrennt ist. Mittlerweile sind auch meine Begleiter eingetroffen. Ein Bodybuilder mit Bandana reißt an der Zutrittskontrolle unsere Eintrittskarten ein, und ich gehe unmittelbar und schnellen Schrittes an eine der Bierbuden. »Ja, eine *Birra, per favore!*«, so oder so ähnlich machen es die anderen Leute, und ich mache es ihnen halbwegs nach. *Birra grande subito.* Ein junger Typ mit einem phänomenalen Irokesenschnitt, in Lederjacke und ausgestattet mit einer silbernen Hosenkette, zapft mir ein Bier in so einen durchsichtigen Plastikbecher, mit denen man sehr behutsam umgehen muss, damit sie nicht reißen. Seine Hosenkette hängt quer über seine schmalen Hüften, und ich überlege, ob die vielleicht unter Strom gesetzt ist und seine Haare deswegen so zu Berge stehen. Früher, in den Neunzigern, gab es mal so Filme mit Hulk Hogan, in denen er unter anderem einen »Mr. Babysitter« spielt, der seinen Kontrahenten Thanatos jagt, der zufällig auch ein Wrestler ist, und wo es irgendwie um einen gestohlenen Mikrochip geht. Und da basteln sie auch so eine Hosenkette, in die aber eine Stromfalle eingebaut ist, weil eines der Kinder immer von älteren Rowdys abgezogen wird in der Schule, und vielleicht hat der auch so eine und deswegen auch diesen bemerkenswerten Iro, der noch höher in die Luft ragt als damals die Frisur von diesem komischen Moderator bei VIVA. Lämmermann oder so. Keine Ahnung. Jedenfalls stehe ich da so rum, hebe all die Bierbecher mit beiden Händen in die Luft und habe noch einen mit dem Rand zwischen den Zähnen eingeklemmt, um Marc und den anderen zu symbolisieren, dass ich die ganze Zeit auf sie warte. Egal, jetzt ist der Schaum sowieso runter. Marc muss aber noch Bilder machen und irgendwo auf seinen russischen Ausweichkanälen einstellen, und das kann dauern, weil er erst noch hundert Filter und Songs ausprobieren muss, oder hektisch nach megaschlauen Zitaten von irgendwelchen Opas in schwarzen Anzügen googeln, die auf so alten Schwarz-Weiß-Fotos grimmig in die Kamera starren. »Hier, nimm jetzt deine Urinstange«, sage ich. Es geht ein angenehmer Wind über das Gelände, das durch den dichten Bewuchs mit Bäumen in einer milden Kühle liegt. Kein Vergleich zu der drückenden Hitze, die sich in der Stadt in den Asphalt drängt.

Armando läuft vor, und wir gehen den abschüssigen Schotterzugang hinunter, der im Zulauf auf den

Eingang von Mauern umschlossen ist. Bisher ist noch nicht allzu viel los auf dem Gelände. Links ist die Betonfassade mit einer flächendeckenden Graffitibemalung in grünem Flecktarn überzogen. Auf der rechten Seite ist die beige Ziegelsteinmauer mit Stoffbannern behangen. Rechts vor dem Eingangstor stehen ein Bierzelt und eine Grillstation, die von einem nachgebauten Panorama des *Colosseo quadrato* eingefasst ist und an der es diverse Sandwiches und Würstchen zu kaufen gibt. Dahinter, in der Ziegelmauer, liegt noch ein Durchgang in ein Gewölbe, das als Lager dient. Über dem Zugang hängen noch einige alte Glasscheiben, in denen sich die Umgebung spiegelt. Allerdings sind nicht wenige auch schon rausgebrochen, und auch die auf circa zwanzig Metern Breite und vier Metern Höhe angeschraubte Metallverkleidung scheint bloß den unteren Teil der Spiegelfassade zu ersetzen, der wohl mal zerstört worden sein muss. Dennoch lässt sich erahnen, dass diese Front eines Tages mal recht hübsch ausgesehen haben muss. »Willkommen in der *Area 19*, unserem feindlichen Außenposten!«, meint Armando nicht ohne Stolz, als er gerade auf der Schwelle des Einganges steht. *Area 19 – Postazione Nemica*, so steht es auch akkurat außen auf der Fassade geschrieben. »Hier handelt es sich um eine ehemalige U-Bahn-Station, die Haltestelle *Olimpico-Farnesina*, auch genannt *Farneto*. Sie wurde ursprünglich für die Fußballweltmeisterschaft 1990 gebaut, aber danach wurde sie außer Betrieb genommen und ist jetzt seit 2008 von uns besetzt.« Tatsächlich, jetzt sieht man es. Eine stillgelegte

U-Bahn-Station, umgebaut zu einer großen Eventhalle. Natürlich komplett illegal, aber durchaus veritabel. Und gut ausgestattet. Gleich links hinter dem Eingang gibt es unter den Bögen des Gewölbes noch einen großen Getränkestand, eine Fressbude, eine Garderobe und einige Tischreihen, an denen Merchandising, Zeitschriften und sonstiges Material verkauft und verteilt werden. Davor sind ein paar Sitzecken sowie Biertischgarnituren aufgebaut. Überall, an allen Ständen, stehen junge Aktivisten und Mädel, die offenbar fleißig ihre Schichten ableisten. Man sieht ihnen an, dass Arbeitsdienste in ihrer Bewegung eine Belohnung und ein Vertrauensvorschuss sind, niemals eine Strafe. Gleich dahinter bauen einige junge Männer einen professionellen MMA-Käfig ab, der unmittelbar vor einer großen Bühne steht, die wiederum reichlich mit den Flaggen aller möglichen Länder und den Fahnen verschiedenster politischer Bewegungen geschmückt ist. Auch Banner mit Parolen und sonstigen Insignien hängen dort. Über dem Eingang prangen zwei gigantische Porträtfotos von Massimiliano Latorre und Salvatore Girone, den beiden italienischen Marineinfanteristen, die nach einem diplomatischen Zwischenfall im Jahre 2012 längere Zeit in indischer Haft saßen. »*Olimpico,* na klar!« Jetzt fällt es auch mir wieder ein: Das Olympiastadion, das ist ja gar nicht weit von hier. »Fünfzehn Milliarden Lire hat diese Station gekostet, aber sie war nur für acht Tage in Betrieb und hat kaum mehr als zehn U-Bahn-Züge je hier einfahren sehen«, erklärt Armando und zeigt uns ein paar Fotos auf seinem

Handy. Unfassbar viel Arbeit muss hier hineingeflossen sein, um aus dieser besseren Abrissbaustelle, die fast zwanzig Jahre lang dem Verfall und allen möglichen Randalierern und Vandalen ausgesetzt gewesen sein muss, so ein Gelände zu machen. »Wow«, staunt Jerome, und zum ersten Mal muss man seinem höhlenmenschlichen Bewunderungsgegrunze eigentlich zustimmen. Literweise Wasser wurde hier hinausgekehrt, undichte Stellen im Gemäuer und der Decke gestopft, alte Sprayereien überstrichen, Strom verlegt, Stolperfallen, Müll und andere Gefahren und Unrat beseitigt, ein Tür- und Verriegelungssystem eingebaut. Tatsächlich, ein richtiger Stützpunkt wurde hier eingerichtet.

»Aber eine Stadt wie Rom mit diesem Stadion, in dem zwei Profivereine der Serie A mehrfach die Woche spielen und andauernd Konzerte von internationalem Rang stattfinden – ohne U-Bahn-Anschluss? Kommen die alle mit dem Bus oder dem Fahrrad?«, fragt Marc, aber irgendwie passt die Frage gerade gar nicht zu der Euphorie, mit der Armando uns von der Entstehung der *Area 19* berichtet. Vermutlich deswegen zuckt er auch nur mit den Schultern und schaut in seinen Becher, der wie meiner schon wieder leer ist. Wir holen uns noch ein paar Bier und setzen uns an die Holztische. Marc schaut sich die Verkaufsstände an und kommt mit einem kleinen Buch wieder. »Willst du dir auch noch was holen?« »Nee, Lesen macht schwul«, meint Jerome nur, aber geht dann doch los und stöbert durch die T-Shirts und CDs. Im hinteren Teil der Halle wird schwere Technik angeschleppt.

Langsam füllt sich das Gelände. Bestimmt über tausend Menschen passen hier auf den Vorplatz und in den U-Bahnhof selbst, dessen oberes Verteilerplateau jetzt sozusagen die Event-Area ist. Die Zugänge zu den Bahnsteigen sind nur für Notfälle begehbar. Im Hintergrund laufen Soundchecks. Wuselig ist es, aber auch sehr entspannt. Familiär fast, denn das Publikum ist äußerst gemischt. Es überwiegen junge Männer, aber auch die Anzahl der Frauen ist durchaus nicht zu vernachlässigen. Junger Frauen, hübscher Frauen. Italienerinnen mit diesem unbeschreiblichen Blick, dieser liebenswürdigen Arroganz, die nicht selten auch durchaus angebracht ist. Streng geglättete Haare, dazu knallroter Lippenstift und dieses aufreizende Gesauge an Zigaretten, die sie immer nach der Hälfte ausmachen, um nicht mit einem Stummel zwischen den Zähnen dazustehen, weil das so unwürdig aussieht. Andere tragen einen eher militanten Aufzug. Körperbetonte Cargohosen oder Hotpants, Oberteile mit den Schriftzügen verwegener Bands, die politisierende Musik spielen, oder gleich die Klamotten von irgendwelchen Kampfsportlabels. Frisuren mit abrasierten Seiten, aber keine Renees, zumindest nicht in der brachialen Variante. Stilvoll geht es zu, italienisch eben. Auch viele ältere Leute sind hier und quasseln, stehen lässig an die Mauer gelehnt und scherzen. Einige der Franzosen, die wir aus Lyon kennen, also zumindest vom Sehen, sind auch hier. Überhaupt sind viele Ausländer hier, aus ganz Europa hört man

Sprachfetzen. Manche von den Gästen, die vor ein paar Tagen schon im *Carré* waren, erkennen uns wieder.

»Und, Theo, wie lief die Prüfung?« »Na, hallo! Saugut, volle Punktzahl, weil wir so geil gesoffen haben!« Auch Marcs Kumpel ist hier, der mit den Ossiangewohnheiten, aber er muss irgendwie irgendwo was erledigen. Eine Familie, die zu den Stammgästen im *Carré* gehört, kommt auf Motorrollern angefahren. Vater, Mutter, einige Kinder vom Grundschulalter bis zur Teenagertochter, die ihren gleichaltrigen Freund im Schlepptau hat, der sich verängstigt umschaut. Überall begrüßt man sich mit Küsschen, als würde jeder jeden kennen. Ist vielleicht auch so, meint Armando, und der muss es ja wissen. Das Mädel an der einen Bierbude weiß mittlerweile schon, was bei uns Phase ist. Vier Bier kommen *subito*. »Schräg halten«, musste man ihr einmal mit einer freundlichen Geste verdeutlichen. Und sich kurz über den Holztisch am Verkaufsstand lehnen, um an der einen Schraube die Kohlensäure zu regulieren. Aber seitdem läuft es wie am Schnürchen. Viele finden diese Plastikbecher ja furchtbar und asozial, aber ich mag die richtig gern. Das Bier läuft da immer so weich hinein und hat dann so einen ganz cremigen Schaum. Außerdem haben diese Becher die Aura von Urlaub oder Unternehmungen, und das hat seinen ganz eigenen Reiz. Mit einem schüchternen Lächeln stellt sie uns die vollen Becher hin, mit denen wir wieder in die Menge eintauchen, die sich immer dichter vor der Bühne drängelt. »Hier sind aber einige Rechte, kann das sein?«, stammelt der Teenagerfreund des einen Mädchens mit bleichem Gesicht. »Ja, eigentlich alle hier«, lacht ihr Vater, und prompt rennt der Bub davon und verschwindet hinter den Zugangskontrollen wieder im Gestrüpp, nicht ohne ein paar Tränen zu verlieren, die sachte auf den staubigen Asphalt kullern. Seine Freundin und die Schwiegerfamilie nehmen es mit einem lächelnden Kopfschütteln.

Armando stellt uns noch einen Bekannten vor, der Carlo heißt. Carlo hat eine Glatze und fiese Tattoos, ist aber ziemlich lustig drauf. Er scheint hier so ein bisschen koordinierend tätig zu sein, und viele begrüßen ihn auch wie einen, der etwas mehr zu sagen hat, vielleicht nicht ganz oben steht, aber schon so auf dem Level eines Feldwebels. Hinter der riesigen Flagge in den italienischen Farben, die quer über die ganze Bühnenfront gespannt ist, scheint sich derweil etwas zu tun. Deswegen stürze ich kurz mein Bier weg und stelle mich noch einmal fix an der Bude an, an der mich die Belegschaft längst mit Namen begrüßt.

## 56.

*Quelli come noi*
*Folli ed incoscienti*
*Facce irriverenti*
*Sempre col pugnale tra i denti*

Ein paar Anschläge eines eingängigen Gitarrensounds erschallen plötzlich, und wie auf Kommando wird das grün-weiß-rote Banner unter dem tobenden Jubel der Menge über eine Schnur nach oben hin weggezogen und aufgerollt. *Roma Beer Punk*, denke ich mir, und tatsächlich lässt die Band ein ordentlich punkiges Stück krachen. Es wird gleich schwitzig in der Halle, und der Sound ist so laut, dass man den Tinnitus im Wartestand schon fast schmecken kann. Der eine Song ist offenbar so was wie ein Gruß aus der Küche, denn danach spielen erst einmal andere Bands weiter. Brutaler Metal, dann eher rockige Klänge, ganz oldschool mit Synthesizer und norditalienischem Zungenschlag. Junge und ältere *Cantautori* lassen ihre Balladen im Schein von Feuerzeugen erklingen, wechseln gekonnt zu fetzigerem Folk, der klingt wie Woodstock von rechts. Und immer wieder Rock und Punk, sodass sich vor der Bühne eine Pogoparty entwickelt, bei der Blut fließt und Knochen brechen. Ein Typ steht plötzlich neben mir und schüttet sich einen Rum-Cola da rein, wo wohl bis eben noch Schneidezähne saßen. Seine

Augen sind so geschwollen, das wäre selbst Mesut Özil noch unangenehm. So geht das über Stunden, Band auf Band, und wie elektrisiert schwingt und donnert auch das Publikum durch diese ehemalige U-Bahn-Station, dass man den Eindruck hat, man werde jeden Moment von einem Zug überrollt. Es ist schon weit nach Mitternacht, da betritt die letzte Combo die Bühne. Ein älterer Glatzkopf mit einem mächtigen grauen Vollbart und einer Italia-Sportjacke der *Squadra Azzurra* ergreift das Mikro. Die Menge verstummt sofort, und mit rauchiger Stimme hämmert der Frontmann, der aussieht wie der Weihnachtsmann nach einer Testosteronkur, dem Publikum eine Rede entgegen. Ich verstehe nicht, was er sagt, aber es hat irgendwas mit *Italia* und Europa zu tun, und alle jubeln, und dann haut auch seine Band kräftig in die Saiten, sodass die ganze Halle wieder in freudigen Aufruhr gerät. »Jetzt würde ich mit dem Bier mal da weggehen«, meint Armando von der Seite, als ein neuer Song anfängt. *»Cinghiamattanza!«*, dröhnt es aus allen Kehlen durch die Halle, und wo eben noch gepogt wurde, da ziehen sich jetzt alle die Gürtel aus und schlagen wie von Sinnen aufeinander ein, für bestimmt einige Minuten, bis auf einmal mit einem Krachen alle Sicherungen über der Bühne rausfliegen und die ganze Halle stockdunkel ist. Kurze Konfusion, aber schon leuchten überall die Mobiltelefone und Feuerzeuge, und auch ich halte mal den kleinen Bunsenbrenner in die Luft. »Spinnst du, du fackelst hier noch die ganze Hütte ab!« Marc rüttelt an meinem Arm und haut mir auf den Kopf, weil ich offenbar gar nicht gemerkt habe, wie ich mir eine Haarsträhne und meinen Pullover angezündet habe. Auch ohne Strom und Mikro ruft der glatzköpfige Sänger dem Publikum etwas zu, und die Menge antwortet mit einem lauten Sprechchor und ruft *»Luce! Luce! Luce!«,* was so viel heißt wie *Licht, Licht, Licht!* Mit einem Rums fliegt die Sicherung wieder rein, und wie eine leuchtende Druckwelle regelt sich die ganze Lichtanlage auf Anschlag hoch, sodass es taghell wird in der zuvor stockdusteren U-Bahn-Station. Dann legt die Band wieder los und bringt ihre letzten Zugaben, von verzweifelter Liebe, von Blaulicht und Türmen, vom Marschieren und davon, dass schon alles gut gehen werde. Am Ausschank kommt Marc zu mir, spricht mich an. »Dieses Italien, das tanzt und lebt. Dieses Italien lebt in einer Bewegung, die nur von einer Rockband gegründet werden konnte!« Was wohl los wäre in Deutschland, würde all das hier von einer Schlagercombo gegründet?

»Scheiße, es ist ja schon drei Uhr gleich!« Warum das so schlimm sei, frage ich Theo, der zusammen mit seiner Freundin mit uns im Auto heimfahren will, und er antwortet, da mache der *Saloon del Panino* zu, ein Imbiss ganz in der Nähe unserer Bude, zu dem er uns noch mitnehmen wolle. Seine Freundin ist Psychologin. Eine Deutsche. Promoviert gerade mit einer Arbeit zum Thema »Aggressive sexuelle Fantasien: Nur erotisches Kopfkino oder ein fantastisches Sodom und Gomorrha?« an einer dieser bundesdeutschen Drecksuniversitäten, an denen nur noch geistiges AIDS verbreitet wird. »Armando, fahr zu, wenn wir jetzt Gas geben, dann schaffen wir es vielleicht noch!«, fordert er hektisch, aber Armando will uns nicht mitnehmen, weil wir zu viele Leute seien. »Junge, bist du jetzt auch schon so ein Bundesbürger?«, wird er dafür angefahren, aber dieser Theo meint es wohl ernst mit seinem Imbiss. Er ruft da einfach an und gibt durch, dass wir es womöglich nicht mehr pünktlich bis Ladenschluss schaffen werden, aber auf jeden Fall mindestens sechsmal ein großes Panino und einige Getränke kaufen möchten und schon auf dem Weg seien. Dann gibt er seiner Alten einen Kuss auf die Stirn, ruft Armando noch einmal zu, dass der gefälligst auf die Tube drücken solle, und springt in den Kofferraum, den er von innen zuzieht. »Faaahr!«, hört man ihn dumpf aus dem Off schreien und gegen den Kofferraumdeckel klopfen. Etwas unbeholfen, da nicht unerheblich alkoholisiert, lässt Armando seine Schrottkarre anfahren, auf deren Rückbank wir uns zu dritt diese zwei Bierkisten teilen. Und natürlich wird Armando prompt angehalten, weil er unten am Tiber, auf dem *Lungotevere della Vittoria,* bei Rot weitergefahren ist. »*Va bene,* aber nur, weil es gleich drei Uhr ist, und damit die *Signorina* gut heimkommt«, sagt der Polizist mit lustloser Stimme und wendet sich vom Fahrerfenster ab. Der Cop steigt in seinen weißen Peugeot 208 mit Polizeiaufdruck und biegt selbst noch bei Rot einfach nach rechts in eine Seitenstraße ab. Armando und wir schauen einander an, dann zuckt er nur die Schultern und fährt weiter durch die Nacht, über die Pisten der Ewigen Stadt, die uns menschenleer in ihre Arme schließt, als wir in

Armandos altem Fiat mit quietschenden Reifen über das Kopfsteinpflaster der *Piazza Venezia* brettern, sodass es sich auch wegen des vielen Saufens anfühlt, als würde das Auto in der nächsten Kurve einfach umkippen. Jerome schnarcht, als wir mit einer regelrechten Vollbremsung um Punkt drei Uhr und vier Minuten den *Saloon des Brötchens* betreten, in dem uns die beiden Angestellten schon erwarten.

Die Auswahl ist riesig. Und da die Speisekarte an der Wand auch dann noch verschwimmt, wenn ich mir ein Auge zuhalte, da zeige ich einfach auf irgendeine der mehr als fünfundzwanzig angeschlagenen Varianten, die alle nach irgendwelchem Westernkram benannt sind. Auch das Interieur ist auf so eine liebenswürdige Weise billig auf Wilder Westen gemacht. »*Bonzo West*«, lalle ich und bekomme wenige Minuten später ein riesiges Ciabattabrötchen, gefüllt mit einer zum Patty platt gedrückten Salsiccia, kross gebratenem Bacon, Tomaten, Mozzarella, Cocktail- und Barbecuesoße und Tabasco. Wahnsinn. Aber alle anderen Sorten, die über die Theke kommen, sind nicht weniger pervers. Man kann es nicht anders sagen: Wir *fressen* diese Brötchen an einer kleinen Sitzbank, und es muss aussehen wie damals bei David Hasselhoff auf dem Fußboden. Zum Glück ist auch hier gefliest, denn Jerome ist halb bewusstlos, und aus seinem *Nebraska* mit 250 Gramm Burgerfleisch, Bacon, Cheddar, Tomaten, Rauke und karamellisierten Zwiebeln tropft ein wohlriechendes Gemisch aus Ranch-Dressing und Fleischsaft langsam auf den Boden. Aber nur bis zur Hälfte. Den Rest wickelt Jerome wieder in die Tüte ein und schiebt ihn sich in die Hosentasche. Dann streckt er sich allzu zielstrebig nach seiner 0,66-Liter-Bierflasche von Moretti, greift aber daneben und schüttet Marc die gesamte Flasche über die Hose. »Scheiße, ich hab doch nur die eine Hose mit!«, flucht der, und wir alle lachen, weil er diesen riesigen Fleck im Schritt hat. Aber dann lacht auch er mit, und wir nehmen Jerome in unsere Mitte und wanken gemeinsam auf unsere Bude. Da haben wir auch eine Waschmaschine. Aber keinen Trockner.

## 57.

**UM PUNKT ACHT UHR** lässt Marc uns alle aus dem Schlaf schrecken. Laut fluchend steht er in der Küche und föhnt seine klatschnasse Jeans mit einem kleinen Kinderfön. Der Fön ist in Form einer gelben Babyente gestaltet und röhrt am absoluten Limit, allerdings ohne die Hose auch nur einen Hauch trockener zu machen. »Ich werde hier wahnsinnig!«, schreit er und verbrennt sich noch die Finger an dem Fön, der auch dauernd ausgeht, weil Marc die Öffnung, die wie ein Schnabel aussieht, direkt auf die Hose drückt, was den Fön aber zum Überhitzen bringt. »Junge, mach nicht so einen Lärm, ich will pennen!«, ruft Jerome aus seinem Zimmer, aber Marc antwortet mit hochrotem Kopf nur, dass gerade er seine Schnauze halten solle. »Tu doch die Hose mal in die Mikrowelle oder in den Ofen«, rufe ich von meinem Bett aus in Richtung Küche, aber Marc ist kurz vor einem Nervenzusammenbruch und schreit nur noch. Weil kein Waschmittel da war, hat er, um genau zu sein, jetzt eine nasse Hose, die immer noch nach Bier riecht.

Marc gibt es auf. Zu seinem Glück haben in Italien einige Geschäfte auch sonntags geöffnet, und wir gehen los in den erstbesten Laden, um ihm eine neue Hose zu besorgen. Marc kommt mit. In Unterhose. Jetzt sei es auch schon egal.

Gegen Mittag sind wir verabredet. Im Hauptquartier von Armandos Bewegung soll es eine Führung geben. Wir laufen wieder durch den Planeten der Affen und biegen unweit vom Hauptbahnhof Termini einmal links ab. Marc macht ein Foto vom Straßenschild: *Via Napoleone III*. Man erkennt das Haus schon aus der Ferne. Ein siebenstöckiger Bau. Eine Fahne hängt an einem kleinen Mast über der Eingangstür. Draußen zuckelt eine Straßenbahn vorbei, ein uralter Wagen, von dem die grüngraue Farbe abblättert. Ein typischer Verwaltungsbau aus den Zwanzigern. Die unteren Geschosse verkleidet mit grauem Stein, darüber die für diese Zeit charakteristische Fassade, die aussieht, als sei sie aus Holz. Über der Pforte wurde offenbar ein Schriftzug abmontiert. Darunter, vor der schweren Eingangstür, steht Carlo. Er wartet bereits auf uns, und seine Begrüßung ist freundlich, obwohl wir ihn ja theoretisch an seinem Sonntag behelligen. Dann klingelt er und erläutert uns, dass hier niemand einen Schlüssel habe. Wir betreten eine Art von Eingangshalle.

Eigentlich ein profaner Durchgang. Ein paar kleine Stufen führen hinten links ins Treppenhaus, auch eine Rampe gibt es. In der anderen Ecke stehen Kinderwagen und noch einige der Banner und Transparente von der Demo gestern. Aber Carlo erklärt uns, dass dieser Raum etwas ganz Besonderes sei.

Dezember 2003, zwischen Weihnachten und Neujahr. In einer eiskalten Nacht sitzen fünf Aktivisten im *Cutty Sark,* dem meistgehassten Pub des Landes. Ein so gemütlicher wie berüchtigter Treffpunkt. Eine Enklave mitten in Rom. Von dort aus machen sie sich auf, um neue Wege zu gehen. Sie laufen ein paar Straßen zu Fuß, kaum eine Menschenseele ist unterwegs. Feiertage. Da steht es vor ihnen, ragt es in die sternenklare Nacht. Das Haus. Bereits ausgespäht. Überall in der Nachbarschaft hängen seit geraumer Zeit Steckbriefe. Eine Katze wird gesucht. Eine schwarze Katze. Ihr Name: *Pound*. Wer würde schon ein paar Männer verdächtigen, die rund um Weihnachten ihre geliebte Katze suchen? Und womöglich versteckt sie sich in diesem einen Gebäude, das ihr Zuflucht und Ruhe geben kann. Denn die einst hier ansässige Regierungsagentur ist ausgezogen. Dieser Palazzo, er steht leer. Ein dunkler Monolith mitten im *Esquilino,* vielerorts nur mehr ein Dschungel aus chinesischen und pakistanischen Ramschläden, illegalen islamistischen Moscheen, herumlungernden Afrikanern. Der Drogenhandel floriert. Des Nachts treiben sich auf der angrenzenden *Via Gioberti* die Transen herum. Straßenstrich. Das besetzte Haus – ein Zeichen gegen den Verfall mitten in diesem

Dschungel, den der Staat längst aufgegeben zu haben scheint. Eine Botschaft für das wahre Italien. Das sollte es werden, ihr Haus. Ihr neues Projekt. Rechte Besetzungen hatte es in Italien schon zuvor gegeben. Besetzungen, deren Vorbild nicht die verwahrlosten *Centri sociali* der extremen Linken waren, sondern das Abenteuer des Dichtersoldaten D'Annunzio. Besetzungen im Geiste der *Repubblica del Carnaro*. Fiume! Aber das hier, dessen sind sich die Männer bewusst, als sie die hallenartige Eingangspassage sehen, das Respekt einflößende Treppenhaus hinaufschauen, das alles hier wird der Startpunkt von etwas Größerem werden: einer neuen Bewegung. Und deren Flagge wird von nun an über den Dächern Roms wehen, mitten in der Stadt. An die Wände der Eingangspassage schreiben sie im Laufe der Zeit all die Namen jener Persönlichkeiten, die für diese Bewegung eine Rolle spielen sollen, die irgendwie eine Bedeutung haben, eine Inspiration geben. »Für das, was wir wollen, sind das unsere Schutzheiligen. Und wir wollen alles!«, sagt Carlo, und ich notiere mir alle Namen, ohne sie jedoch ins Deutsche zu übersetzen, damit ich sie exakt so behalte, wie sie auch an der Wand stehen.

*Sun Tzu, Fenet, Romolo, Pirandello, C. Graziani, Federico II., Trilussa, De Chirico, Leonida, Toti, Eraclito, Motza, Evita, F. C. Giuliano, Spengler, Eliot, Ian Stuart, Orwell, Mosley, Bombacci, Rahn, Plotino, Stirner, Cambellotti, Ballard, Prampolini, Sironi, Tolkien, Giulio Cesare, Saint Exupery, Fante, Clausewitz, Cesare Mazza, Brasillach, Lorenz, Mishima, Ledesma Ramos, Riefenstahl,*

*Marcaurelio, Artù, G. Bruno, Sant'Elia, Gentile, Petrolini, Kerouac, Wagner, Pessoa, Geronimo, Boccioni, Enea, Mussolini, Captain Harlock, Depero, Tesei, Majakovskij, Morsello, Pound, Ricci, Hamsun, Pavolini, Degrelle, Guénon, Pareto, Evola, Marinetti, D'Annunzio, Corridoni, Bradbury, Nietzsche, Muti, Jünger, Alce Nero, Platone, Massud, Corto Maltese, Terragni, Yeats, Balla, Sorel, Dante, Schmitt, Darré, Hölderlin, Omero, Codreanu, L. Battisti, De Lempicka, Céline.*

Carlo zeigt auf die deutschen Persönlichkeiten, die an der Wand verewigt sind. Einer ist allerdings falsch geschrieben, aber das fällt kaum auf. Jedenfalls prangen dort diese Namen, in großen Lettern, in vielen Farben und gehalten in einer traditionellen Schriftart, die charakteristisch ist für die italienische Nachkriegsrechte sowie die Hooliganszene: *Ultras liberi*. Auch genannt *Fasciofont*.

Über die kleine Stufe gehen wir in das Treppenhaus, das sogar einen funktionierenden Fahrstuhl hat. »Wow, das sind ja mindestens zehn Meter!«, staunt Jerome, aber dann lassen wir ihn mal selbst nachrechnen, wie viel sieben Stockwerke mal 2,75 Meter Mindestdeckenhöhe sind, und er nickt nur, während er mit überstrecktem Nacken nach oben schaut. Im ersten Stock zeigt uns Carlo ein kleines Büro und eine Art karger Wachstube. Zwei Aktivisten sitzen an einem Computer und arbeiten an irgendwelchen Dingen, grüßen freundlich. »Dieser Posten ist immer besetzt, an jedem Tag und zu jeder Minute, selbst an Weihnachten. Wenn du irgendwann richtig dazugehörst, dann kriegst du regelmäßige Schichten.« Der jüngere der beiden Wachhabenden sitzt lächelnd auf der Fensterbank und winkt jemandem auf der Straße zu. »Bis später«, verabschiedet sich Carlo von den beiden und zeigt uns dann noch den hinteren Teil des ersten Stockwerks, in dem es einen Schlafsaal für Gäste gibt. Zahlreiche Doppelstockbetten, rustikale Bäder mit meist nur eiskaltem Wasser. Wie in einer Kaserne, aber für zehn Euro die Nacht kann man nicht meckern. Insgesamt über zwanzig Büroeinheiten hat das Gebäude, Tausende Quadratmeter.

Im Treppenhaus begegnen wir einem älteren Ehepaar, das herzlich grüßt. Ein jüngeres Mädel trägt ihnen die Einkäufe in die Wohnung, die gleich neben dem Durchgang zum Bürobereich liegt. »Bestimmt mehr als ein Dutzend Familien wohnen hier bei uns, natürlich auch einige Aktivisten, insgesamt über einhundert Personen. Bei uns finden Italiener ein Obdach und Hilfe, die in Schwierigkeiten geraten. Firma pleite, Frau oder Mann abgehauen – wenn alles schiefläuft, nichts mehr zu retten ist. Meist hast du dann noch das Finanzamt am Hals, keinen Cent mehr in der Tasche, und dann stehst du vor diesem Wohnungsmarkt, der dich mit Füßen tritt, pennst im Auto, mit Kindern und allem, was du noch besitzt.« Das Mädel verabschiedet sich von den älteren Herrschaften und flitzt die Treppe hoch. »Nicht mal zweihundert Euro zahlt man hier. Aber es gibt auch Regeln: keine Drogen, keine Prostitution, keine Waffen, und wir prüfen natürlich, ob man wirklich in Not ist.«

Wir fahren nach oben, und ich bewundere diesen Lift. Nicht nur, dass er fährt, sondern auch, dass er von oben bis unten vollgeklebt ist mit Aufklebern von politischen Bewegungen aus aller Welt. Das Treppenhaus gleicht einem Atrium, die Stiegen verlaufen an der Wand und die Mitte ist vollständig frei, von ganz oben bis unten. Etwas unheimlich ist es, wenn man nach unten schaut oder mit zitternden Händen sein Telefon über die Brüstung hält, um ein Foto von dieser wunderbar harmonischen Symmetrie zu schießen. Die Wände des Treppenhauses werden so schlicht wie stilvoll von Bildern und Fotografien in Schwarz-Weiß geziert.

Im obersten Stockwerk ist das Logo der Bewegung groß auf die Wand aufgebracht, darunter steht ein Altar, auf dem ein Siegeskranz liegt. Auch hier befinden sich noch Wohnungen. Und ein großer Konferenzsaal, in dem locker über einhundert Stühle aufgereiht sind. »Ist irgendwas, oder warum lachst du so?«, fragt Marc, weil Jerome sich nicht mehr einkriegt. »Die Stühle, die stehen in Theaterbestuhlung. Versteht ihr, *Theaterbestuhlung!*« »Meine Fresse, du kannst dich dann auch gleich in Wien parat melden!«, schüttelt Marc den Kopf, aber dann müssen wir alle kichern, und der Italiener geht mit fragendem Blick voraus, einmal quer durch das Zimmer. »Einen Kneipenraum, den gibt's hier nicht«, fällt mir auf, aber Marc klärt mich auf, dass es dafür halt in der ganzen Stadt mehrere richtige Pubs und Bars gebe, die von den Leuten dieser Bewegung betrieben würden. Außerdem Buchläden, Tattoostuben, Restaurants, Klamottenläden, Werbeagenturen und all so was. Carlo geht derweil in Richtung eines kleinen

Treppenaufganges in der Ecke und führt uns zu dem Schmuckstück des Hauses: der Dachterrasse.

Von hier aus hat man einen fantastischen Blick über die Ewige Stadt, insbesondere auf die Basilika *Santa Maria Maggiore* und in Richtung der Altstadt. In einer Ecke trainieren zwei Männer mit Kickboxausrüstung. Eine schwarze Fahne mit weißem Blitz flattert an einem Mast. Wir stehen staunend an der Brüstung und schauen dem Treiben unter uns zu, das von hier oben so viel weniger hektisch wirkt, als wenn man sich hindurchquetschen muss. Am Horizont kann man bis zum *Colosseo quadrato* schauen, ein Luftzug umweht uns mit diesem salzigen Duft warmer Sommerbrisen. Und immer wieder diese Möwen. »Hier könnte man sicher geil grillen«, meine ich, und Carlo erzählt, dass das hier im Juli immer zu einer Art Biergarten hergerichtet werde. Dann schließe das *Cutty Sark* und eröffne für einige Wochen hier oben. »Das sollte man mal erlebt haben«, meint er, und wir gehen wieder hinunter. »Nein, wir sind ja keine Kommune«, sagt Carlo, als wir ihn fragen, ob alle Hausbewohner auch politisch aktiv seien. »Wir regen durchaus an, dass die Leute bitte zur Wahl gehen sollen, aber wir verlangen keine Mitarbeit. Meist kämpfen die Leute mit ihren eigenen Problemen. Kleine Probleme, scheinbar, aber es sind die wesentlichen Probleme. Arbeit, ein Dach über dem Kopf, Schulgeld. Manchmal, wenn jemand jugendliche Söhne hat, dann werden die auch mal aktiv, einige unterstützen auch mal bei irgendwas, kommen zu einem Vortrag, oder so. Aber es ist keine Pflicht. Schade ist es hier und da, auch bei den vielen Leuten, die zu unseren Lebensmittelverteilungen kommen. Aber dafür machen wir es nicht, und man muss akzeptieren, wenn die Leute halt so drauf sind. Es sind trotzdem unsere Leute, und wir helfen ihnen gern. Egal, was sie politisch davon halten.« Marc hat mir schon oft von hier erzählt, und es ist unglaublich, wie die sozialen Zustände hier sind, wie die soziale Absicherung versagt, gleich in einem Nachbarland, das nun auch nicht gerade hinterm Mond lebt. »Ja, aber stell dir vor, wir ziehen in Berlin los und verteilen Kartoffeln, da werden wir ja davongejagt!«, meint er, und wir gehen wieder durch die schwere Eingangstür auf die Straße, wo es fast dreißig Grad sind. Ein paar Chinesen aus dem Geschäft nebenan gehen an uns vorbei und winken freundlich. Was die wohl hiervon halten? »Mit denen haben wir keinen Ärger, normale Nachbarschaftsbeziehung. Die machen ihre Geschäfte, wir unser Ding. Journalisten versuchen immer, den Chinesen da im Laden neben unserem Haus irgendwelche Zitate in den Mund zu legen, wie schlimm es hier mit uns wäre, das übliche *tramma nera,* immer sind die Faschisten schuld. Dabei ist es hier so, dass dieser Teil des Viertels der sicherste ist, weil wir hier sind. Auch für die Chinesen. Leute parken extra hier vor dem Haus oder sagen ihren Töchtern und Kindern, sie sollen vor unserer Tür warten, weil sie wissen, dass wir eingreifen, wenn es Ärger gibt. Vielleicht merkt der eine oder andere ja mal, dass er sich vor seinem eigenen, dem bunten Europa und Italien fürchtet. Nicht vor unserem.«

Ein paar Touristen zerren ihre schweren Rollkoffer über den brüchigen Asphalt, wieder zieht ein uralter Wagen der Linie 5 vorbei. Carlo legt seine Hand auf meine und Marcs Schultern und fragt nur: »*Aperitivo?*«, und dann gehen wir durch eine Seitenstraße zurück in den schöneren Teil von *Esquilino,* überqueren die *Via Merulana,* die Grenze zum *Rione Monti,* und laufen noch die paar Meter unter den grünenden Bäumen entlang. Sonntagnachmittag. Wir sitzen vor dem *Carré Monti* auf den Leichtmetallstühlen in der Sonne und trinken Aperol Spritz. Das Orange leuchtet fröhlich, wenn man das Glas vor den strahlenden Himmel hebt. Wir naschen Oliven und Erdnüsse, laden noch eine Batterie Aperol und lassen uns die Sonne auf die Birne scheinen. Ab und an kommt irgendwer vorbei, trinkt ein Bier mit uns, erzählt uns was. Und noch ein Aperol wird herangeschleppt. Zwischendurch ein Bier, auch mal ein Sambuca auf Eis. Dabei denke ich an das Konzert und die Demo, an die Tausenden Marschierenden und an die Träume der Tausenden jungen Menschen, an die U-Bahn-Station und die sportlichen Beine der italienischen Aktivistinnen, von denen wieder zwei in der Ecke vor dem Tresen lümmeln und Cappuccino schlürfen. Lasse mir noch mal nachschenken, mit der kleinen Zange noch einen Eiswürfel ins Glas plumpsen. Denke an die Banner und den Stiefelschritt, der den Sound beisteuert für die grün-weiß-roten Rauchschwaden, die das Kolosseum, diesen Zeugen der Jahrtausende, zur Kulisse dieser Power machen. Ich denke an die Musik, an die Bäume und den Marmor des *EUR,* der den Sumpf besiegt. Ich begrüße Seb, *Bonsoir,* hocke mich neben ihn auf die kleine Stufe, und wir rauchen jeder eine meiner Parisiennes. Denke an die Fahne, die über den Dächern dieser Stadt im Wind flattert. Schaue in die Sonne, die hinter diesem Turm zu versinken beginnt, deren letzte Strahlen aber noch so warm sind, dass es sich anfühlt, als würden sie an mir reißen. Das muss er sein: *Lo Spirito di Roma.*

## 58.

**ROM HAT NACHTS** so einen ganz besonderen Duft. Irgendwie hat das wohl jede Stadt, so einen Duft, aber der in Rom ist wirklich eigentümlich. Insbesondere im Frühjahr, wenn die glühend heißen Monate des Sommers noch etwas auf sich warten lassen. Wir steigen die *Cordonata* hinauf, die große Freitreppe, die zur *Piazza del Campidoglio* führt. Auch heute ist die Nacht lauwarm. Eine Brise fährt in meine schwarze Wolljacke und treibt diese römische Luft durch die Ärmel und einmal um uns herum. Römische Frühjahrsnächte fühlen sich an, als würde man um einen wärmenden Ofen aus rotem Ton sitzen und einem gleichzeitig frisches, kühlendes Wasser eines Wasserfalls auf den Rücken prasseln, ohne dass man dabei nass wird. Dieser Duft, als würden die Jahrhunderte den Körper durchfahren, hier auf den breiten Stufen vor dem Kapitolsplatz. Hinter uns funkeln auf der *Piazza Venezia* die Lichter, junge Leute auf Vespas fahren im Kreis, schwenken hupend Blumensträuße. Hinter dem heutigen Amtssitz des Bürgermeisters führt uns Armando um eine kleine Ecke. Unter uns stehen die Säulen des *Foro Romano* in goldenem Licht, angeleuchtet von warmen Strahlern und dem Mond. Die kapitolinische Wölfin wacht streng über uns nächtliche Besucher, die wir schweigend auf die Silhouette der Stadt starren. Romulus und Remus saugen gierig an ihren bronzenen Zitzen. Und der junge Offizier, stramm und stattlich gekleidet in die braune Uniform des italienischen Heeresfliegerregiments *Aldebaran,* dessen nussblonde Gespielin sein blaues Barett auf dem Kopf trägt, tut es ihnen energisch nach.

Armando macht eine Geste mit dem Kopf. Wir sollen das junge Glück diskret alleinlassen an diesem durchaus romantischen Ort. Es war sein Vorschlag, einen nächtlichen Spaziergang zu machen. Ein Geheimtipp sei das. Nur wir paar Freunde, jeder mit einer Plastiktüte voller Bier und Wein vom pakistanischen Minimarkt, ein Becher Wassermelone und die römische Altstadt, die tatsächlich wie ausgestorben daliegt. Wir streifen durch die Gassen. Nur vereinzelt passieren wir Lokale, die gut besucht scheinen. Obskure Bistros, Pubs mit Eingängen, so schmal wie halbe Türen. Bars mit großen Feuerschalen, in denen Öl brennt, das so schwarz ist wie der zwei Meter große Türsteher, der mit strengem Blick und weißer Krawatte den Einlass kontrolliert. Diese römischen Gassen, eng. Kopfsteinpflastersteine, die in diesem tiefen Unlicht liegen, das man kaum beschreiben kann. Wie eine rabenschwarze Katze, mit einem Fell, das so dunkel ist, dass man sie bei Nacht kaum noch sieht, aber dennoch führt dich der geschmeidige Gang, das sanfte Tapsen durch die Dunkelheit, bis die Katze sich umdreht, dich anstarrt und ihre bernsteinfarbenen Augen die ganze Straße in so ein warmes Grau tauchen. Als könnte man im Dunkeln sehen. Ich berühre die kalten Steine des alten Gemäuers in der *Via del Seminario,* mit geschlossenen Augen lehne ich mein Ohr an. Aber eine Stimme zerreißt die Stille. »Bist du behindert? Komm jetzt, du Mongo!«, ruft Marc und kommt lachend auf mich zu. Dann legt er freundschaftlich seinen Arm um meinen Hals und schleift mich weiter die Gasse entlang. Ein halbes Jahr Ostfront, das würde mir guttun, meint er.

Wie ein Zylinder, der sich aus dem Innern der Erde bis zu uns an die Oberfläche gebohrt hat. Einsam steht das Pantheon vor uns, um das tagsüber Tausende Menschen wie Ameisen um einen Würfel Zucker kreisen. Im fahlen Licht einer Laterne prüfe ich, wie viel Bier noch in meiner Flasche ist. Wir sind die Einzigen hier. Ganz allein sitzen wir auf den Stufen des Obelisken und genießen die Stille auf der *Piazza della Rotonda*. So machen wir es an mehreren Orten, an denen man tagsüber kaum stehen kann vor lauter Gedränge. Eine Zivilpolizistin in Leopardenleggins und mit Knarre am Gürtel steht lässig an ein Mäuerchen gelehnt. »Nicht reinklettern!«, ruft sie, und unter ihrem strengen Blick setzen wir uns auf die weißen Marmorbänke genau in der Mitte vor dem Trevi-Brunnen. Das laute Rauschen der mächtigen Wasserspiele zieht uns in seinen Bann, und das strahlend türkisblaue Wasser fordert mich förmlich heraus, mich einfach zu entkleiden und hineinzuspringen, ganz gleich, wie lang die drohende Haftstrafe in einem der berüchtigten Römer Kerkerknäste auch immer sein mag.

Mit dem Zeigefinger fahre ich über die Sitzbank, taste ihre kleinen Dellen und Löcher ab. So viele Jahrhunderte vor uns wurde all das erschaffen. Wann wird man ihn wohl abreißen, den Meeresgott Oceanus, der in der Mitte des Triumphbogens posiert? »Man sollte nicht in Nostalgie versinken, auch wenn es schwerfällt«, sagt Armando, und in seinen Augen spiegelt sich das helle Licht, das der Marmor des Brunnens zurückwirft. »Das neunzehnte Jahrhundert ist tot. Das zwanzigste Jahrhundert ist tot. Aber wir erfreuen uns bester Gesundheit.«

»Ist dieser Brunnen etwas *Rechtes*? Haben wir noch irgendeine Ahnung davon, was *rechts* und was *links* ist? Hat eure Bewegung eine Ahnung davon?«, frage ich.

»Was wir darüber wissen, das gefällt uns nicht. Keine der Herausforderungen der Gegenwart ist rechts oder links. Und die Lösungen für diese Probleme, die sind es auch nicht«, antwortet Armando, und wir schauen beide geradeaus, mitten hinein in die schäumenden Wasserstürze.

»Es ist ein gordischer Knoten, unentwirrbar, und wer auf der einen oder der anderen Seite an den Fäden zieht, der verfestigt die Verwirrung nur noch weiter. Überall siegt nur das Geschwätz, man wird unfähig, durch Sprache überhaupt noch einen tieferen Sinn zu gestalten. Tatsächlich bedarf es einer neuen Perspektive, neuer Ansätze, eines Bruchs mit allen Erkenntnissen, die wir erlangt zu haben glauben.«

»Also einen Paradigmenwechsel …?«

»… einen Kurzschluss der vorherrschenden Sprache, der in ein fruchtbares Chaos mündet, aus dem etwas entsteht, das man noch nie gesehen und noch nie gehört hat.«

»Und die, die weiterhin von links oder rechts ziehen, die lösen diesen Knoten nicht, sondern ziehen ihn fester zu, ich verstehe. Also muss eine extreme Herangehensweise her, um das Seil zu zerschlagen?«

»Man muss selbst das Schwert sein. In seiner eigenen Mitte, dem eigenen Zentrum. Und von ganz oben kommen.«

»Diejenigen von euch, die die Moderne so verachten, die lehnen doch auch die etablierte Politik ab, und zwar nicht nur geistig, also im Kopf, sondern auch mit ihrem Herzen, ihrem Körper. Ihr lacht über die Parteipolitik, verachtet und verspottet sie.« Ich erinnere Armando an all die Lästereien über boomerhafte Infokacheln von Rechtsparteien, die mit den Dinosauriern, mit Merkel als Meteoritenhagel, und all die anderen MS-Paint-Kunstwerke von rechten Abgeordneten, die es trotz riesiger Mitarbeiterbudgets nicht hinkriegen, auch nur einen Profi im Team zu haben. Was auch irgendwie *modern* ist, auf seine Weise.

»Gegen die Moderne, das ja. Aber nicht gegen die Gegenwart. Die wollen wir erleben, durchleben. Und zwar als Akteure, als Hauptdarsteller. Ein clownesker, halsbrecherischer Stunt wird nicht reichen. Rein intellektuelle Übergebäude oder virtuelle Provokationen ebenso wenig. Es muss ein gelebter Marsch werden, ein Bedürfnis aus Fleisch und Blut. Ein Verlangen, so lebenswichtig wie die Luft zum Atmen.«

»Aber wenn es weder rechts noch links ist, wo kommen die Leute dann her? Wer definiert das überhaupt? Dann sind es doch die gleichen Leute wie vorher, oder nicht?«

»Je weniger wir die althergebrachten Vorgaben akzeptieren, die uns andere auferlegen, umso politischer wird es. Die Leute kommen dann schon, wenn sie bereit sind, unversöhnlich zu sein.« Armando macht die Jacke auf.

»Unversöhnlich wem gegenüber, den Linken?« Die Polizistin bläst wieder ihre Trillerpfeife, weil ein paar Mädchen nach Münzen fischen, die im Brunnen liegen.

»Allem gegenüber. Den konformistischen Rechten verzeihen wir es nicht, dass sie zwar stets von der Ordnung gequatscht haben, aber dabei offenbar doch nur an die Verwaltung der Stadtreinigungsbetriebe und an die Parkscheinkontrolle gedacht haben. Den Linken werden wir es nicht verzeihen, dass sie die Massen gegen *die da oben* aufwiegeln, bloß um sich dann selbst den wärmsten Platz im Bettchen der Mächtigen zu sichern. Und der sogenannten Mitte, der verzeihen wir gar nichts. Deren halbseitige Lähmung hat sich längst zu einem tiefen Koma ausgewachsen. Hoffnungslos.

Aber: Schluss mit links und rechts. Es ist Zeit für die Errichtung eines Zentrums in extremer Höhe.«

»*Extrem* ist aber immer ein ziemliches Reizwort, oder?«

»Man muss eines verinnerlichen: Was *radikal* ist, das geht an die Wurzeln und ist seinerseits selbst fest verwurzelt. Eine Lebensanschauung ohne Anbiederung, ohne Selbstverleugnung, ohne Alibis. Aktives Handeln wird dadurch zur Quelle des Erhabenen, selbstbewusstes Rufen zur bevorzugten Ausdrucksform. Konzepte bis zum Letzten durchdenken, damit sie sich nicht irgendwo in sich selbst verheddern. Das ist das genaue Gegenteil von Extremismus. Extremismus ist bloß verbale Verkrustung, sterile, pubertäre Pseudorebellion. Wir meinen damit aber was ganz anderes, nämlich in der Lage zu sein, die Großartigkeit der eigenen Ziele, die Entschlossenheit der eigenen Mittel, den Stil des eigenen Ausdruckes und eine beständige, ruhige Kraft als ethischen Handlungsrahmen zueinander in Harmonie zu setzen.«

»Wenn die Rede von einem Zentrum ist, von der Mitte, dann meint das nicht diesen indifferenten Quatsch von den üblichen CDU-Ingos.« Während er das sagt, greift Marc in die Kiosktüte aus Maisstärke und holt noch drei Bierflaschen raus. Dann verlässt er uns, weil sein Flug morgen früher geht als unserer. Schon um acht Uhr, oder so.

»Es bedeutet, sich in eine hoheitliche und souveräne Position zu bringen, in eine Stellung, die weit jenseits der Auflösungserscheinungen liegt, die auf der anderen Seite vor sich gehen. Eine innere Mitte, ein inneres Zentrum, geprägt von dem Bewusstsein der wesentlichen Bedeutung politischer, sozialer, kultureller und existenzieller Grundpfeiler. Unsere Mitte ist kein Sumpf, der alles homogenisiert.«

»Liegt es denn nicht in der Natur der Sache, dass sich alle irgendwann dann doch in der Mitte tummeln, wo der Kompromiss ist? Ein Ort der Deutungsmehrheit, auch innerhalb einer Organisation oder einer Gesellschaft?«

»Was du meinst, ist diese andere Mitte als Nichtkonzept. Das politische Segment der Opportunisten, der stolzen Ahnungslosen, der Feiglinge und Unentschlossenen, der Ort, an dem alles versinkt, auf dem kein Fundament stehen kann. Der natürliche Lebensraum der sogenannten *Politiker der Mitte* also.«

»Wir sind nicht in der Mitte, sondern im Zentrum. Dort, wo sich alles abspielt, wo die Dinge abgehen, wo die Weltseele zu Pferde vorbeigaloppiert, weit weg von der Einöde der Peripherie und der politischen Ghettos. Wem dieses Zentrum fehlt, dieses Fundament, der sucht seine Zuflucht meist in der Verherrlichung der eigenen Randständigkeit, die daraus besteht, sich von der eigenen Gesellschaft abzusondern, aus Furcht vor einer Kontaminierung mit irgendetwas anderem als mit sich selbst. Da stellt er sich in eine Ecke, sagt brav seine ihm so wesentliche Verlierermentalität auf und erfreut sich an seiner Sauberkeit. Diese elenden Bürgerlichen verkaufen all das dann noch als Tugend. Wer hingegen *sein* Zentrum hat, kann auch einen zentralen

Platz in der Welt und im Hier und Jetzt für sich beanspruchen, jede Sprache ausprobieren, mit jedem über alles sprechen, wo und wann er will, und dennoch fest im Sattel sitzen, wenn doch mal jemand die Tür zuschlagen sollte.«

Marc schreibt mir eine SMS, dass ich später in dem Bad, das zu unserem Zimmer gehört, etwas vorsichtig sein solle, weil in der Bude irgendwas mit den Abflüssen nicht stimme. »Was hast du gemacht?«, schreibe ich zurück, aber er antwortet nur, dass er gar nichts gemacht habe, es sei einfach so passiert.

»Ist das denn noch populistisch … ich meine, volksnah? Also, das klingt nicht so nach Graswurzel, nicht nach Masse, irgendwie. Eher so nach, ich weiß nicht, extrem hoch oben, also *die da oben gegen die da unten,* nur nicht im ökonomischen Sinne …«

»Hoch oben.« Armando zischt ein Bier mit den Zähnen auf. »Das meint das Empfinden, den Sinn für Vertikalität, für eine Herangehensweise an diese Welt mittels dreier Stichworte: Ethik, Epik, Ästhetik. All das setzen wir dem entgegen, das derzeit seinen Triumph feiert, nämlich dem Geschwätz, der unverschämten Sensationsgier, der Uneindeutigkeit. Wir wollen dem mit anderen Vorbildern begegnen. Mit Mut als ständiger Angewohnheit, mit der Schönheit eines festen Rückgrates, dem Dasein als Aufstieg. Dadurch entdeckt man einen Sinn für das Edle und für eine eigene Würde, die dann in jedem Aspekt des alltäglichen Lebens erkennbar wird. Dann lernt man auch, dass manche

Politikansätze einfach verachtet gehören. Das machen halt alle so, ja, von wegen. Wir wollen höher hinaus. Und von da oben, vom Gipfel aus, von dort kann man nach unten schauen, die Dinge im Blick behalten, aber mit dem nötigen Abstand. Und von dort aus kann man dann auch den nächsten Angriffsplan schmieden.«

»Auf wen beruft sich das?«, frage ich und will wissen, ob das wieder so ein Versuch ist, in der Geschichte nachträglich nochmal anders abzubiegen.

»Diese Idee, das extrem hohe Zentrum, ist niemandes Zögling und auch kein Waisenkind. Es ist keine Überholspur für was weiß ich wen, und es ist auch kein Racheplan. Wir ernähren uns nicht von reflektiertem Licht. Unsere eigene Festigkeit erlaubt es uns, vorurteilsfrei auf unser Gegenüber, auf andere zuzugehen – auf jeden anderen. Aber vor allem wollen wir Einigkeit und Einheit schaffen. Für das, was als einziges wirklich zählt: für unser Volk. Wir lassen uns nicht ein auf identitätsversessene Selbstvergewisserung, die ist nur das politische Gegenstück zu dem für Lahmärsche so typischen trivialen Männlichkeitsgepose. Unsere politische Identität schießen wir wie ein Projektil nach vorn.«

»Hört sich rabiat an, als würdet ihr euch nicht gerade viele Freunde machen. Also, auch in euren eigenen Kreisen ...« Ein paar Nachtschwärmer torkeln hinter uns vorbei und johlen Fußballgesänge.

»Das Konzept hat viele Feinde, die einen Namen tragen: Reaktion. Die Reaktion ist eine Dimension des Geistes, der seine eigene Genealogie hat. Innere

Mechanismen, die nur dem Selbsterhalt nützlich sind, die sind reaktiv. Aber jene, die sich dem Entern und Erobern verschrieben haben, die sind aktiv. Aktiv sein heißt, sich der eigenen Unschuld bewusst zu sein, jenseits von Kategorien wie Gut und Böse. Reaktiv sein hingegen heißt, schuldgeplagt zu sein, sich den Mühlstein dieser Schuld aufzuladen und sich so der Handlungsfreiheit zu berauben. Kommt dir das bekannt vor?«, fragt Armando.

»Ja, kann sein. Hat vielleicht auch gute Seiten?«, entgegne ich.

»Naja, Re-Aktion, das ist das Echo der Aktion, das von sich aus nichts in Bewegung setzt und immer nur zurückprallt, das ist die Wut, die kein Ventil findet und sich immer weiter festsetzt, in dir gärt und sich irgendwann entzündet. Das ist das Empfinden, das sich nicht zu entfalten weiß und dann zum Ressentiment wird. Die Reaktion ist Neid und Eifersucht. Aber das extrem hohe Zentrum, das ist verzweifelte Liebe.«

»Hui jui jui, *Disperato Amore*, richtig?«

»Richtig! Also, kurz gesagt: Es heißt, rücksichtslos zu kämpfen gegen den Klerikalismus, den Moralismus, die Vergangenheitsfixierung, gegen Geiz, Feigheit und Egoismus, gegen das Jammertum, die ganzen Komplexe, die Paranoia, das Sektierertum, die ›Wachsamkeitsappelle‹, die billige Skandalsucht, diese Nostalgie nach den besseren Tagen alter Zeiten, die Klientelinteressen, die falschen Götzen und deren schamlose Schüler.«

Mein Streichholz macht tierischen Lärm auf dem leeren Platz. »Was für eine Ideologie ist das dann?«, frage ich, etwas überfordert von so viel Elan in Armandos Stimme.

»Das ist keine Ideologie. Wer sich in einen unerforschten Wald wagt, sich dort einen Weg durch das Dickicht bahnt und einen Pfad freischlägt, der hat ja auch keine Landkarte mit. Nur einen Kompass, auf dem irgendwie die Himmelsrichtungen angezeigt werden. Alles andere muss man selbst erschaffen. Unsere Koordinaten, unsere einzige Gewissheit ist, dass Überschwang die erste aller Tugenden ist. Dass Banalität das schlimmste aller Verbrechen ist. Der stürmenden Jugend muss man alles verzeihen, und Hingabe ist immer auch Eroberung. Wer immer von ›gestern‹ redet und sich als ›Anti-‹ definiert, der verliert jedes Mal. Alles Weitere nimmt dann seinen Lauf.«

»Das heißt, Ideologie ist abzulehnen?«, nuschle ich, weil ich auf meine Zigarette beiße, um bei dem steifen Wind fester zu ziehen.

»Ideologie ist widerlich, und auch das extrem hohe Zentrum hat die Wahrheit nicht gepachtet. Jedenfalls gehören die althergebrachten Mittel und Sprachgebilde der Politik auf den Müll. Wir wollen eine Herrschaft des Schaffenden, des Schönen. Revolution macht man aus roten Rosen. Revolution baut man aus weißem Marmor. Stil steht da über einer vermeintlichen Wahrheit.«

»Revolution, sagst du? Ein anderer Staat, eine andere Welt?«

»Das extrem hohe Zentrum steht für ein Staatsideal, dessen Grundlage die Idee des Politischen selbst ist. Und das sieht maximale Freiheit ebenso vor wie maximale Verantwortung. Es steht für die Idee von Gemeinschaft, die immer zwischen dem Imperium des Reiches und der Anarchie pendelt, für ein Weltempfinden, das keine soziale Ordnung außerhalb einer lyrischen Ordnung kennt.«

»Klingt freigeistig, fast liberal!«, versuche ich Armando zu triggern, aber er schaut nur starr auf den Trevi-Brunnen, klammert sich an das Geländerchen. Die Knöchel schon ganz weiß.

»Das ist eine Anschauung, die das bürokratische Grau der Kasernenstädte ebenso ablehnt wie die morbide Anziehungskraft des Formlosen, die Sehnsucht nach Deformierung und die geistig Missratenen. Die politische Idee dahinter verachtet diese Mentalität des Absahnens, die Oligarchie und die Kastenlogik ebenso wie Lobbys aller Art. Sie sieht für jeden Staat, der dieser Bezeichnung würdig sein will, eine Einbindung aller Volksteile vor. Entscheidungen kommen dennoch immer von oben, aber die Auswahl der Entscheider erfolgt gründlich und nimmt jeden mit.«

»Ist er das, euer Traum? Dein Traum?«

»Wir träumen davon, dass aus der Masse wieder ein Volk wird. Eine selbstbewusste Gemeinschaft, die an ihrem Schicksal wieder bewusst Anteil nimmt.«

»Ist das ein Programm?«

»Nein, ein Versprechen!« Unter den muskulösen Beinen des Oceanus rauscht das Wasser über den weißen Marmor.

## 59.

**ES IST SCHON WIEDER** mitten in der Nacht, als wir in die Bude kommen. »Alter, was hast du gemacht?«, rufe ich, aber Marc trägt schon wieder diese beknackte Schlafmaske und meint nur, dass er nichts gemacht hätte. Dann schnarcht er weiter. »Nichts gemacht?!« Ich rüttle an ihm. Das Bad in unserem Schlafzimmer hat zwar keine zwei Quadratmeter, aber überall steht diese braune Brühe. In der Kloschüssel bis zum Rand, im Waschbecken bis zum Rand, der ganze Boden ist voller Scheißewasser, das bis unter das Bett gelaufen ist. »Du widerliches Schwein!«, rufe ich und reibe meine Füße, mit denen ich in diesem Siff stehe, an Marcs Decke trocken, aber der dreht sich nur um und meint, ich solle ihn gefälligst pennen lassen. Dann ist es mir auch egal.

Am nächsten Morgen schreibe ich dem Vermieter eine Nachricht, dass er doch besser mal vorbeikommen solle, weil er ursprünglich meinte, wir sollten die Schlüssel einfach auf dem Tisch liegen lassen und die Tür hinter uns zuziehen. Marc ist natürlich weg, vermutlich schon in irgendeinem McFit in Berlin, und hat dieses Chaos hier völlig vergessen. »Ciao, wie war euer Aufenthalt? Alles gut gewesen mit der Wohnung?« Der Vermieter, ein etwas schmieriger, aber auch fröhlicher Typ um die vierzig, kommt mit so einer hyperaktiven guten Laune rein, und ich sage ihm, dass halt im Bad was nicht ganz in Ordnung sei. Er geht in das Zimmer und redet noch irgendwas, rastet dann aber völlig aus. »*Merdaaa! Porco troia!* Was für eine Scheiße ist hier passiert?!«, schreit er und zerrt mit beiden Händen an seinen lockigen schwarzen Haaren. Ich sage ihm, dass wir es nicht wissen und dass der, der es »bemerkt« hat, gemeint habe, dass er auch nichts gemacht hätte, außer das Bad normal zu nutzen. Der Vermieter kriegt einen Tobsuchtsanfall und schreit auf Italienisch herum, dass er jetzt an einem Sonntag sofort einen Klempner einbestellen müsse, und dann immer wieder Kraftausdrücke, während Jerome und ich nur peinlich betreten mit unseren Rucksäcken in der Küche stehen und nicht wissen, was wir machen sollen. Jerome flüstert mir zu, dass wir zum Zug müssten, um unseren Flug nicht zu verpassen, aber wir können ja auch nicht einfach gehen. Wir stehen noch bestimmt eine Viertelstunde lang einfach schweigend da herum, bis ich mich dazu durchringe, dem Vermieter zu erklären, dass wir jetzt wirklich losmüssten, er aber ja unsere Kontaktdaten habe, falls noch etwas sei. Er atmet einmal tief durch, dann legt er seine Hand auf die Brust und meint nur, dass wir ruhig gehen sollten und alles in Ordnung sei. »Macht euch keine Vorwürfe, geht einfach. Ciao!«, und wir gehen wirklich, und es ist einfach so ultrapeinlich.

Zwei Stunden später sitzen wir am *Aeroporto di Roma-Fiumicino* an einer Bar vor unserem Gate und trinken einen letzten italienischen Weißwein, weitere vorbehalten, als ich plötzlich eine Nachricht per WhatsApp bekomme. Von diesem Vermieter. »Was der wohl will? Schickt uns bestimmt so eine Abzockerrechnung von einem Klempner, mit dem er verwandt ist.« Ich traue mich gar nicht, die App zu öffnen, und warte erstmal noch ab. Eine halbe Stunde später schaue ich in die Nachricht. Sie ist komplett in Capslock. »NICHTS GEMACHT! IHR HABT NICHTS GEMACHT? DAS HABT IHR GEMACHT!!!« Auf einem Foto, das er mitgeschickt hat, sieht man ein durchnässtes Küchenpapiertuch und circa zwanzig Olivenkerne. »Hast du dummer Penner einfach Oliven in unserem Klo runtergespült?«, schreibe ich Marc.

»Kerne! Nur die Kerne! Kann ich ja nix für, wenn die keine richtigen Klos bauen können.« Übermensch inmitten von Ruinen.

## Nutten im Weltall

### 60.

GENAU DAS IST ES. Genau deswegen hasse ich es, solche Bewerbungen zu schreiben. Nicht nur, dass man sich selbst so loben muss, man muss auch noch solche dummen Phrasen einbauen und völlig schwachsinnige Fragen beantworten. »Guten Tag, zu deiner Bewerbung haben wir noch einige Nachfragen. Schildere uns doch bitte, warum du dich bei unserem Unternehmen beworben hast!« Fickt euch! Euer Drecks-*Start-up* ist mir scheißegal. Euer Büroklima, euer Kickertisch und eure Kaffeemaschine auch. Mein Arbeitslosengeld läuft aus, meine Miete kostet echtes Geld, und weil ich nicht mit den kommunistischen Punkern und Säufern hocken und pennen will, die immer im Park sitzen, ob es stürmt oder schneit, brauche ich diesen unterbezahlten Kackjob, bitte. So, geht doch. Wann darf ich anfangen?

Tatsächlich bekomme ich eine Zusage, auch wenn meine Antwort gar nicht so ehrlich war. Vielleicht auch deswegen. Aber bis zu meinem ersten Tag muss ich jetzt noch meinen Tagesrhythmus wieder einpendeln, weswegen ich wieder mehrmals die Woche auf dem Bau schuften gehe. Die Reportage schreibe ich nun auch wieder tagsüber, und dabei kann ich diese Schwielen bewundern, die man an den Fingern bekommt, wenn man den ganzen Tag eine schwere Holzschaufel schwingt. Das Projekt muss ja fertig werden, und demnächst werde ich auch wieder regelmäßig in einen Bürokomplex fahren müssen, um dort meine Zeit abzusitzen. Grausam, aber was will man machen? Habe wieder öfters mit diesem Alfons zu tun, und der quiekt immer so vor Aufregung, wenn man ihm ankündigt, in Bälde was einzureichen. Er ist echt ein netter Kerl. Aber im sozialen Bereich fehlt ihm einfach etwas Fingerspitzengefühl.

»Patrick. Deine Geburtstagsfeier. Warum ist die denn in einer Disco? Und warum an einem Sonntagnachmittag?«, frage ich ihn, als wir im REAL sind, um ihm einen Anzug zu kaufen. »Ja, was weiß ich, da ist halt diese *Kill-the-Bill*-Party«, stöhnt er und schnüffelt die Duschgels durch. »Von denen, die eingeladen sind, hat doch eh keiner ein Leben. Die können auch sonntags saufen.«

Obwohl ich extra Sneaker angezogen habe, um von den Türstehern abgewiesen zu werden, lassen die mich natürlich rein. Wegen Gästeliste und Patrick, der in dem Schuppen gern tablettweise Flim und Apfelkorn rumgehen lässt, wenn unter der Woche die Aktionstage sind, an denen bestimmte Shots nur fünfzig Cent kosten. Schon am Eingang dröhnt der Bass, und es ist einfach noch hell, als ich an den grimmigen Albaner-Securities vorbei zur Kasse schlurfe. »Lach doch mal, ist Party heute«, meint der eine von den superaufgepumpten Typen, und sein prolliges Army-Shirt mit aufgenähtem Doppeladler lässt mich tatsächlich schmunzeln. »Warum eigentlich *Kill Bill?*«, frage ich die Kassenfrau. »Das ist so: Du kriegst hier eine Karte, da buche ich jetzt fünfzig Euro drauf. Und dann musst du die leer trinken. Mit jedem Getränk wird die Rechnung kleiner, bis die Karte wieder auf null steht. Deswegen *Kill the Bill*, weil du die Rechnung killst, hihi ...«

»Und wenn ich ein Getränk wegschütte?«, frage ich.

»Nee, dann kommen Shpëtim und Bekim und seine Cousins, und dann musste gleich alles zahlen und fliegst raus!« Die Kassenfrau lässt ihren Kaugummi einmal platzen und stempelt eine blaue Schildkröte auf meinen Handrücken. »Viel Spaß. Und denk dran, echte Männer schütten nix weg!« Shpëtim und Bekim winken mir freundlich und milde lächelnd zu. »Ehrensache!«, sage ich und klopfe mir mit der Faust auf die Brust.

»Das Leben ist nicht immer nur Pommes und Disco«, sagte mal jemand. Zum Glück. Denn schon bevor ich die letzte Stufe der Treppe erreiche, graut mir, wird mir wieder klar, wie abgrundtief ich aus dem Innersten meiner Existenz heraus Diskotheken verachte, diese fürchterlichen Orte. Ich hasse Tanzlokale. Aus dem kleinen Treppenabgang ballert und zischt es mir schon entgegen. »Military Fashion Show«.

## 61.

**NUR EINEN METER DRINNEN,** und es ist, als würde mir die Welt ins Gesicht kotzen, allein schon diese Leute, wie sie so debil und spastisch herumwackeln, blauhaarige Weiber, zerstörte Mittelscheitel, abgeranzte Filzhaare, die auf verschwitzten Stirnen kleben, diese ganzen Typen, von Männern kann keine Rede sein, in so neumodischen Klamotten, knielange Shirts, die wie Schlafgewänder aussehen, dazu Metallringe in die Stirn getackert wie Vieh, Tunnelohrringe, schwachsinnige Basecaps mit großen Schirmen, elende Studentenlümmel begießen ihre Nichtsnutzigkeit, dabei strahlt mir dauernd ein Laser ins Gesicht, dann frisst die Nebelmaschine meine Netzhaut auf, an der Theke steht man gefühlt eine Stunde an, erhält dann mies gemixte Getränke, überteuerte Eiswürfelsuppe in dämlichen Styroporbechern, muss sich zurückzwängen durch die Menge, ständig wird man angerempelt, während man die Getränke jongliert, schwitzig streift Arm auf Arm, wieder ein Rempler, wieder der Weg versperrt, quetschend und schiebend schlurft man durch dieses dunkle Kabuff, vorbei an heulenden Frauen mit verlaufener Mascara, die von anderen übergewichtigen Brummern getröstet werden, die sich ebenfalls Tränen mit den wabbeligen Handrücken aus dem überschminkten Gesicht rubbeln, *Girlfriend's girlfriends* *never could be mine,* Ausländer machen auf dicke Hose in schlecht sitzenden Anzügen aus glänzendem Plastikleder vom Bekleidungsdiscounter, Lärm frisst sich in jede Ritze, man sieht nur die Lippen sich bewegen, hört überhaupt nichts anderes als den Krach aus den Boxen, keine Form der verbalen Unterhaltung ist möglich, nur Schmerz erreicht das Trommelfell, wenn nach Schnaps riechende und sabbernde Stinkmäuler an mein Ohr kommen, um ihre Nachrichten hineinzurufen, man nickt und lächelt, Gespräch beendet, aber der Bass donnert durch den Kopf und von dort bis in die Magengrube, die ohnehin angespannt zuckt von diesem Gestank, diesem unverkennbaren Tanzschuppengeruch, Melange aus Nuttendiesel und Türkendusche, Neunundvierzig-Cent-Deo-Schwaden, die von feuchtem Achselhaar direkt in meine Nase schweben, dazu dieser süßlich-beißende Vollhauch von dem Wodka-Energy, der am Fußboden klebt und dessen zuckerinduziertes Knirschen unter den Fußsohlen man fast schmecken kann, und beinahe ist man froh, dass wenigstens in Riechweite der Dritte-Welt-Toiletten das Aroma vom Urin der Vätergeneration und des in den Ecken liegenden Erbrochenen, auf dem sich schon Kruste bildet, den widerwärtigen Cannabisrauch überdeckt, der in dieser Ecke des Raumes aus glühenden Papierrollen rauspestet und dieser unwürdige Ort wartet zwar mit allem auf, was schlecht ist, aber eine Sache, da muss ich diesem Stefan wirklich Recht geben, findet man hier gewiss nicht, die ist ganz woanders: Deutschland.

## 62.

»**HIER, TRINK DAS!**«, herrscht mich Patrick ironisch an, der zur Feier des Tages ein Bowlingtrikot mit Entenköpfen trägt und mir ein Getränk in die Hand drückt. »Ich muss ab morgen wieder ins Büro«, sage ich. »Jägermeister-Energy«, sagt er, und ich versteinere meine Miene. Ziehe einen Schluck hoch und schüttle mich. Wenigstens hat man hier im vorderen Bereich ein wenig Internetempfang, jedenfalls gehen meine Nachrichten endlich raus. Habe Mara mein Leid geklagt, wie furchtbar dieser Laden sei. Mein Handy vibriert. Mara. Sie schreibt, sie sei zufällig in der Nähe. Oh Mann, ich kann mich doch nicht einfach so mit der treffen jetzt, aber sie schreibt so nett und meint, sie habe da so eine Bar, gleich hinter den Ringen, wo sie gern hingehe. »Sonntagnachmittags?«, frage ich, aber sie schreibt, dass Sonntag perfekt sei, da habe man ja frei. Stimmt natürlich, außerdem stehe ich gerade in einer Diskothek, wo der Bass mir fast die Jägerbombe aus der Hand sprengt. Akku leer, auch das noch. »Scheiß drauf«, denke ich mir, stelle den Styroporbecher einfach auf der nächsten Box ab und zahle meine restlichen siebenunddreißig Euro von der Karte. Draußen regnet es in Strömen. Ich renne über den Ring, biege ein paarmal ab, aber finde diesen Laden einfach nicht. Mehrfach laufe ich hektisch umher, frage Passanten, ob sie den Laden kennen, bin fast in Panik, dass Mara jetzt denkt, ich würde sie hängen lassen, aber da renne ich ihr plötzlich in die Arme. Klitschnass stehen wir da, und es ist irgendwie komisch. Als wir uns das letzte Mal sahen, da saß sie heulend auf der Fensterbank. In München. Jetzt steht sie vor mir, Regen tropft ihre Nase herunter, aber sie lächelt einfach. »Ich kann wieder laufen«, lacht sie, und es ist mir so peinlich, was passiert ist, aber sie legt ihre Hand auf meinen Oberarm und meint, sie sei selbst schuld gewesen. Das stimmt, und ich spanne meinen Arm an, damit sie meine Oberarmmuskulatur bemerkt, die mittlerweile etwas ausgeprägter ist. »Warum stehst du im Regen?«, frage ich. »Wollte auf dich warten. Und jetzt muss es dir nicht peinlich sein, dass du komplett nass bist, weil meine Frisur ist ja nun auch hin.« Süß von ihr, denke ich und erschrecke darüber, dass ich das Wort jetzt auch schon verwende, wenn auch nur in Gedanken. Ich halte Mara die Tür auf, und sie schreitet hindurch. Ihre tiefblauen Augen reflektieren den gelblichen Schein der Wärme, die aus dem Innenraum fließt. An der enormen Theke mit der schweren Granitplatte drauf stehen gemütliche Hocker aus dunklem Holz mit grünem Lederbezug, der Barkeeper gibt uns Handtücher, damit wir uns abtrocknen können. Wir wollen aber noch überlegen, was wir trinken, und irgendwie glaube ich, ich sollte vielleicht nichts mehr saufen, weil morgen ja mein erster Tag auf der neuen Arbeit ist. Ein sehr schönes Lokal. Hinter dem Barkeeper stehen unzählige Flaschen unter einem großen Spiegel. Mara wuschelt sich die Haare trocken und schaut mich mit großen Augen an, während sie sich einen Zopf bindet. »Sehe ich blöd aus mit dem Haargummi im Mund?«, fragt sie. »Nein, auf keinen Fall«, sage ich, aber muss lachen, und dann lachen wir beide. »Ich fange morgen einen neuen Job an«, sage ich. »Agentur Mehrrauschen + Fahlig, in Lindenthal.«

»Sieh an, bei den Bonzen, nicht schlecht!«, sagt Mara und macht so einen ironisch beeindruckten Gesichtsausdruck. »Ich hasse es jetzt schon«, sage ich, und Mara äfft Thorsten nach. Den Drecksack. Dann erzähle ich ihr von meinen Reisen und dem ganzen Kram, der passiert ist, aber Mara schaut wieder so auf meine Lippen, und das irritiert mich, aber dann lachen wir über die Olivengeschichte, und ich versuche, den Vermieter nicht zu klischeehaft nachzumachen, weil ich kurz denke, dass Mara auch Italienerin ist, aber dann fällt mir wieder ein, dass sie ja aus Düren kommt und Peter mit Nachnamen heißt. »Siehst gar nicht aus wie ein Peter«, meine ich, und sie bedankt sich. Wir reden dann doch nochmal über München und auch über Mirko, aber mit dem sei auch alles cool, und manchmal würden sie sich sogar noch schreiben, weil dieser Verrücktmann offenbar megagute Kochtipps auf Lager hat. »Netter Kerl, der Ballermann«, sagt Mara, und dann nicken wir. Schon seit Monaten quält mich eine Frage, und jetzt, wo wir da schon einige Zeit so sitzen, da traue ich mich, sie endlich zu stellen. »Sag mal, damals in dem Hotelzimmer. Also, kurz bevor ich dich ... naja ... rausgeschubst habe. Da wolltest du mir doch irgendwas sagen, weißt du noch?«

Mein Herz rast, und meine Stimme kippt fast, so unangenehm ist es mir, das Thema anzufangen. Mara hat ihren Kopf so auf den Handrücken gestützt und lächelt. »Ja, das weiß ich noch. Und ich freu mich, dass du fragst.« Wir schauen uns an, und die Sekunden scheinen festzufrieren wie kalter Honig, der über meine Küchenablage läuft. Mara schaut sich einmal um. Es sitzen Leute recht nah neben uns. Dann bedeutet sie mir, dass ich mich ihr entgegenbeugen solle. Mara kommt mit ihrem Mund ganz nah an mein Gesicht, sodass ich ihren wahnsinnig tollen Duft, an den ich die letzten Monate so oft denken musste, endlich wieder wahrnehmen kann. Sie flüstert mir was ins Ohr, und von ihren Worten wird mir ganz flau, meine Organe zucken brennend im unruhig blubberndem Leib, und ich habe das Gefühl, gleich einfach vom Hocker zu rutschen. Ich atme einmal aus und einmal ein, was mir meine Stabilität etwas zurückbringt. Maras Gesicht glänzt weich im warmen Licht, und ihr Blick strahlt eine sehr tiefe Zufriedenheit aus. Dem Barkeeper zeige ich mit kurzem, zurückhaltendem Fingerheben an, dass ich ihn brauche. Mara und ich schauen uns tief in die Augen. Schweigend, glücklich, irgendwie, aufgeregt, was wohl mal sein wird. Ungläubig sitze ich auf meinem Hocker, falte etwas unbeholfen eine Serviette, während der Barkeeper in unsere Richtung kommt. »Herr Ober, zweimal Ihren günstigsten Rotwein und Ihre beste Cola. Gemischt und mit Eis, bitte!« Die schwarze Limonade rauscht sprudelnd auf den trüben Rotwein. Mir kommen durch das Blubbern der Kohlensäure in der Vita Cola Erinnerungen an die Ereignisse der Reise. Und wie ich das alles im Bruchteil einer Sekunde so rekapituliere, da sehe ich in den Gläsern irgendwie Europa funkeln. Ich zwinkere Mara kurz zu und wir ziehen das erste Glas weg. Dann schauen wir uns wieder an. Und lächeln. Draußen hat der Regen aufgehört.